KB039144

마이데이터와 법

이성엽 편
(사)한국데이터법정책학회

박영사

발 간 사

지난 2022년 1월 5일 드디어 내 손안의 금융비서로 불리는 세계 최초의 본격적인 데이터 분석, 제공사업인 마이데이터 시대가 개막되었다. 마이데이터는 말 그대로 나의 데이터에 관한 의사결정은 내가 한다는 의미로, 종래 기업의 데이터 수집, 이용에 대한 소극적인 동의권만 가졌던 정보주체가 이제 데이터의 적극적인 이용 등을 포함해 나의 데이터의 운명을 직접 결정하게 된 것이다. 한편으로는 기존 기업이 보유하고 있는 데이터를 보다 잘 분석, 활용할 수 있는 기업으로 이전할 수 있게 됨으로써 데이터 활용을 통한 혁신과 기업 간 경쟁도 촉발할 수 있게 되었다.

우선 신용정보법을 근거로 하여 금융 분야의 마이데이터가 시작되었다. 2020년 8월 시행된 신용정보법을 근거로 지금까지 59개 사업자가 마이데이터 사업 허가를 받았다. 은행, 증권사, 카드사, 핀테크 업체, 저축은행·상호금융·신용평가사 등은 물론 최근에는 통신사까지 시장에 진입했다. 마이데이터 사업자에게 정보를 이전하는 정보제공의무자는 500개사를 훨씬 넘어서는데 대부업체 등을 제외한 대부분의 제도권 금융회사 등이 포함되어 있다.

이렇게 많은 금융사의 데이터가 안전한 방법으로 거의 실시간으로 이동하게 된 것은 참으로 놀라운 일이다. 그야말로 엄청난 데이터의 대이동이 일어나게 된다. 세계적으로 유례가 없는 일로 그동안 금융당국을 비롯한 업계의 전폭적인 협조가 있었기에 가능한 것이었다. 당장 일어나는 변화는 이제 정보주체 내지 금융소비자는 자신에 관한 금융데이터 거의 전부를 빠르고 편리하게 통합조회할 수 있게 되었고 나아가 데이터 분석결과에 따른 효과적인 맞춤형 자산·재무관리가 가능하게 되었다는 것이다.

마이데이터 사업의 성공 여부는 어떻게 하면 데이터 이동과 집중에 따른 데이터 유출 위험을 방지하면서도 대량의 데이터 분석을 통해 정보주체에게 얼마나 감동적인 서비스를 제공할 수 있을 것인가에 있다. 내 데이터가 어디에 어떻게 있는지에 대한 데이터 통합, 조회가 기본이지만 그 이상의 무엇인가를 제공하기 위해서는 가능하면 다양하고 많은 데이터가 모이는 것은 물론 데이터 분석 기술도 고도화되어야 한다. 이를 통해 자산의 증가, 질병의 대처 등 가시적인 편익이 있어야 한다는 것이다. 업권별로 얼마나 차별화된 서비스를 제공할 수 있을 것인지도 중요하다. 이런 측면에서 아직 미제공 데이터나 실시간 제공이 되지 않는 데이터에 대한 개선작업이 진행되어야 한다.

특히, 금융과 더불어 보건의료 데이터를 기반으로 보험상품을 설계하고 자산관리에 연동시킬 수 있도록 하는 등 금융, 비금융 분야가 결합되어 다양한 서비스가 확산되는 법적, 제도적 기반도 조속히 마련해야 할 것이다. 그동안 데이터 보호나 업권 간의 이해관계 측면에서 상당한 조정이 이루어졌지만, 보다 근본적인 것은 마이데이터 서비스의 완결성과 사용자의 편의성 제고 측면에서 마이데이터를 접근하는 것이다.

이처럼 데이터 경제를 선도하고 국민들이 실생활에서 데이터 경제의 편익을 체험할 수 있는 마이데이터는 아쉽게도 아직 이론적 기반이 약하다. EU GDPR에서 데이터 이동권이 규정된 것 외에는 아직 이렇다 할 해외 사례도 찾기 어려운 상황이다. 사실상 한국이 최초로 마이데이터를 법제화하면서 이와 관련 이론적, 실무적 연구서가 필요하다는 한국데이터법정책학회 회원들의 의지가 본서의 집필로 이어졌다. 총 6장으로 구성되어 있는 본서는 제5장까지는 마이데이터의 주요 이론적 이슈를 다루고 있고 제6장은 금융, 공공, 보건의료, 일반 분야의 법제 실무에 대해 다룬다. 제1장은 마이데이터의 등장 배경과 주요국 정책을 통한 고찰, 제2장은 데이터이동권의 법적 함의와 주요국 입법례 분석, 제3장은 개인정보보호범위의 차등화와 개인정보이동권의 대상, 제4장은 마이데이터 사업의 법적 성격과 진입규제, 제5장은 마이데이터와 데이터 가치평가를 다룬다.

이처럼 본서는 국내 최초의 종합적인 마이데이터와 법에 관한 이론서이자 실무지침서의 역할을 동시에 할 것으로 기대된다. 바쁘신 일정에도 불구하고 한국데이터법정책학회 회원이신 법학, 미디어학, 통계학 전공 교수와 박사, 주요 로펌의 전문 변호사 8분이 참여해주셨다. 또한 박영사 김한유 과장님은 처음부터 이 책이 출간될 수 있도록 지원해주셨으며, 양수정님은 이 책의 편집을 위해 아낌없는 노력을 기울여 주셨다.

이 모든 분들께 깊이 감사드리며, 본서가 데이터 경제를 선도하는 한국의 관련 학계, 법조계, 기업, 정부는 물론 국민에게 마이데이터와 법에 대한 나침반이 될 수 있기 바란다.

2022. 10
편저자 이성엽 고려대 교수

목 차

제1장

마이데이터의 등장 배경과 주요국 정책을 통한 고찰

조 성 은

정보통신정책연구원

마이데이터의 등장 배경과 주요국 정책을 통한 고찰

정보통신정책연구원 연구위원 조성은*

I. 마이데이터 등장 이전의 배경

1. 빅데이터와 개인데이터 활용에 대한 사회적 수요

빅데이터 분석 기술을 상용화하기 시작한 2010년 이후부터 개인데이터의 원활한 유통에 대한 관심이 가시화되기 시작했다. 가트너가 발표한 2011년 신기술 하이프 사이클(Gartner Hype Cycle for Emerging Technologies)[1]에 처음 등장한 '빅데이터 (big data and extreme information)[2]는 대용량 데이터의 분석을 빠르게 수행할 솔루 션이 상용화하는 추세에 따라 등장한 신기술 영역이었다.

---

* 저자가 정보통신정책연구원에서 수행한 '개인 주도의 데이터 유통 활성화를 위한 제도 연구'(조성은 외, 2019)와 '데이터 기반 사회의 통신 분야 마이데이터 도입방안 연구'(김현수 외, 2022)에서 다룬 국내외 마이데이터 정책 고찰 내용을 종합, 정리한 것이며, 그밖에 지금까지 저자가 수행해온 개인데 이터 관련 보고서의 일부도 포함되었다.

[1] 산업·경제 분야에 광범위한 영향을 미칠 기술 관련 트렌드.

[2] https://www.cloudave.com/14339/hype−cycle−for−emerging−technologies−2011−idea−m anagement−enlightenment.

여기에 스마트폰이 널리 보급되면서 소셜미디어를 통해 축적되는 개인들의 비정형 데이터에 대한 관심이 더해지고, 활용 가능한 개인데이터에 대한 비즈니스적 관심이 높아졌다. 당시 McKinsey(2011)는 "빅데이터는 생산성 향상과 혁신의 새로운 흐름을 이끄는 기초가 되는 것으로서, 향후 경쟁력을 가늠하는 핵심이 될 것"이라고 전망하였으며, Gartner(2012)는 빅데이터를 "현재 데이터에서 비즈니스 가치를 창출하는 혁신적 과정이자 솔루션"으로 평가하였다. IDC(2012)는 "센서 기술이 장착된 장치, 스마트폰, 태블릿PC 등 다양한 기기를 통해 수집된 엄청난 양의 데이터가 새로운 기회를 가져올 것"으로 전망하면서 모바일 기술이 데이터 축적에 미친 영향에 주목하였다.

모바일 기술의 발전과 기기의 확산으로 혜택을 받은 주요 비즈니스는 소셜미디어 영역이었다. 특히 대학생 중심의 폐쇄형 소셜네트워크에서 시작하여 사용자의 신뢰를 쌓고 성장한 페이스북은 2009년 스마트폰의 확산과 함께 세계 전역에서 사용되는 소셜미디어로 자리 잡았다. 소셜미디어는 개인의 신상뿐만 아니라 일상의 관심사와 사회관계를 디지털 데이터로 축적하는 채널로 기능하며, 비정형 개인데이터의 보고(寶庫)가 된 것이다. 그리고 비즈니스 차원에서 기하급수적으로 쌓이는 개인데이터의 사업화 구상과 실행이 가시화된다.

2. 개인데이터의 대가와 중개플랫폼의 등장

모바일과 소셜미디어의 확산으로 개인의 비정형 데이터가 무한 생성하는 환경이 조성되었고, 기업들은 이 데이터 자산을 활용하여 이익을 창출하고자 하였다. 이때 등장한 것이 소셜마케팅이다. 트위터 등의 소셜미디어 텍스트들을 수집, 분석하여 트렌드를 파악하고 이를 마케팅에 활용하는 것으로서, 기존의 설문조사 방식보다 트렌드 파악의 객관성이 보장된다는 평가도 있었다. 고객이 자발적으로 소셜미디어에 올린 콘텐츠가 수익 창출의 원천이 될 수 있음이 실증되면서 소셜미디어 플랫폼들은 데이터 공유를 차단하고 독점 형태를 취하였지만, 그 와중에 해당 데이터의 본래 주인인 개인들의 동의를 받고 데이터 활용을 꾀하는 새로운 비즈니스 모델이 등장하였다.

대표적으로 호주의 메코(meeco.me)와 미국의 데이터쿱(datacoup.com), 영국의 핸드셰이크(handshake)가 있었다. 이들의 초기 비즈니스 모델은 개인이 소셜미디어에 올린 데이터의 사용 승인을 받아 그 대가를 개인에게 직접 지급하고, 개인의 데이터가 필요한 기업에 해당 데이터를 제공하는 개인데이터 중개업이었다. 지금은 서비스를 중단하였지만 2013년 설립 당시 핸드셰이크가 내세웠던 슬로건은 다음과 같다.

"당신의 데이터는 당신의 것이다. 따라서 당신은 데이터 판매로 이익을 얻는 것은 당연하다."
(Your data belongs to you. So when it is sold, you should be the one that benefits.)

이 문구는 데이터를 활용해 창출할 수 있는 경제적 가치에 대한 기대가 높아지던 당시에 이미 그 이익을 데이터 보유기업이 독점하는 것이 아니라 정보 주체에게도 돌려줘야 한다는 인식이 있었음을 보여준다. 다른 두 기업, 메코와 데이터쿱은 현재 대표적인 개인데이터 관리운용서비스 제공자로서 마이데이터 생태계에서 역할을 하고 있다.

3. 데이터산업 진흥과 개인 맞춤형 서비스 수요의 증가

최초의 전망과는 달리, 개인이 자발적으로 올린 다양한 비정형 소셜 데이터가 새로운 시장 형성과 사회에 미친 영향이 단기간에 가시화되지는 못하였다. 여러 이유 중 하나는 모바일 기술과 소셜미디어를 통해 축적된 무한한 디지털 데이터 대부분이 각국이 시행 중인 개인정보보호법의 제약을 받는 개인정보였기 때문이다. 실질적 활용을 위해 개인을 식별할 수 없도록 비식별처리한 후 사용하는 다양한 방안과 규칙이 논의되었지만, 모두를 만족시키는 비식별처리 방법은 없었다. 개인의 동의를 얻었더라도 비식별처리 후 데이터세트로 재구성하여 판매하는 방식이 대부분이었기 때문에 특정 개인을 위한 맞춤형 서비스 활용에는 한계가 있었다.

반면, 구글, 페이스북, 트위터 등의 글로벌 ICT 기업은 고객에게 '고지' 후 자체 서비스 개선이나 신규 서비스에 활용하는 등 데이터 독점의 혜택을 누렸다. 산업의 또 다른 측면에서는 개인데이터 기반 서비스 시장에 대한 가능성과 기대에 따라 혁신적 사업 아이디어와 기술력을 토대로 한 신규 사업자들의 수요가 커지고 있었고, 이와 함께 소수의 특정 기업이 독점하는 데이터를 데이터 유통 생태계로 끌어들여 데이터산업을 활성화하려는 정책적 관심도 고조되었다. 사회적으로는 개인 맞춤형 서비스에 대한 소비자의 인식과 수요가 꾸준히 증가하였다. 이러한 경제적 및 사회적 수요와 함께 데이터 독점을 해소하고 새로운 혁신 기업의 성장을 촉진하기 위한 각국의 데이터 전략이 추진되었다.

4. 개인데이터에 대한 인식 변화

앞서 소개한 개인데이터 중개업의 비즈니스 모델은 그동안 인간의 기본권으로 인식되었던 개인데이터의 위상을 흔들었다. 물론 현행 법제도가 허용하는 범위의 제한된 수준이었지만, 정보주체가 직접 대가를 받고 본인의 개인데이터를 제공하는 경험 사례가 된 것이다.

개인정보는 오랫동안 개인의 기본권인 프라이버시와 밀접한 개념으로 인식되었다. 프라이버시에 대한 정의를 살펴보면, "혼자 있을 권리(the right of be alone)"(Cooley, 1880), "자신에 대한 접근을 선택적으로 통제할 권리(selective control of access to the self)"(Altman and Chemers, 1984), "남에게 간섭받지 않을 권리인 동시에 개인의 사적인 일에 대해 다른 이의 접근을 통제할 수 있는 권한(the right to privacy is then the right to control access to one's personal affairs)"(Brey, 2006)로 구체화하여 왔다.

프라이버시 개념은 역사적으로 물리적 접근 통제에서 정보에 대한 접근 통제로 확대되었으며, 이 과정에 신문이나 뉴스 채널과 같이 정보를 확산하는 대중매체의 역할이 있었다. 인터넷 시대에 들어와서는 일방향의 정보 확산뿐만 아니라 정보의 이동과 복제, 기록과 저장이 쉬워지면서 정보 확산 범위와 속도가 넓어졌고, 이에 프라이버시 보호를 위한 개인의 정보통제에 대한 필요와 욕구는 더욱 증가하였으며, 근래 와서는 온라인 프라이버시는 '개인정보자기결정권'과 거의 동일한 개념으로 이해되고 있다. 개인정보자기결정권은 "자신에 관한 정보가 언제 누구에게 어느 범위까지 알려지고 또 이용되도록 할 것인지를 그 정보주체가 스스로 결정할 수 있는 권리, 즉 정보주체가 개인정보의 공개와 이용에 관하여 스스로 결정할 권리"로 정의된다.[3]

이처럼 한 개인의 프라이버시와 밀접한 개인데이터는 인간의 기본권으로 널리 통용됐지만, 데이터 가치가 높아진 디지털 시대에 프라이버시는 경제적 이익을 위해 양도할 수 있는 재산권적 차원의 사회적 논의가 발생하였다. 사회경제적으로 개인적 편의를 위해, 즉 개인에게 최적화한 서비스를 받기 위해 본인의 개인정보 활용에 동의하는 소비자가 증가하였고, 프라이버시 유출 우려에도 본인에게 필요한 정보나 서비스를 선택한 것이다. 나아가 개인정보 제공의 구체적 대가에 대한 기대도 커졌다.

인터넷 도입 초기에는 개인의 신상 정보 일부를 회원 정보로 제공하고 해당 웹서비스를 활용하는 정도였으나, 지금은 온라인 접속 시간 동안 수집된 방대한 디지털

---

3) 국가법령정보센터(http://www.law.go.kr/헌재결정례/(99헌마513)).

정보를 제공하고 최적화된 환경에서 디지털 서비스를 이용하고자 하는 것뿐만 아니라, 광고를 보지 않기를 원하며(광고 시청 대신 개인정보 제공), 재산권 행사를 할 수 있는 포인트 형태로 받기를 기대한다(회원 가입하면 할인 쿠폰 제공 등). 앞서 언급한 개인데이터 중개업도 이러한 배경 속에서 출발한 신규 사업 분야였다. 이러한 사회문화적 변화 속에서 마이데이터가 등장하였다.

II. 주요국의 마이데이터 정책

모바일과 소셜미디어 확산으로 급속히 쌓이는 개인데이터 활용에 대한 시장 수요가 발생하는 시점에서, 데이터 시장의 개인데이터 유통 활성화는 매력적인 국가 전략 방향이었다. 지금도 마찬가지지만 당시에도 데이터산업은 산업혁명 이래 오랫동안 포화상태인 경제에 새로운 성장동력이자 국제질서의 새로운 경제패권을 기대하게 하는 신산업분야였고, 개인데이터 활용 여부는 누가 데이터산업을 선도하고 새로운 경제 질서를 이끌지를 결정할 중요 계기이자 핵심 요소였다. 다음에서는 마이데이터의 본질과 향후 방향을 파악하기 위해 주목할 필요가 있는 주요 국가의 마이데이터 정책 흐름을 살펴보았다.

1. 비규제 방식으로 출발한 영국의 마이데이터(midata)

가. 영국 마이데이터 프로젝트의 시작

유럽에서 마이데이터의 정책화 논의는 영국에서 처음 가시화되었고, 그 결과물로 2011년 마이데이터 이니셔티브(midata Initiative)가 발표되었다.[4] 당시 마이데이터는 정부와 민간 기업이 협력하는 자율 프로그램으로, 주요 목표를 다음과 같이 소개하였다. ① 혁신 및 더 나은 서비스 제공을 위한 경쟁 촉진, ② 기업이 더 나은 데이터 서비스를 제공하고 고객과 더 나은 소통을 하도록 지원, ③ 소비자가 최상의 서비스

---

4) midata Innitiative(2011) https://www.gov.uk/government/news/the−midata−vision−of−cons umer−empowerment.

를 선택할 수 있도록 소비자의 데이터 통제권 강화. 이와 같이 표면적으로 내세운 목표는 데이터 기반 산업 촉진과 소비자 권리 강화 모두를 고려하고 있다. 당시 주무부처는 중소기업 지원을 주 업무로 하는 기업혁신기술부(BIS: Department for Business, Innovation & Skills)였고, 소비자 보호(consumer protection)를 정책 범위에 포함하고 있었다. 이후 2016년 정부조직 개편으로 기업에너지산업전략부(BEIS: Department for Business, Energy & Industrial Strategy)가 주무부처가 되었는데, 이러한 영국의 정부조직 구성이 에너지분야 마이데이터를 지속하게 한 추진 동력이었을 것으로 추측한다.

영국의 마이데이터 초기 비전을 담은 보고서, "Better Choices: Better Deals: Consumer Powering Growth"(2011)[5])에 따르면, 마이데이터는 "정보와 영향력을 소비자의 손에 전달하고, 시민과 지역사회에 중요한 권력 이동을 보장"한다. 소비자가 얻는 정보와 영향력으로 소비자는 자신에게 가장 유리한 조건의 제품이나 서비스를 찾아 비교한 후 구매할 수 있고, 기업은 소비자의 데이터를 확보하여 더 나은(더 정확한) 맞춤형 서비스 제공을 위해 활용할 수 있다. 소비자가 정보를 기반으로 서비스업체를 선택하는 권한을 부여받으면서 기업들은 그 선택을 받기 위해 더욱 혁신할 것이고, 그대로 산업의 혁신과 발전으로 이어질 것이다. 이것이 영국 마이데이터 프로젝트의 이상(理想)이었다. 또한, 특정 플랫폼 기업에 독점되었던 고객데이터가 폐쇄성에서 벗어나 데이터 생태계에서 원활하게 유통될 것을 기대하였다.

이러한 영국 마이데이터 정책 방향의 이상과 기대는 주무부처의 주요 업무와 밀접하였다. 기업혁신기술부는 자국 기업의 혁신과 성장을 지원하고 소비자 보호를 주업무로 하는 부처였으며, 개편된 기업에너지산업전략부도 그 업무를 그대로 계승하였다. 마이데이터로 혜택을 받는 개인을 '소비자'로 명명한 것도 영국 마이데이터의 특징을 드러내는데, 초기 논의에서 개인의 역할은 '소비자'의 지위에서 개인정보 이전과 활용에 동의하는 역할로 한정되어 있었고, 개인이 얻는 이익은 현명한 소비를 할 수 있다는 것이었다. 물론 최근까지, 즉 영국의 브렉시트(Brexit) 이전까지는 유럽의 마이데이터 정책 방향과 EU GDPR을 따른다는 입장을 표명하였고, 프로젝트 실행에서도 개인데이터관리시스템 기능을 하는 마이덱스(mydex)와 시민단체 등이 참여하는 등 개인의 능동적 참여를 간과하지는 않았다. 그러나 브렉시트 이후 발표한 영국의 디지털 전략은 기업이 활용할 수 있는 개인데이터 유통에 더 초점을 두고 있

---

5) BIS & CabinetOffice(2011). "Better Choices: Better Deals —Consumers Powering Growth".

음을 보여줬다.[6)]

마이데이터는 디지털 시대의 새로운 산업 생태계를 형성하는 것인 만큼, 영국 정부는 정부 주도보다는 기업의 자발적 참여 형태를 원했다. 이에 기업들을 설득하여 마이데이터 프로젝트 시작 단계에서 27개 기관의 참여를 끌어냈으며, 6개 프로그램의 추진을 계획하였다.

표 1-1 영국 마이데이터 프로젝트 시작 당시 기획된 시범 프로그램

①	수수료 및 전환 방법에 대한 정보가 담긴 연간 신용카드 명세서 발행
②	에너지 공급업체와 협력하여 사용 가능한 최저 에너지 관세의 보다 명확한 정보 제공
③	에너지 성능 증서를 개혁하여 주택 난방 비용에 대한 명확한 정보 포함
④	식품기준청과 협력하여 소비자의 레스토랑 식품 위생 등급 이해를 돕는 새로운 방법 시험
⑤	자동차를 운행할 때의 비용 정보를 소비자에게 제공하는 프로젝트 지원
⑥	건강 및 환경 관련 제품의 정보를 확인할 수 있는 프로그램 출시 촉진

자료: BIS & CabinetOffice(2011)[7)]

나. 마이데이터 성공모델 만들기 프로젝트

비규제적 접근 방식으로 마이데이터 프로젝트를 시작한 영국은 먼저 전체 총괄을 맡은 전략위원회(strategy board)와 산업 분야별 특수성을 고려하여 세부 전략을 구체화하는 임무를 맡은 분과위원회(sub-committee), 그리고 데이터 전송에 대한 가이드라인과 툴킷 개발 및 기존 법체계에서 개정이 필요한 부분 등을 논의하는 상호운용성위원회(interoperability board) 등 세 개의 조직을 구성하였다. 이들의 주요 임무는 기업이 보유한 개인데이터를 활용할 수 있는 형식으로 공개 및 공유하도록 하는 자율적이고 자발적인 협약을 개발하는 것이었고, 분기별로 진행 상황을 점검하기 위해 모였다(BIS & CabinetOffice, 2011; BIS, 2013).

---

6) Department for Digital, Culture, Media & Sport(2021.9.10.). "Data: a new direction", https://www.gov.uk/government/consultations/data-a-new-direction.
7) BIS & CabinetOffice(2011). "Better Choices: Better Deals -Consumers Powering Growth".

표 1-2 영국의 비규제적 접근을 위해 구성된 워킹그룹

워킹그룹 조직 체계	임무
전략위원회(strategy board)	전체 총괄
분과위원회(sub-committee)	산업 분야별 특수성을 고려하여 세부 전략을 구체화
상호운용성위원회 (interoperability board)	데이터 전송에 대한 가이드라인과 툴킷 개발, 기존 법체계에서 개정이 필요한 부분 등을 논의

자료: BIS & CabinetOffice(2011)[8], BIS(2013)[9]

이어 2013년에는 midata Innovation Lab(mIL)[10]을 개설하고 마이데이터 기반 산업에 대한 보고서 작성과 시범사업 등을 추진하였는데, 이때 25개 기업 및 기관이 참여하였다. 주요 임무는 마이데이터를 통해 어떤 종류의 혁신이 가능한지, 어떤 소비자 혜택이 창출될 수 있는지, 어떤 사업 기회가 있는지, 소비자 또는 기업이 경험할 수 있는 잠재적 위험은 무엇인지 등을 연구하고 실제 검증을 실행하는 것이었다 (BIS, 2013).

참여 기관 및 기업들을 대략 살펴보면, 영국 정부 기관으로 기업혁신기술부(BIS)와 에너지 규제기관(Ofgem: The Office of Gas and Electricity Markets)이 참여하였고, 사회적 가치를 추구하는 기관으로 영국 국영 방송사 BBC, 개인의 본인 데이터 관리 서비스를 제공하는 사회적 기업 마이덱스(Mydex)와 오픈데이터를 추구하는 오픈데이터연구소(ODI: Open Data Institute), 공공기관 정보 개방과 개인정보보호 등을 관리, 감독하는 정보위원회(ICO: information commissioner's office), 영국 소비자 보호 활동을 하는 독립기관 'Which?'가 참여하였다. 학계에서는 런던 종합대학 UCL(London's Global University)과 연구 중심 대학인 사우스햄튼(University of Southampton)이, 민간 기업으로는 인공지능 기반 컨설팅 서비스를 제공하는 GfK를 비롯하여 신용관리 및 가계 관리, 보험사와 장기투자기업 등 금융 관련 기업, 광고회사와 물류 기업, 통신사와 에너지공급기업, 데이터 기반의 맞춤형 서비스를 비즈니스 모델로 하는 기업 등이 있었다.

당시 시범사업이 수행되어 5개의 프로토타입 앱이 개발되었는데, 이 시범사업은 마이데이터의 실효성을 검증해보는 테스트베드 프로젝트로서 2013년 11월까지 짧게

---

8) BIS & CabinetOffice(2011). "Better Choices: Better Deals ─Consumers Powering Growth".
9) BIS(2013). "The midata innovation opportunity: Learnings from the midata innovation lab".
10) midatalab, http://www.midatalab.org.uk.

운영되었다. 개발된 서비스를 살펴보면, 취약계층의 에너지 이용을 지원하는 MI Energy, 은행 거래 데이터를 기반으로 부채 상환을 최적화하는 방법이나 거래 지출 및 행위에 대한 컨설팅을 제공하는 MI Finance, 돌봄 대상자의 원격 모니터링을 지원하는 앱 MI Relative Calm, 개인의 건강관리를 지원하는 MI Health, 이사업체 선정을 지원하는 MI Move가 있었다. 지금은 웹이나 모바일 앱마켓에서 에너지(MI Energy)와 금융 관리(MI Finance), 그리고 이사 관리(MI Move) 서비스 등을 찾아볼 수 있다.

표 1-3 영국 마이데이터 시범사업

분야	시범사업	서비스 내용
에너지	MI Energy	취약계층의 에너지 이용을 지원
금융	MI Finance	은행 거래 데이터를 기반으로 부채 상환을 최적화하는 방법이나 거래 지출 및 행위에 대한 컨설팅을 제공
돌봄	MI Relative Calm	돌봄 대상자의 원격 모니터링을 지원
건강관리	MI Health	개인의 건강관리를 지원
이사	MI Move	이사업체 선정을 지원

자료: BIS(2013)[11]

다. 마이데이터의 제도적 촉진 방안 모색

2013년 마이데이터 추진에 대한 영향평가 보고서가 발표되었다. 기존의 영향평가 체계를 따라 마이데이터가 개인의 프라이버시에 미치는 영향을 살펴본 것으로서, 정보의 수집과 사용, 공개 과정에서 개인정보보호 및 데이터 보안에 미치는 영향을 평가, 분석한 내용이 담겼다. 영국 정부는 영향평가를 통해 잠재적 위험 확인, 위험관리 방안 모색, 불필요한 비용 최소화, 신뢰 유지 방안 도출 등을 이루고자 하였고, 시민단체 및 민간 파트너 기업과의 소통을 통해 정부 방침을 전달하고 법적인 충돌이 없는지를 검토하는 역할도 기대하였다. 같은 해 4월에는 '기업 및 규제 개혁법'에 마이데이터 추진을 위한 법 조항을 신설하였다(section 89-91). 이 법안은 에너지,

---

11) BIS(2013). "The midata innovation opportunity: Learnings from the midata innovation lab".

통신, 금융 등 주요 부문에서 고객의 요청 시 고객 정보를 제공해야 하는 규제대상자 의무를 명시하였다.

영국의 마이데이터(midata)는 기업의 자발적 참여를 중심으로 추진되었으나 그 속도는 매우 더뎠다. 앞서 언급했듯이 서비스 시범사업에서부터 꾸준히 발전하여 상용화되어 있는 분야는 에너지 관리와 금융 관리, 그리고 이사 관리 서비스뿐이다. 이 중 에너지 관리와 금융 관리는 특히 공공적 성격의 서비스 분야이고 규제도 촘촘하여 관련 정부부처와의 긴밀한 협력 아래 추진되었다. 외적 환경을 보면, 먼저 금융 분야는 영국을 비롯한 각국에서 핀테크 신산업의 등장과 그에 따른 오픈뱅킹 전략이 개발되는 시점과 맞물렸고, 에너지 분야는 주무 부처의 주요 업무 중 하나였으며, 민영화에 따른 비싸고 복잡한 에너지 요금 체계라는 영국의 특수한 상황도 반영되었을 것이다.

당시 영국 금융 분야 상황을 살펴보면, 2015년 은행의 공개 API 표준을 개발해 제공하고 핀테크 산업과의 협력을 촉진하는 프레임워크를 구축하는 등 금융 분야 혁신을 위한 정책 사업이 추진되었으며, 개인 계정 비교 산업에 적용할 실행 규약도 발표되었다("midata Personal Current Account Comparisons Industry Code of Practice"). 이는 마이데이터 서비스를 실행할 때 은행이 제공해야 하는 개인 거래 데이터 항목 등의 기준을 다루는 규약으로, 이 규약에 따르면 은행은 고객의 요청이 있을 때 온라인 뱅킹에 등록된 개인 계좌 데이터를 전자적 형식으로 제공해야 한다. 또, 고객은 본인 데이터에 접근하고 다운로드할 수 있고, 데이터를 받을 때 적절하게 익명 처리되고 업계 표준에 따른 형식으로 받을 수 있다.

에너지 분야에서는 에너지 공급업체들이 참여하여 에너지 사용 데이터 비교 서비스를 구현하는 것을 목표로 시범사업과 영향평가 등이 수행되었다. 2016년 3월 영국의 경쟁 및 시장 당국(CMA: Competition and Markets Authority)[12]에서 에너지 시장 조사 보고서(Energy market investigation)를 발표하고 개혁을 위해 가스 및 전기 공급업체의 마이데이터 참여를 독려하였다. 2016년과 2017년에는 에너지 분야 영향평가가 시행되었으며, 시민단체로부터 에너지 분야 영향평가에 대한 의견서를 받아 공개하기도 하였다. 그러나 2018년 에너지 분야 마이데이터와 관련한 질의응답 안내서를 게재한 후 활동을 멈췄다.

---

12) 주요 임무로 소비자 이익을 위한 경쟁 촉진을 내세우고 있는 영국 정부 부처 참고.
   https://www.gov.uk/government/organisations/competition-and-markets-authority/about.

사실상 영국의 마이데이터 프로젝트는 2015년까지 정부 차원의 원칙과 방향을 마련하기 위한 노력이 있었고, 2016년 이후 각 분야의 표준 마련과 사회적 합의 도출을 위한 정책 사업이 계속되었으나, 앞서 언급한 금융 및 에너지 분야를 제외하고는 정책 사업의 결과물도 뚜렷하지 않았다. 2018년 이후에는 마이데이터 관련 정책 논의나 추진 사업을 찾기 어려우며, 브렉시트(Brexit) 이후 발표된 데이터 전략 보고서인 「데이터: 새로운 방향(Data: A New Direction)」은 앞으로 영국의 데이터 정책의 무게를 데이터산업 진흥에 둘 것을 드러낸다.

라. 국가 경쟁력을 위한 데이터산업 진흥과 경제성장의 필요

앞서 마이데이터 최초 논의를 시작할 때, 영국 정부는 기업 혁신과 소비자 권리 신장 모두를 주요 목적으로 내세웠지만, 브렉시트(Brexit) 이후 영국 정부의 마이데이터 추진 방향이 소비자 권한을 무시하고 노골적으로 데이터 경제 활성화 쪽으로 기울었다는 비판이 나왔다. 이는 마이데이터 프로젝트 시작 시점부터 함께해 온 사회적 기업 마이덱스(Mydex)[13]의 설립자 중 한 명인 앨런 미첼(Alan Mitchell)의 주장이다. 2021년 영국 정부가 발표한 데이터 국가 전략 「데이터: 새로운 방향(Data: A New Direction)」[14]은 '더 나은 데이터 보호 체제' 제공을 목표로 하면서도 주요 방향은 경제성장 주도, 책임 있는 데이터 사용을 위한 데이터 보호 표준 유지, 데이터 집약 기술 발전 속도 따라잡기, 기업의 데이터 사용 지원 등으로 설정하였다. 이러한 주요 방향은 앨런 미첼이 지적한 대로 영국의 데이터 정책이 시민의 데이터 권리보다는 데이터 경제 활성화에 더 방점을 둔 것으로 보이며, 영국 마이데이터의 정책적, 사회적 논의의 (일시) 중단과 연결해볼 수 있다.

또, 유럽연합과 구분되는 독자노선을 선포한 것도 눈여겨볼 만하다. 영국은 유럽 어느 나라보다 먼저 마이데이터 프로젝트를 시작하였고, 유럽 차원의 GDPR이 공표되었을 때는 마이데이터 추진 방향과 가치는 GDPR을 따른다는 점을 분명히 하였으나, 2021년 영국 정부가 이번 데이터 전략을 발표하면서 유럽연합에서 벗어나 독자노선을 걷는다는 점을 다음과 같이 밝혔다.

---

13) 마이덱스는 현재 사회적 기업 대신에 커뮤니티 이익 기업(CIC: Community Interest Company)이라는 새로운 이름을 부여받았는데, CIC는 영국 기업법에 따른 기업 유형으로 기업이 수익 일부를 활용하고 일부는 지역사회를 위해 제공하며 지역사회 규제기관의 감독을 받음.

14) Department for Digital, Culture, Media & Sport(2021.9.10.). "Data: a new direction", https://www.gov.uk/government/consultations/data-a-new-direction.

"유럽연합을 벗어나서, 영국은 규제에 대한 접근 방식을 재구성하고, 영국 전역의 성장, 혁신 및 경쟁을 주도하기 위해 새로운 규제 자유(regulatory freedoms)를 통한 기회를 포착할 것이다."[15]

2. 유럽의 인간중심 마이데이터 패러다임

가. 유럽의 디지털 전략과 마이데이터

유럽은 시민의 개인정보자기결정권 강화 측면에서 마이데이터 논의가 진전되고 있다. 마이데이터가 정책 이슈로 등장한 초기에는 유럽 각국에서 나름의 마이데이터 정책을 추진하였다. 영국이 2011년 관련 전략보고서를 발표하였고, 이어 2012년 프랑스, 2014-2015년에는 핀란드와 스웨덴 등 북유럽에서 관련 전략을 발표하였지만, 이후 각국의 개별 정책 추진 움직임이 거의 사라졌다. 이는 유럽의 마이데이터 논의 중단이 아니라 유럽연합 차원의 논의로의 전환으로 이해하는 것이 바람직하다. 2015년 디지털 단일시장 전략(Digital Single Market) 발표, 2016년 GDPR 안 공표 등에서 드러났듯이, 국경을 넘어 데이터의 자유로운 유통에 장애가 없도록 추구하는 디지털 전략과 GDPR에 따르면서, 유럽 전역 나아가 전 세계의 새로운 개인데이터 유통 생태계 구현과 개인데이터 활용의 패러다임 전환을 모색하고 있었다.

이러한 유럽 차원의 디지털 전략에 마이데이터 프로젝트도 포함되었을 것이다. 현재 유럽 마이데이터 논의는 자발적으로 결성된 국제 비영리단체 마이데이터 글로벌(Mydata Global)이 주도하고 있으며, 2016년부터 매년 개최되고 있는 마이데이터 콘퍼런스가 논의의 장으로 기능하고 있다.

유럽연합이 개별 국가단위의 시장 규제를 유럽연합의 규정으로 통합하는 디지털 단일시장 전략을 발표하였을 때의 주요 목표는 사람, 서비스, 자본 및 데이터의 자유로운 이동을 보장하고 경제적 측면에서의 장벽을 제거하여, 사회구성원 모두가 디지털 혁신의 혜택을 온전히 누릴 수 있도록 하는 것이며, 이때 장벽 제거는 오프라인 중심의 규제를 조정하고 회원국 간 규제 차이를 제거하는 것을 의미한다.

여기서 데이터의 자유로운 이동은 유럽연합 GDPR의 규제 기준을 따른다. GDPR

---

15) 원문: Outside of the EU, the UK can reshape its approach to regulation and seize oppor-tunities with its new regulatory freedoms, helping to drive growth, innovation and com-petition across the country.
https://www.gov.uk/government/consultations/data-a-new-direction.

은 디지털 환경에 적합한 개인정보보호 규정을 수립하는 동시에, 개인정보 이동에 대한 규제 기준을 명확히 하여 비즈니스 측면의 불확실성을 해소하고, 개인에게는 개인정보 이동 권한을 부여하여 개인데이터 유통 생태계의 참여를 촉진하는 역할을 한다. GDPR이 디지털 시대의 유럽을 위한 개인정보의 새로운 규정이라면, 마이데이터는 정보주체인 개인이 개인데이터 유통 생태계의 주요 행위자로 참여하는 실천모델이며, 개인데이터의 보호가 아니라 활용의 측면에서 정보주체의 권한을 재설정한다는 점에서 패러다임의 전환이다.

나. 시민 주도 형식을 갖춘 마이데이터 글로벌

유럽연합 차원에서 디지털 단일시장 전략과 GDPR이 추진되고 있다면, 개인의 권한을 확대하는 마이데이터는 시민 주도 형식으로 진행되고 있다. 매년 개최되고 있는 마이데이터 콘퍼런스는 학계, 산업계, 정부 당국을 비롯하여 다양한 이들이 참여하고 있으며, 새로운 데이터 유통 패러다임에 대한 시민사회의 합의를 도출하는 열린 공간으로 기능한다. 이 마이데이터 콘퍼런스는 공통의 마이데이터 정책을 지향하는 스칸디나비아 북유럽 국가의 정책입안자, 기업, 시민단체 등이 참가하는 형태로 2016년에 처음으로 개최되었다. 이 콘퍼런스를 계기로 뜻을 같이하는 이들이 마이데이터 조직을 결성하고 콘퍼런스를 이어갔으며, 2회 때는 유럽 전역으로, 3회부터는 글로벌 차원의 콘퍼런스로 확대되었다. 이와 함께 비영리조직인 마이데이터 (mydata.org)도 전 세계 각 도시에 지역 허브를 두는 글로벌 조직으로 확장하였으며, 현재의 정식 명칭은 마이데이터 글로벌(MyData Global)이다.

마이데이터 글로벌의 웹사이트에는 지향하는 원칙과 목표가 제시되어 있다. 이 조직과 출발점이 된 콘퍼런스가 핀란드 헬싱키에서 시작된 만큼, 마이데이터의 원칙과 목표, 지향점은 2015년 핀란드 정부의 지원을 받아 핀란드에서 발표된 「마이데이터: 인간 중심의 개인 데이터 관리와 처리에 대한 노르딕 모델(MyData: A Nordic Model for human-centered personal data management and processing)」에 기초한다. 현재 이 조직은 글로벌 비영리조직으로 활동하고 있지만, 출발지가 유럽이고 따라서 유럽의 디지털 전략과 규정인 디지털 단일시장 전략과 GDPR의 지향점을 공유한다.

다. 유럽에서 세계로 진화하는 인간중심 모델

이 노르딕 모델은 유럽연합의 디지털 전략 및 GDPR의 원칙을 따르면서 마이데이터 글로벌(mydata.org)을 중심으로 유럽 전체 버전으로 진화하고 있다. 2015년 첫 번째 마이데이터 백서[16]가 출판되었고, 2020년 두 번째 버전의 백서가 출판되었다. 이 두 번째 버전은 「마이데이터: 개인 데이터의 인간 중심적 사용 소개(MyData: an introduction to human-centric use of personal data)」를 타이틀로 하고 있으며, 2015년 버전의 저자가 모두 참여하였다. 앞서 언급했듯이 2015년 버전은 애초 핀란드 마이데이터 정책 방향과 전략 제시를 목적으로 작성한 것으로서 당시 핀란드의 주무 부처인 '교통통신부(Ministry of Transport and Communications)'에서 지원하였는데, 이 2020년 버전도 역시 핀란드의 교통통신부가 지원하였다. 이 백서의 서문은 GDPR이 제시하는 기본방향의 실천이자 유럽의 인간중심 접근방식을 실현하는 수단으로 마이데이터를 소개하고 있으며, 국제적 논의의 필요성에 대응하여 마이데이터 글로벌 활동을 지지하고 있음을 밝히고 있다.

여기서는 북유럽에서 유럽 전역으로, 그리고 세계로 확대하고 있는 마이데이터 조직(mydata.org)의 인간 중심 마이데이터 비전을 살펴본다. 먼저 유럽 마이데이터의 궁극적 지향점을 다음 세 가지로 정리할 수 있다. 첫째, 디지털 개인데이터의 처리 및 관리체계를 '인간 중심적(human-centric)'으로 구현하는 것이다. 이때, '인간 중심적'의 의미가 명확하게 정의되지는 않지만, 개인의 능동적 권리 행사를 의미한다고 볼 수 있다. 기존 개인정보보호법은 기본적으로 개인정보 사용을 최소화하고 보호하는 데 중점을 두었고, 정보주체의 권리도 정보처리자가 본인 정보를 오·남용하지 않는지를 확인하거나 서비스 탈퇴 시 본인 정보 삭제를 요청하는 정도의 소극적 권리였다. 반면, 마이데이터에서 개인은 본인정보 활용에 참여하여 누가 어떻게 사용할지에 대한 권한을 행사하는 적극적 권리자의 위치에 있다. 마이데이터 생태계에서 개인은 데이터 유통에 영향을 미치는 생태계의 주요 행위자인 것이다.

둘째, 디지털 경제에서 원활한 데이터 유통을 추구한다. 기존에는 개인정보보호를 위해 개인정보 처리를 최소화하는 방향으로 정책과 규제가 마련되었지만, 마이데이터 패러다임에서는 개인을 참여시켜 이종 간 데이터 결합과 상호운용성을 향상시키고자 한다. 기본적으로 개인정보의 활용은 정보주체의 동의가 필요한데, 정보주체가

---

16) 「마이데이터: 인간 중심의 개인 데이터 관리와 처리에 대한 노르딕 모델」(MyData: A Nordic Model for human-centered personal data management and processing).

정보처리에 적극 참여함으로써 그 어떤 명시적 동의 절차보다 명확한 의사를 표하는 것이다. 또 정보의 원천인 개인이 중심(허브)이 되어 여러 정보 소스에 흩어져 있는 정보들을 결합할 수 있게 되면서 데이터 가치의 확장을 기대한다. 마이데이터 패러다임의 궁극적 지향점은 '개인 주도의 데이터 생태계 구축'이다. 개인이 주도하는 인간중심적 모델이자, 개인을 중심으로 개인정보의 이종 간 결합과 유통이 원활하게 이루어지는 데이터 생태계를 지향하는 것이다.

라. 개인데이터 패러다임의 전환과 마이데이터 선언

유럽 마이데이터의 궁극적 지향점은 디지털 경제에서 원활한 데이터 유통을 위해 인간 중심적인 개인 데이터의 처리 및 관리 체계를 구현하는 것이다. 이러한 지향점은 과거 개인정보를 최소한으로 사용하여 '보호'하는 대상으로 간주했던 관점과 확연히 다르다. 마이데이터 글로벌은 이러한 패러다임의 전환을 '마이데이터 선언'을 통해 공표하였다. 첫째, 형식적 권리였던 개인정보자기결정권을 실행 가능한 권리로 바꿔야 한다고 선언한다(from formal to actionable rights). 둘째, 개인데이터를 보호하는 것 대신에 정보주체에게 데이터 권한을 위임해야 한다고 선언한다(from data protection to data empowerment). 셋째, 데이터 유통 생태계를 열린 생태계로 바꿔야 한다고 선언한다(from closed to open ecosystems). 아래 표에 마이데이터 선언의 원칙과 그 내용을 정리하였다.

표 1-4 마이데이터 글로벌의 마이데이터 선언(MyData declaration)

원칙 선언	내용
형식적 권리에서 실행 가능한 권리로 (from formal to actionable rights)	개인정보의 접근과 수정, 이동 요청 권리 및 잊힐 권리 등 개인정보에 대한 정보주체의 권리를 '원클릭'으로 실현할 수 있도록 한다.
데이터 보호에서 데이터 권리부여로 (from data protection to data empowerment)	기존 개인정보보호법은 개인정보 오·남용 방지가 주요 목적이었지만, 앞으로는 데이터 활용에 대한 수요가 높아지고, 이에 업무 효율성, 여러 정보소스로부터의 데이터 처리, 개인화된 AI 비서 등 필요에 따라 데이터 공유 결정을 주체적으로 할 수 있는 여건을 마련한다.

폐쇄형에서 개방형 생태계로 (from closed to open ecosystems)	기존 소수 플랫폼 기업의 데이터 독점과 네트워크 효과 선점 등을 지양하고, 디지털 경제에서 균형과 공정성, 다양성과 경쟁을 창출하는 열린 생태계를 지향한다.

자료: https://mydata.org/declaration(저자 재구성)

마. 실천 수단으로서의 개인정보관리시스템

개인이 데이터 유통 생태계의 주요 행위자로서 적극 참여하기 위해서는 권리 실현을 가능하게 하는 도구가 필요하며, 이 기능은 개인정보관리시스템(PIMS: personal information management system) 혹은 마이데이터 오퍼레이터(mydata operator, 마이데이터 운용시스템)로 해결한다. 이 기능을 수행하는 디지털 시스템에 대한 용어는 통일되어 있지 않다. 개인정보관리시스템은 유럽 데이터보호 감독관(EDPS)의 표현이고, 마이데이터 오퍼레이터는 마이데이터 글로벌의 표현이다. 표기된 용어는 다르지만 주 기능은 다르지 않다. 개인데이터 저장소(personal data storage)로 표현되기도 하는데, 개인데이터 저장소는 개인정보관리시스템의 주요 기능 중 하나로서 시스템 전체를 대표하는 용어로는 부족하다.

개인정보관리시스템은 선언에서 밝힌 마이데이터의 지향점이자 원칙을 실천하는 데 필요한 핵심 요소이며 실질적 수단이다. 개인은 마이데이터 생태계에서 정보주체의 고유 권한을 실질적으로 행사하고 정보처리 과정에도 개입한다. 구체적으로 개인은 마이데이터를 통해 본인 데이터를 무엇을 위해 어떻게 처리할지, 누구에게 처리 권한을 부여할지 등을 직접 결정하고 관리하고 통제할 기회를 보장받으며, 본인이 온라인 활동을 하면서 기업·기관에 제공하였거나 직접 공개한 본인 데이터, 그리고 자동으로 기록 및 수집된 본인 데이터 등에 접근할 권리를 갖는다.

또, 누가 정보를 제공받는지, 어떤 목적으로 이용하는지, 어떤 항목의 개인정보가 필요한지, 이용 기간은 어느 정도인지 등에 대한 정보를 미리 파악하고 권한 행사의 판단 근거로 활용할 수 있다. 개인데이터 이전을 요구한 이후에라도 더 이상 해당 서비스가 필요 없게 되거나 그밖에 다른 이유로 개인데이터 이용 승인을 철회하고자 할 때도 직접 판단하고 요청할 수 있다.

최근 마이데이터 글로벌은 이 개인정보관리시스템을 마이데이터 오퍼레이터로 명명하고 이 시장을 형성하기 위한 다양한 활동을 추진하고 있다. 먼저 2020년에 인간 중심의 마이데이터 생태계에서 마이데이터 운영자가 실천해야 할 사항에 대한 「마이데이터 오퍼레이터(MyData Operator)」를 발간하였다. 이 백서에 인간중심의 데이터 관리가 무엇인지, 마이데이터 오퍼레이터는 무엇을 해야 하는지, 적합한 비즈니스 모델은 무엇인지, 어떤 공공정책을 개발하고 협업을 추구해야 하는지 등에 대한 기준과 개념을 담았다.

마이데이터 오퍼레이터는 기본적으로 개인이 본인데이터 처리에 필요한 다양한 활동을 할 수 있도록 지원하는 디지털 도구이다. 이 시스템을 통해 개인은 어디에 본인의 어떤 데이터가 수집되어 있으며, 어떤 서비스를 위해 어떤 데이터를 어디로 이동할지를 결정하고 실행하며 후속 관리도 한다. 마이데이터 오퍼레이터는 개인의 데이터를 일단 시스템에 모았다가 필요한 곳으로 보낸다는 점에서 플랫폼으로 기능하며, 따라서 상호운용성이 보장되어야 한다. 이때, 개인데이터는 실제 서버 저장 형식으로 수집된 후 재배포되기도 하지만, 개인의 클라이언트 컴퓨터에만 저장되고 개인데이터 관리시스템 서버에는 저장되지 않는 형식도 가능하다.

백서 「마이데이터 오퍼레이터」는 이 운영시스템의 역할을 크게 다섯 가지로 정의한다. 첫째, 신원 관리 기능이다. 개인은 마이데이터 오퍼레이터에 계정을 만들고 그 계정을 통해 본인 데이터의 연결과 통합 지점을 생성한다. 둘째, 권한 관리 기능이다. 이 기능은 데이터 이전에 필요한 개인의 권한을 확인하거나 권한 부여, 실행 취소 및 수정 등 사용자 인터페이스를 제공한다. 셋째, 서비스 관리 기능으로, 개인이 승인한 곳으로 해당 데이터를 전송한다. 넷째, 개인데이터 저장 기능이다. 마이데이터 운영시스템은 개인이 자발적으로 제공한 정보를 비롯하여 디지털 기기 및 서비스를 이용하면서 생성된 개인 기록 정보를 수집, 저장하는 공간을 제공한다. 다섯째, 거버넌스 지원 기능으로 인간중심 마이데이터 구현을 위한 지원 체계를 의미한다.

지금까지 마이데이터 글로벌이 정리하여 발표한 백서들을 중심으로 유럽형 마이데이터 모델을 살펴보았다. 여기까지 보면, 유럽의 인간중심 마이데이터 모델은 '선의'를 전제로 하는 듯하다. 예를 들어, 마이데이터 오퍼레이터는 개인이 행위 주체로서 본인의 기본권을 지키며 권한을 적극 사용할 수 있도록 지원하는 위치에 있다. 하지만 마이데이터 오퍼레이터 역시 시장에 참가한 행위자로서 이익을 추구하는 존재이다. 또, 유럽의 마이데이터 모델이 요구하는 사회적 가치를 유지하기 위해서는 경제적 효율성을 어느 정도 포기해야 할 수도 있는데, 시장 경쟁자나 이해관계자들이 그러한 선택을 할 것이라는 전제에서 논의되는 듯하다.

이 점에서 유럽의 마이데이터 모델은 현실적이기보다 이상적으로 들리기도 한다.

마이데이터 글로벌 조직도 이 점을 인지하고 있다고 본다. 현재 마이데이터의 원칙과 기능의 실천 사례를 만드는 것을 주요 과제로 삼아 사업을 진행하고 있고, 그 일환으로 마이데이터 오퍼레이터의 모범사례 발굴을 목적으로 2020년부터 우수 개인데이터 관리시스템을 선정하여 마이데이터 오퍼레이터 상(mydata operator awards)을 주면서 이상의 실천을 독려하고 있기 때문이다. 마이데이터 오퍼레이터의 비즈니스 모델을 구축해가는 것은 또 다른 과제이다. 현재의 모델은 앞서 메코와 데이터쿱이 보여준 데이터 중개업 모델이 대표적이지만, 서비스가 상용화되면 좀 더 다양한 비즈니스 모델이 발굴될 것으로 본다.

사실상 경제 생태계는 선의로 돌아가는 것이 아니기에, 마이데이터 생태계의 주요 행위자들 각각이 생태계 내에서 이익을 얻을 수 있다는 확신이 필요하다. 마이데이터 글로벌이 선도하는 유럽의 인간중심 마이데이터 모델은 아직 생태계 행위자 각각의 이익 실현에 대해 설득력 있는 비전을 제시하지 못하고 있으며, 무엇보다 디지털 시대의 명백한 자산인 데이터를 생태계에 내주고 정보처리 권한도 정보주체와 공유해야 하는 데이터활용 기업의 참여 동력이 부재하다. 이는 앞서 다뤘던 새로운 디지털 시대에 디지털 경제의 선도국가가 되고자 하는 영국이 '인간중심'보다 데이터 유통 활성화에 무게를 두는 데이터 전략을 선포한 숨은 이유이기도 하다.

3. 미국의 공공데이터 개방 정책으로서의 버튼시리즈

가. 투명하고 열린 정부와 스마트 공개

미국은 2010년을 전 후하여 '투명하고 열린 정부'를 향한 하나의 지침으로 정부가 보유한 개인데이터를 개인이 이전받을 수 있도록 하는 '스마트 공개(Smart Disclosure)' 정책을 추진하였다.[17] 스마트 공개 정책 중 정보의 주체가 본인의 데이터를 이전받아 활용할 수 있는, 미국의 마이데이터로 알려진 버튼시리즈(정책사업)가 있다. 스마트 공개 지침에 이어 미국 정부는 같은 해 'Mydata initiatives 2010'을 발표하고 개인이 본

---

[17] 2009년 '투명하고 열린 정부에 대한 지침'이 나온 이후 2011년 스마트 공개 실행지침(Informing Consumers through Smart Disclosure)을 발표하고, 열린 정부를 위한 실행계획(Open Government National Action Plan for USA)을 통해 공공서비스의 일환으로 스마트 공개(smart disclosure)를 제안하였다. 2013년에는 기계가 읽을 수 있는 형식으로의 공공정보 개방에 대한 기준 등이 포함된 행정명령(Executive Order: Making Open and Machine Readable the New Default for Government Information)을 발표하였다(윤상오 · 김기환, 2016; 한국데이터산업진흥원, 2017).

인데이터를 다운로드하여 어떻게 활용할지에 대한 구체적 방향을 제시하였는데, 개인이 본인정보 처리 권한을 부여받은 후 해당 정보를 활용하여 보다 나은 선택을 할 수 있게 하는 등 정보의 활용성을 촉진할 정책 방향을 구체화하였다.[18]

이 이니셔티브에서는 데이터 간 상호운용성, 보안 및 접근성 등에 대한 정책 방향이 제시되어 있고, 연방정부와 민간 부문 간 협력을 통한 마이데이터 서비스 구현을 추구하고 있다. 그 결과로 정부 지원의 의료서비스를 받는 재향군인 및 취약계층을 대상으로 의료 및 건강정보를 내려받을 수 있게 한 블루버튼(Blue button) 서비스, 에너지부와 환경보호청이 주관하고 에너지 사용 내역을 소비자가 확인할 수 있도록 지원하는 그린버튼(Green button), 교육부가 주관하는 개인학습자료 및 학자금 지원 데이터에 접근할 수 있게 한 마이데이터 버튼(MyData button) 등의 후속 계획이 추진되었다.

2013년 5월에는 2011년 7월부터 2012년 11월까지 수행된 태스크포스(TF) 결과 보고서인 「스마트 공개와 소비자 의사결정: 스마트공개에 대한 TF 보고서(Smart Disclosure and Consumer Decision Making: Report of the Task Force on Smart Disclosure)」를 발표하였다. 이 TF에는 25개 이상의 연방 기관을 비롯하여 데이터 기반 비즈니스를 수행하는 기업과 시민단체 등 40개 민간 부문 이해관계자가 참여하였으며, 논의의 최종 결과물로 다음의 주요 권고사항을 제시하였다. 첫째, 데이터 개방 정책을 제도화하는 실천 전략으로 스마트 공개를 수용해야 한다는 것, 둘째, 스마트 공개의 실행을 위해 정부 단위의 단체를 설립해야 한다는 것이다.

나. 데이터 유형과 제한적인 정부 역할

스마트 공개에서 다루는 데이터의 범위는 이후 공공영역을 넘어서 보다 확대하길 기대하였는데, 이를 위해 우선 정부가 보유한 공공영역의 데이터와 비정부영역의 데이터, 그리고 개인데이터와 비개인데이터로 구분하여 유형화하고 데이터 유형별 접근 방안을 모색하였다. 이처럼 미국의 스마트 공개 정책은 공공데이터 개방 정책의 일환으로 출발하였지만, 민간 부문과의 협력을 추구하고 대상 범위에 비정부영역의 데이터를 포함하면서 공공데이터 범위를 넘은 데이터 개방 정책으로 확대하고자 하였다.

---

18) https://obamawhitehouse.archives.gov/blog/2016/03/15/my−data−empowering−all−americans−personal−data−access.

표 1-5 미국 스마트 공개 대상 범위와 유형

데이터 보유 주체	데이터 대상	
	제품 혹은 서비스	개인
공공영역 (public sector)	II	I
비정부영역 (Nongovernmental Sector)	III	IV

자료: Executive Office of the President(2013)

제1유형인 공공영역의 개인데이터를 다루는 스마트 공개에는 정부 지원의 의료서비스를 받는 재향군인 및 취약계층의 건강 및 진료 기록 정보가 해당하며, 블루버튼 서비스가 담당하는 데이터 영역이다. 재향군인 및 취약계층은 본인의 건강 및 진료 정보를 내려받아 확인하거나 제3자에게 정보를 보내 더 나은 의사결정을 내리는 데 사용할 수 있다.[19] 제2유형은 공공영역의 제품 혹은 서비스 데이터에 해당하는 것으로, 공공기관이 보유한 정보 중 시민에게 공개 가능한 데이터의 양을 증가시키는 것, 즉 공공데이터 개방을 정책의 주요 목표로 하는 부문이다. 제품 리콜 상황이나 병원 및 의사의 품질, 광대역 서비스와 항공기 성능 등에 대한 데이터가 여기에 포함된다. 제3유형은 비정부영역의 제품 및 서비스 데이터로서 민간 부문 기업·기관과의 협력이 필요하다. 제4유형 역시 민간 부문과의 협력 사례에 해당하는 동시에 소비자의 본인데이터 접근을 보장한다는 차원에서 제1유형과 같이 마이데이터와 관련한다. 소비자가 에너지 사용 데이터에 접근할 수 있도록 지원하는 그린버튼이 이 유형이다.[20] 교육 분야의 마이데이터버튼도 사립학교가 관여하는 경우 민관협력 유형에 속한다. 요약하면, 제1유형과 제4유형에서 미국의 마이데이터가 실행되었다.

---

19) 〈미국 블루버튼에서 다룬 개인정보〉

대상	내용
퇴역군인	본인이 직접 입력한 건강 지표(혈압, 체중 및 심박수 등), 비상 연락처, 검사 결과, 가족 건강기록, 군대 건강기록, 기타 건강 관련 정보
취약계층	정부지원 서비스 청구정보, 비상 연락처, 약국 및 제공자 이름, 자가 보고한 알레르기, 의학적 상태와 연결되는 개인정보와 건강정보 등

자료: Chopra(2010.10.7.), 김현수 외(2022)

20) 50개 이상의 에너지 관련 업체가 그린버튼 서비스를 위한 초기 이니셔티브에 참여함(참고: US Dept of Energy. "Green Button: Open Energy Data", https://www.energy.gov/data/green-button).

미국 정부는 스마트 공개 정책 초기에 구현된 버튼 시리즈 서비스의 사용자 경험 및 편의 개선과 공공영역 데이터 기반의 대국민 서비스 확대를 계획해왔다.[21] 공공 데이터 기반의 공공서비스뿐만 아니라 개인데이터 기반의 서비스 개발 상황을 웹사이트에서 확인할 수 있는데, 블루버튼 서비스 개선을 위한 디자인 공모, 디지털 헬스케어 서비스와 연계하는 블루버튼(Blue Button Mash Up), 질병 예방 및 건강 증진을 위해 민간 재단과의 모바일 앱 공동 설계 등이 소개되어 있다. 또 블루버튼 서비스에 대한 수요를 확인하고, 민간 병원과 연계하여 서비스 확대를 계획하기도 하였다. 그밖에 미국 재무부가 주도하여 개인의 금융관리 서비스 앱에 대한 아이디어 공모 결과(MyMoneyAppUp IdeaBank Challenge), 개인의 위치정보와 연결되어 대기오염 물질 등을 모니터링해 정보를 제공하는 "My Air, My Health Challenge" 등의 서비스도 확인할 수 있다.

종합하면, 미국의 스마트 공개는 공공데이터 개방 정책의 일환으로 공공데이터 혹은 공익적 성격의 산업 분야에 한정하여 출발하였고, 정책 실행을 위한 지침 및 행정명령 등이 필요에 따라 공표되었다. 스마트 공개에서 개인데이터 관련 부문이 미국의 마이데이터 정책사업이라고 할 수 있는데 버튼시리즈가 대표적이며, 그중 정부 보유 개인데이터 기반의 블루버튼이 가장 뚜렷한 가시적 성과를 보여줬고, 민간의 비즈니스적 수요도 있었던 에너지 분야에서도 어느 정도 성과가 있었다. 그러나 다루는 데이터가 민감하고 데이터 통합을 추진할 비즈니스 동력도 부재하였던 교육 분야는 개별 교육 및 학습 컨설팅까지는 구현하지 못하고 학자금 관리 등 한정된 범위 내에서만 서비스가 구현되었다.

유럽과 비교할 때, 유럽의 마이데이터가 개인정보자기결정권 강화와 개인데이터 기반의 데이터경제 촉진을 주요 목적으로 하였다면, 미국의 스마트 공개는 '공공데이터의 투명성과 시민의 권리'를 위한 공공데이터 개방 정책에 출발점을 두고 있다는 점에서 차이가 있다. 이러한 차이는 이후 후속적 정책 추진의 차이로 이어졌다.

예를 들어, 영국과 유럽이 개인데이터의 실질적 주체인 개인의 권리 확대와 권리 실행 가능성 향상, 그리고 데이터 보유기업 데이터의 유통 확대 및 촉진을 위한 방안 마련 등의 실천단계 정책을 추진한 반면, 미국은 그러한 후속 정책이 부재하였다. 현재는 미국 총무청(GSA)하에서 정부 공개데이터의 책임 있는 관리 수준에서 스마트

---

21) 스마트 공개 정책의 진행 현황에 대한 내용은 Data.gov 웹페이지(https://www.data.gov/consumer/smart−disclosure−policy−resources).

공개 정책이 이어져 있으며, 정부가 주도하는 개인데이터 활용 정책은 추진되지 않고 있다. 오바마 정부 당시 환자의 건강정보 접근 권리와 정밀의료 구현에 대한 정책적 관심이 컸고, 그에 따라 블루버튼의 민관협력 확대, 병원 간 데이터 표준 등 관련 정책이 추진되기도 하였으나 정권교체 이후 관련 정책이 단절된 것으로 보인다.

Ⅲ. 국내 마이데이터 정책 논의와 현황

1. K-MyData

국내의 마이데이터 논의는 2016년 「지능정보사회 중장기 종합대책」에서 'K-MyData' 제도 도입 계획이 소개된 것을 출발점으로 볼 수 있다. 중장기 종합대책에 따르면, K-MyData는 "특정 기업이 보유한 개인정보를 해당 개인의 동의하에 다른 기업에 제공, 맞춤형 서비스 개발에 활용하는 것을 지원"하는 제도이며, 활용도와 국민체감효과가 높은 통신, 금융, 의료, 에너지 분야를 우선 추진할 계획이었다. K-MyData 정의에서 확인할 수 있듯이 국내 마이데이터는 기업 간 데이터 유통 및 데이터 기반 산업 활성화에 초점을 두고 출발하였으며 이후 계속 같은 기조를 유지한다. 당시 영국의 마이데이터 프로젝트가 벤치마킹 대상이었다.

이어 2018년 2월 변재일 의원이 대표 발의한 '국가정보화 기본법 전부개정법률안[22]'에 마이데이터에 대한 법적 근거가 될 수 있는 조항이 최초로 포함되었다. 공공기관뿐만 아니라 민간 기업·기관이 수집한 개인정보에 대해 해당 개인의 제공 요청이 있는 경우 정보를 제공할 의무가 있다고 명시하였으나, 이 법안은 통과되지 못하고 폐기되었다. 이후 정부 전략보고서에 마이데이터 사업이 핵심 정책 과제로 등장하였는데, 2018년 6월, 정부는 4차산업혁명위원회 안건으로 상정된 '데이터 산업 활성화 전략'에서 개인의 주권을 보장하는 핵심 실행과제로 마이데이터 사업을 추진한다고 발표하였고, 금융위원회도 같은 해 7월 '금융 분야 마이데이터 산업 도입방

---

22) 국가정보화 기본법 전부개정법률안(2018. 02. 18. 발의)의 제43조 제5항: ⑤ 누구든지 자신으로 인해 생성된 데이터를 보유하는 국가기관 등 법인, 기관 및 단체에 대하여 그 데이터의 제공을 요청할 수 있으며, 요청을 받은 국가기관 등 법인, 기관 및 단체는 이를 정보처리장치가 쉽게 처리할 수 있는 형태로 제공하여야 한다. 다만, 다른 법령에 의하여 금지된 경우에는 그러하지 아니하다.

안'을 발표하여 금융 분야에서 선제적으로 마이데이터 제도를 도입할 것이라는 취지를 밝혔다.

2. 마이데이터 시범사업과 분야별 추진

2019년부터는 마이데이터 시범사업이 실행되었다. 개인의 동의를 받아 개인데이터를 활용하는 새로운 서비스 모델 발굴 및 실증사업 지원을 목적으로 하는 정부 사업으로, 매년 사업자를 선정하여 지원하였다. 서비스 분야는 의료, 금융, 통신, 에너지, 유통, 기타 등으로 개인 일상과 밀접한 분야로 한정하였으며, 이종 분야 간 융합 서비스도 허용하였다.

국내 마이데이터는 금융 분야에서 가장 먼저 실행단계 논의로 진전되었다. 2018년 7월 금융위원회는 '금융 분야 마이데이터 산업 도입방안'을 발표하고 '본인신용정보관리업'으로서의 금융 분야 마이데이터 산업 추진을 공표하였으며, 2018년 11월 '신용정보법 일부개정안'에 '개인신용정보전송요구권' 신설 내용을 포함해 금융 분야 마이데이터 산업 촉진을 위한 법적 근거도 마련하였다. 이 법안은 2020년 1월 데이터 3법 개정으로 최종 신설되었다(제33조의2). 이후 준비기간을 거쳐 2022년 1월 금융 분야 마이데이터 서비스가 전면 시행되었다. 준비기간 동안 마이데이터 사업자는 서비스의 안전성을 위한 보안 강화, 복잡한 인증절차 간소화, API 방식의 데이터 이전 시스템 구축 등의 요건을 충족하였으며, 2022년 9월 현재 59개의 금융사 및 핀테크 기업이 마이데이터 서비스를 제공하고 있다.

금융 분야 외에도 공공, 의료, 통신 등 각 분야에서의 마이데이터 서비스 추진을 진행하고 있다. 공공 분야에서는 2021년 12월 전자정부법 개정으로 정보주체가 본인 관련 정보의 이전 요청을 할 권리를 부여하고 그밖에 전송요구 대상의 행정정보와 정보를 제공받는 자 등을 규정하였다. 의료 분야에서는 2021년 2월 마이헬스웨이 도입방안을 발표하고, 2022년까지 순차적으로 개인이 본인의 건강정보를 직접 통합 조회하고 활용할 수 있는 서비스 구현 환경을 마련하고자 한다. 여기에는 의료법 개정으로 개인이 의료기관에 본인 의료정보를 요청할 수 있는 권리의 신설도 포함한다. 또한 통신 분야 마이데이터 논의도 시작되었다. 이밖에 향후 분야 간 데이터 이전을 염두에 두고 다음 단계 계획을 세우고 있는데, 일반법에서의 개인정보 전송요구권 도입, 마이데이터 표준화, 종합지원 플랫폼 구축 등이다.

3. 국내 마이데이터의 특징과 과제

대략 살펴보았듯이, 우리나라 마이데이터는 정부가 주도하고 있다. 해당 분야 주무부처가 주축이 되어 본인데이터전송요구권을 개별법으로 신설하고, 개인의 권리 행사로 개인데이터 기반 서비스를 제공받을 수 있는 서비스 구축을 추진하고 있다. 벤치마킹 대상이었던 영국 역시 정부가 먼저 시작하였지만, 실행단계에서는 민간 주도의 비규제방식으로 접근하고자 하였다. 그러나 실행단계까지 정부가 주도하여 마이데이터 실행을 촉진하였던 우리나라와는 달리, 영국의 마이데이터는 민간 기업의 참여 동력이 부족하여 지지부진한 상황이다.

우리나라는 정부 주도로 제도 정착 및 사업화에 추진력을 갖추었지만, 사회적 합의가 부족한 상황이다. 또한 정보주체인 개인이 마이데이터 생태계에 능동적으로 참여할 필요가 있는데 이에 대한 사회적 인식이 충분히 성숙하지 못하였다. 이러한 상황은 마이데이터 논의가 있었던 모든 국가가 직면하였던 문제이기도 하다. 이와 관련하여, 유럽의 해법을 눈여겨볼 필요가 있다. 앞서 언급하였듯이, 유럽은 비영리단체인 마이데이터 글로벌이 사회적 합의를 위한 논의의 장을 주도하고 있다. 표면적으로는 개별 국가 차원의 정책 추진이 부족한 것으로 보이지만, 중장기적으로는 오히려 영리한 행보일 수 있다. 서로 다른 주체가 소통하고 협력하면서 긴밀하게 연결된 '데이터산업 진흥'과 '개인의 자기정보결정권'을 각각의 위치에서 추진하고 있기 때문이다. 유럽연합과 개별 국가 차원에서는 디지털 경제 활성화를 위한 전략 추진과 법제 정비를, 그리고 시민사회에서는 개인정보자기결정권과 개인데이터 기반 서비스에 대한 사회적 이해와 합의를 형성하는 역할을 하고 있다. 이러한 행보는 데이터산업 진흥을 위한 환경조성과 사회적 합의가 동시에 진행되는 셈이어서 새로운 사회 패러다임의 안정적 전환을 기대해볼 수 있다.

우리나라의 정부 주도 마이데이터 추진은 마이데이터 정책을 먼저 시작한 영국이나 유럽, 미국 등에 비해 눈에 띄는 추진력을 보여주고 있으며, 앞으로 데이터기반 산업 활성화가 가져올 긍정 효과를 고려할 때, 매우 기대되는 행보이다. 그러나 마이데이터에 대한 기업의 비즈니스 동력 부족과 사회적 수요 부족 상황을 빨리 타개하지 않으면 정부 주도의 빠른 추진이 제 역할을 못 할 수 있다. 2022년 3월 현재, 33개 기업이 마이데이터 서비스를 시작하였으나 소비자의 이목을 끌 만한 분명한 비즈니스 모델이 부재하고 산업적 및 사회적 효과가 미미한 상황이다.

또 다른 특징은, 데이터의 이전에 초점을 두는 점이다. 그 결과 국내 마이데이터 정책은 데이터 이전을 요구할 수 있는 정보주체의 권리 신설, 그리고 데이터 이동에 관여하는 기관 간 시스템의 상호운용성과 보안, 이전 대상 데이터의 범위, 대상 기관의 조건 등의 법적 근거 마련에 힘을 쏟았지만 정보주체의 권리 신설 이후 이 권리의 실질적 행사를 위한 정책 방안이 미흡한 상태이다. 2021년 6월 발표된 '마이데이터 발전 종합정책'에서는 '자료전송 요구권'[23]을 마이데이터의 핵심 기반으로 정의하지만, 정작 권리를 행사할 정보주체에게 해당 권리의 필요와 수요가 없다면 누구를 위한 권리 신설인지 되묻게 된다.

현재 우리나라는 아직 금융 분야에 한정되어 있지만, 정부의 노력과 민간의 참여로 안전한 데이터 전송에 필요한 인프라가 실현되어 마이데이터 시대가 시작되었고, 다른 분야로의 서비스 확대를 추진 중이다. 물론 현재 추진 중인 정책과 사업을 잘 진행하는 것도 중요하지만, 이제 관련 정책의 무게를 정보주체의 신설 권리를 실질적으로 행사할 방안 구현으로 옮겨갈 때이다. 마이데이터 정책은 데이터 유통 활성화와 개인정보자기결정권 간의 균형이 맞춰질 때 긍정적으로 평가될 것이다.

Ⅳ. 맺음말

마이데이터 제도와 산업은 이제 시작 단계에 있다. 우리나라는 전 세계 어느 국가보다 먼저 실행단계에 들어섰지만, 여전히 해결해야 할 과제가 있다. 금융 분야에서 시작한 마이데이터의 안정적 정착을 지원하는 한편, 다른 주요 분야로의 확대, 나아가 분야 간 원활한 데이터 결합과 융합을 위한 제도적, 기술적 체계를 마련해야 한다. 또 정부 주도의 강점을 잘 활용하면서 중장기적으로 민간 주도의 데이터산업 진흥을 위한 환경을 조성하는 한편, 데이터산업 진흥 정책은 개인의 개인정보자기결정권의 실질적 보장과 확대 정책과 균형을 이루며 나아가야 한다. 이를 위해 비즈니스 모델 개발 지원을 위한 규제 정비와 함께, 데이터의 오남용 및 개인의 권리 침해 방지를 위한 명확한 정책이 개발되어야 한다.

---

23) 여기서 '자료전송 요구권'은 "정보주체가 정보제공자로 하여금 본인이 원하는 서비스를 제공받기 위하여 데이터의 전송을 요구하는 권리"이다.

위의 과제들을 해결하기 위한 관련 정책과 법제 정비가 추진되고 있으므로, 여기서는 데이터산업 진흥을 위한 데이터 유통 체계 구축과 개인의 개인정보자기결정권 강화 간의 균형 간 미비한 부분에 대해서만 다시 한번 강조하고 마무리하고자 한다. 우리나라의 마이데이터 정책은 '데이터 이전' 즉, 활용 가능한 개인데이터 유통에 경도된 경향이 있었고, 그러다 보니 상호운용가능한 시스템 구현, 데이터 표준 마련, 이전 가능한 데이터 범위 및 결합 절차 규정 등에 정책적 초점이 맞춰졌다. 개인의 권한과 관련해서도 데이터 이전을 촉진할 '데이터전송요구권'이 강조되었다. 그러나 이러한 정책 논의와 지원은 마이데이터 생태계에서의 개인의 '참여'를 독려하는 데는 소홀한 편이며, 이는 마이데이터 생태계의 주요 행위자인 개인의 마이데이터 생태계의 참여와 신뢰에 부정적 영향을 미친다.

사실, 활용할 수 있는 개인데이터의 유통이 목적이라면 굳이 새로운 제도가 필요하지 않을 수 있다. 기존 법·제도에서도 개인이 동의하면 개인데이터를 활용할 수 있기 때문이다. 기업의 입장에서는 자체적으로 보유하고 있는 고객데이터가 없어도 잠재고객의 자료전송 요구권 행사를 통해 데이터를 확보할 수 있다는 점에서 기존과는 확연히 다른 차이가 있을 수 있지만, 정보주체인 개인으로서는 크게 다르지 않다. 이에 금융분야 마이데이터 서비스가 시작된 지금도 개인들은 마이데이터에 대해 여전히 헷갈리고 혼란스럽다. 기존과 전혀 다르지 않은 것 같은데, 새로운 제도이고 패러다임의 전환이라고 거창하게 포장하는 것으로 의심하기도 한다. 정부의 '마이데이터 발전 종합정책'은 "내 데이터 내 뜻대로"라는 캐치프레이즈를 내세우고 '개인정보 자기결정권 제고 및 데이터 주권 확립'을 강조하지만, 현재의 마이데이터 서비스는 개인맞춤형 서비스의 범위가 확대되었을망정 개인데이터에 대한 개인의 실질적 권한 행사는 충분히 보장하지 않고 있다.

지금 시점의 마이데이터 사업에서 개인이 '자료전송요구권'을 주장해 얻는 서비스는 엄밀하게는 개인데이터기반 서비스이다. 서비스 사업자가 고객의 데이터를 분석하여 고객에게 필요하고 가치 있는 정보를 생성해 제공하는 서비스 말이다. 그러나 마이데이터 서비스는 개인이 본인데이터를 직접 관리, 운용할 뿐만 아니라 본인데이터가 활용되는 범위를 추적, 통제할 수 있는 실질적인 디지털 수단이어야 한다고 본다. 개인이 본인의 개인정보자기결정권을 능동적으로 행사할 수 있도록 지원하는 개인정보관리시스템 혹은 마이데이터 오퍼레이터와 같은 디지털 수단이 활용되어야 비로소 균형 있는 마이데이터서비스가 구현되었다고 할 수 있고, 개인데이터 유통의 새로운 패러다임이 시작될 것이다.

우리나라에서 마이데이터 논의를 시작할 때, 개인데이터기반 서비스 사업자를 마이데이터 사업자로 명명하여 오해의 소지가 있었다. 마이데이터는 본인데이터를 말하는 것이므로 사업자가 아니라 개인이 직접 운용할 수 있어야 하며, 따라서 마이데이터 사업자는 엄밀하게는 개인이 본인데이터를 직접 운용할 수 있는 수단을 제공하는 사업자, 즉 개인정보관리시스템이나 마이데이터 오퍼레이터에게 붙여지는 것이 나았다고 생각한다. 정부도 이미 "개인정보 보호에 대한 관심이 늘어나면서 '나에 대한 데이터는 내가 주인이며 내가 관리한다'는 정보주체의 인식 확산"을 파악하고 있고, "내가 관리한다"에 열람, 정정, 철회를 포함하여 전송요구권까지 정보주체의 모든 권리의 실행과 관리 욕구를 인정하고 있다.[24] 그러나 아쉽게도 이 부분이 아직 정책으로 구체화하지 못하고 있으며, 개인데이터기반 서비스 제공자들이 마이데이터 사업자와 동일시되어 있다.

우리나라 국민의 본인데이터 직접 통제에 대한 욕구는 다른 나라와 비교할 때 작지 않을 것이다. 실제로 2019년 정보통신정책연구원이 수행한 개인정보 활용에 대한 인식조사[25]에서 기업이 보유한 본인데이터를 한눈에 보여주고 어느 정도 통제할 수 있도록 하는 개인정보자기관리 앱을 사용할 수 있다면 사용할지를 물었을 때, 62.2%에 달하는 응답자가 이용 의사를 밝혔다. 유보적인 입장의 '보통'이라는 응답은 30.7%, '이용하지 않는다'는 5.9%, '전혀 이용하지 않는다'는 1.2%였다. 사용 의사를 밝힌 이들에게 그 이유를 물은 결과, '내 정보에 대한 통제 권한을 행사하고 싶어서'가 28%로 가장 많은 응답을 받았고, 그다음으로 '내 정보의 사용처를 알고 싶어서'(16.73%), '서비스사가 내 정보를 함부로 이용하지 못하게 감시하고 싶어서'(11.77%), '내 정보가 어떻게 사용되는지를 알 수 있으면 안심이 될 것 같아서'(10.89%) 순이었다. 대체로 개인정보관리 앱에 대한 긍정적 태도에는 개인이 주도적으로 자기정보를 활용할 수 있다는 것과 함께 개인데이터를 활용하는 기업을 직접 감시하려는 욕구가 있었다.

우리나라는 시민의 온라인 참여가 유독 강한 나라이다. 인터넷 역사에서 세계가 주목했던 시민 참여 온라인 서비스가 적지 않았다. 예를 들어, 시민이 직접 참여하여 기자 활동을 하는 시민저널리즘 '오마이뉴스'(2000년), 온라인에서 본인의 공간을

---

24) 인용한 부분은 '마이데이터 발전 종합정책'에 있는 문구들이다.
25) 조성은 외(2019). 개인주도 데이터 유통 활성화를 위한 제도 연구. 정보통신정책연구원.

꾸며 친구를 초대하고 관계를 관리하는 소셜 네트워킹 '싸이월드'(1999년), 시민의 정치적 의견을 나누고 직접 행동으로까지 이어지는 토론공간 '아고라'(2004) 등이 있었다. 여기에 온라인 트레이딩 시장도 다른 어느 나라보다 빨리 확대되었다.[26) 좀 더 정밀한 실증연구가 필요하겠지만, 개인정보자기관리 앱에 대한 인식조사 결과나 과거 인터넷 서비스 역사를 되짚어 봤을 때, 앞서 소개한 개인데이터관리시스템 시장이 형성된다면, 그것의 성장을 기대해볼 만하다.

영국과 우리나라는 개인데이터의 원활한 유통에 초점을, 유럽 마이데이터 글로벌 모델은 개인정보자기결정권의 실질적 보장에 우선순위를 두었고, 이는 정책 및 전략의 차이일 것이다. 궁극적으로 한쪽의 목적 달성만으로는 마이데이터를 온전하게 끌고 갈 수 없다. 데이터 유통에 우선순위를 둔 경우 그다음 단계로 개인정보자기결정권의 실질적 보장 방안을 추진할 필요가 더해진다. 개인정보자기결정권 보장에 우선순위를 두었다면 원활한 데이터 유통을 위한 상호운용성과 비즈니스 환경조성을 다음 단계로 추진해야 할 것이다. 현재 우리나라는 금융 분야 이외에 공공, 의료, 통신 분야 마이데이터를 추진하고 있고 개인정보보호법 개정을 통해 마이데이터 근거법을 일반법에 마련하고 분야 간 데이터 결합과 서비스 융합 실현을 위해 나아가고 있다. 이러한 추진 계획을 성공적으로 이끌어가되, 이제 다른 하나의 목적 달성을 위한 정책 및 전략도 적극 검토하고 추진해야 할 때라고 본다.

---

26) 1997년 등장하여 1999년 활성화 단계로 들어섬.

참고문헌

[국내문헌]

김현수·정광재·염수현·조성은·박상미·진정민(2022). "데이터 기반 사회의 통신 분야 마이데이터 도입방안 연구", 정보통신정책연구원.

관계부처 합동(2016. 12.). "지능정보사회 중장기 종합대책".

관계부처 합동·4차산업혁명위원회(2021.6.). "마이데이터 발전 종합정책".

조성은(2017). "제5장 프라이버시 위험관리와 데이터 활용", 이호영 외(2017). 『ICT기반 사회현안 해결방안 연구』, 정보통신정책연구원.

조성은·유지연(2012). "글로벌ICT 기업들의 개인정보보호정책 변화에 따른 국내 정책 방향", 정보통신정책연구원.

조성은·이시직(2015). "빅데이터 시대 개인행태정보 수집 및 활용에 대한 정책 연구", 정보통신정책연구원.

조성은·정원준·이시직·이창범·박규상(2019). "개인 주도의 데이터 유통 활성화를 위한 제도 연구", 정보통신정책연구원.

[국외문헌]

Altman, I. & & Chemers, M.(1984). 『Culture and Environment』, New York: Cambridge University Press.

BIS(2013). "The midata innovation opportunity: Learnings from the midata innovation lab".

BIS & CabinetOffice(2011). "Better Choices: Better Deals —Consumers Powering Growth".

BIS & CaninetOffice(2013). "Impact Accessment for midata" https://www.legislatio n.gov.uk/ukia/2013/1048/pdfs/ukia_20131048_en.pdf

BIS & the RtHon Edward Davey MP(2011). "The midata vision of consumer empo werment" Ihttps://www.gov.uk/government/news/the—midata—vision—of—c onsumer—empowerment

Brey, P.(2006). "Freedom and Privacy in Ambient Intelligence", Ethics and Information Technology, 7(3), 157—166.

Chopra, A. (2010.10.7.)."Blue Button' Provides Access to Downloadable Personal Health Data", https://obamawhitehouse.archives.gov/blog/2010/10/07/blue—b utton—provides—access—downloadable—personal—health—data

Cooley, T. M.(1880). 『The General Principles of Constitutional Law in the United States of America』, BOSTON: LITTLE, BROWN AND COMPANY

Department for Digital, Culture, Media & Sport(2021.9.10.). "Data: a new direction", https://www.gov.uk/government/consultations/data−a−new−direction

Gartner(2012). The Importance of 'Big Data': A Definition. https://www.gartner.com/doc/2057415/importance−big−data−definition, http://www.gartner.com/document/2057415.

IDC(2012). Worldwide BigData Technology and Services 2012−2015 Forecast. https://ec.europa.eu/digital−agenda/en/news/worldwide−big−data−technology−and−services−2012−2015−forecast.

Langford, J., Poikola, A. J., Janssen, W., Lahteenoja, V., & Rikken, M.(2020). "Understanding mydata operators".

Mckinsey(2011). Big Data: The next Frontier for innovation, competition and productivity. http://www.mckinsey.com/insights/business_technology/big_data_the_next_frontier_for_innovation

Poikola, A., Kuikkaniemi, K., & Honko, H. (2015). "Mydata a nordic model for human−centered personal data management and processing". Finnish Ministry of Transport and Communications.

Poikola, A., Kuikkaniemi, K., & Honko, H., Knuutila, A., & Lahteenoja, V.(2020). "MyData − an introduction to human−centric use of personal data . " Finnish Ministry of Transport and Communications.

[전자문헌]

국가법령정보센터(http://www.law.go.kr/헌재결정례/(99헌마513))

midata Initiative(2011), https://www.gov.uk/government/news/the−midata−vision−of−consumer−empowerment

midatalab, http://www.midatalab.org.uk/

데이터이동권의
법적 함의와 주요국 입법례 분석

정 원 준

한국법제연구원

데이터이동권의
법적 함의와 주요국 입법례 분석*

한국법제연구원 부연구위원 정원준

I. 서론

디지털화의 진전은 전 세계 데이터 시장의 급격한 확대를 가져왔다. 이 가운데 개인데이터는 단순히 새로운 가치 창출 수단을 넘어 경제 활동의 핵심 기제로서 그 중요성과 활용 가치가 날로 커지고 있다. 그러나 현시점에서 데이터 경제는 정보 수집자이자 처리자에 해당하는 기업 또는 기관을 위주로 작동되고 있다. 데이터의 생래적(生來的) 주인이라 할 수 있는 정보주체는 보호의 대상으로서 수동적인 역할에 그치고 활용의 주체로서는 사실상 소외되어 온 것이다. 개인은 각 기업에서 취급하는 본인 정보를 통합적으로 확인하기 어려우며, 제3자로의 이전은 정보주체의 적극적인 의사표시가 아닌 정보처리자로부터 제시된 개인정보취급방침 및 동의 허락 범주 내에서만 이루어지고 있다.

반면에 기업 입장에서도 개인정보에 대한 실질적인 통제권을 확보하지 못한 정보

---

* 이 글은 기존에 발간된 저자의 문헌을 일부 발췌하였으며, 새로운 쟁점과 최근 동향을 추가하여 재정리하였음.

주체가 최소한의 정보만을 제공하려는 소극적 태도로 인해 개인의 특성 및 선호도를 파악할 수 있는 상세 정보를 확보하기 어려운 문제가 있다.

이처럼 데이터 활용 생태계 내 큰 축의 긴장관계로서 개인과 기업 간의 역관계(力關係) 재조정을 통해 양립 불가능한 이익 공유 문제를 해소하는 방편으로서 기대되는 것이 바로 '마이데이터(Mydata) 제도'이다. 즉, 마이데이터는 통합된 본인 정보를 스스로 또는 분석 역량을 갖춘 제3자에게 데이터 생명주기(생성, 저장·관리, 이용·제공, 파기 등)를 체계적으로 관리하게 하며, 필요 시 정보주체가 직접 통제권을 행사함으로써 개인은 제한적 보상에 만족해야 했던 관행을 탈피하여 개인과 기업이 상생할 수 있는 이점이 있다.

결론적으로 마이데이터는 기존의 정보주체 권리인 열람권 내지 접근권을 넘어서는 구체적이고 실행력 있는 통제권을 부여하는 것이다. 이는 데이터 유통 및 활용의 중심축을 '개인정보처리자'에서 '정보주체'로 전환시키는 획기적인 변화라 할 수 있다.

이러한 배경하에 우리나라는 2020년 2월 4일 「신용정보의 이용 및 보호에 관한 법률」(이하 '신용정보법'이라 함) 개정1)을 통해 한국형 마이데이터 제도라 할 수 있는 '본인신용정보관리업'을 신설하였다. 2022년 9월 기준으로 59개사가 본허가를, 11개사가 예비허가를 각각 취득하는 등 상당수의 기업들이 마이데이터 생태계에 앞다투어 뛰어들고 있는 상황이다.

그러나 문제는 마이데이터 제도가 지나치게 산업계의 이해관계를 중심으로 구축·형성될 경우 마이데이터의 본질에 해당하는 개인정보자기결정권의 보장과 개인의 통제권 실현이 한계에 봉착할 수 있다는 점이다. 마이데이터는 정보주체의 적극적 참여와 역할이 무엇보다 중요하다. 따라서 정보주체의 참여 유인을 어떻게 끌어내느냐에 따라 향후 산업적 발전 가능성이 좌우될 것이다. 이 때문에 정보주체의 권익 보장과 권리 실현을 담보할 수 있는 법질서 형성이 반드시 수반되어야 할 것이다. 거시적인 차원에서 개인정보 침해 이슈가 발생하지 않도록 리스크 관리를 철저히 요구하면서도 개인의 선택권이 제한받지 않도록 균형 잡힌 법제도를 설계해야 하는 이유다.

또한 신용정보법에 따른 금융 분야 마이데이터와 그 밖에 공공, 의료, 통신 등의

---

1) 해당 개정법상의 내용 중 본인신용정보관리업 허가(제6조), 본인정보 전송요구권(제33조의2), 동의 등급제(제34조의3) 등 신용정보법상의 일부 규정들은 유예 기간을 두어 2021년 2월 4일부터 시행되었다. 특히 개정법 부칙 제1조 제2항에 따라 스크린스크래핑 방식의 정보수집 방식을 제한하는 제22조의9의 경우 그 시행이 2021년 8월로 유예되었다가, 또 한차례 연기되어 2022년 1월부터 시행되는 등 인프라적인 준비가 미흡한 상태에서 제도 운용을 시작하면서 참여기업들로부터 많은 논란과 혼선을 빚었다.

개별 영역에서 다루는 데이터의 법적 성격이나 제반 산업 내의 이해관계 구조 등이 각각 상이하기 때문에 이를 고려한 유연한 법제도 구축이 필요할 것으로 보인다. 특히 일반법(개인정보보호법)과 개별법(신용정보법, 의료법 등)이 병존하는 현행 개인정보 법률체계 하에 타 분야로의 확장가능성을 열어두는 입법 방향이 중대한 관건이 될 전망이다.

이에 본 장에서는 마이데이터의 기대효과 달성을 위한 법률상 근거가 되는 권리 개념 확립의 필요성과 그 의의를 검토하고, 해외의 유사 입법례를 유형화하여 비교 법적 시각에서 분석하도록 한다.

Ⅱ. 데이터이동권의 개념적 의의와 권리 성격

1. 데이터이동성의 개념

'데이터이동성(Data Portability)'은 법적 개념으로서 정립된 용어로 보기 어렵다. 최근 제정된 「데이터 산업진흥 및 이용촉진에 관한 기본법」 제15조에서 데이터 이동의 촉진을 강구하기 위한 노력의무를 규정한 조항 외에는 '이동'의 개념을 구체적으로 정의한 별도의 정보법 관련 입법례는 발견되지 않는다.[2] 통상적으로 '이동'이라는 개념은 데이터와 같이 무형적 대상을 전제로 하기 보다는 유형물의 물리적 위치 변경이나 유동적인 흐름을 뜻하는 용어로 사용되는 것이 일반적이다.

그러나 국내에서 정보의 이동성을 보장하는 제도 모형이 전혀 없었던 것은 아니다. 2004년 통신서비스 시장에 도입된 번호이동성 제도와 2015년부터 금융 부문에서 순차적으로 도입된 계좌이동서비스가 그것이다. 먼저 번호이동성(number protability) 제도는 가입자가 이동통신서비스 제공 사업자를 변경하더라도 종전의 번호를 그대로 유지할 수 있도록 한 제도를 말한다. 이 제도는 기존에 이동서비스 업체 변경 시 이용자의 전화번호를 유지할 수 없는 문제를 해소하고, 소비자에게 선택권을 부여함으

---

2) 이동의 개념을 설명하고 있는 행정규칙으로 「이동전화서비스 번호이동성 시행 등에 관한 기준」 제2조는 '번호이동'을 "가입자가 전기통신사업자 또는 이동전화서비스의 변경에도 불구하고 종전의 전기통신번호를 유지하는 것"으로 정의하고 있다. 이 밖에도 데이터산업법을 제외한 타 법률에서는 이동의 개념으로 물리적인 위치의 이동을 지칭하는 것이 대부분이다.

로써 편익 증진 및 시장의 경합성(contestability)을 확대하는 데 의의가 있다.[3] 또한 통신사를 전환할 때마다 개인데이터를 제공해야 하는 반복성을 없애고, 이에 따라 소비자의 전환 비용을 낮추어 고착화 현상을 완화시킨다. 이는 잠재적으로 경쟁 업체의 진입 장벽을 제거하는 데 기여할 수 있다.

한편 계좌이동 서비스는 기존의 계좌에 연결되어 있는 자동이체 항목을 출금 및 입금 이체 정보와 함께 신규 계좌로 일괄 이동할 수 있는 제도이다.[4]

이 두 제도는 당해 정보를 다른 정보처리자에게 고스란히 이전시키는 사실, 그리고 그것이 현재의 구매 상태와 과거 투자 사이의 호환성(compatibility)에 관한 소비자 요구에 기인하는 점, 정보 이전에 대한 전환비용(switching cost)을 낮춰 공급자의 고착화(lock-in)를 약화시킴으로써 시장 경쟁을 촉진하는 점 등에서 공통된 특징을 갖는다.[5] 이는 데이터의 이동성을 제고하여 달성하고자 하는 경쟁 촉진의 목표와 유사하다고 할 수 있다.

데이터이동성은 데이터 취급 기업에 대한 불신이 팽배한 현실에서 전적으로 소비자의 선택권에 근거한 데이터 활용이라는 점에서 의미가 있다. 따라서 마이데이터 산업과 같이 데이터이동을 촉진하는 생태계 구축 시 정보주체의 자발적인 권리행사를 통해 전환비용을 최소화하는 형태로 제도를 설계하는 것이 유리한 측면이 있다. 이러한 관점에서 보면 데이터 이동성은 "정보주체의 자기결정권에 근거하여 서로 다른 플랫폼 및 서비스 간 전송 및 이전을 통해 데이터를 획득 또는 재사용하는 기능"으로 정의할 수 있다. 다만 데이터의 이동을 요청하는 권리의 실체적 내용은 각 국가별로 상이한 입법 모델에서 알 수 있듯이 어떠한 정책적 목표와 입법적 의도를 갖느냐에 따라 구체적 요건이 달라질 수 있다.

---

3) 이홍재, "번호이동성 제도 도입의 현황 및 성과 검토", 「KISDI 이슈리포트」, 04-19, 2004, 5쪽.
4) 김우진·이순호, "계좌이동서비스 도입에 따른 주요 이슈와 시사점 : 영국 사례를 중심으로", 한국 금융연구원, 48쪽.
5) 일반적으로 전환비용은 공급자로부터 기존 고객을 고착화하여 시장 경쟁을 저해하는 요인으로 작용한다고 하는데, 사전 단계에서 전환비용이 오히려 초기 가입자 확보 차원에서 사업자간 경쟁을 촉진시키는 기능을 한다는 반대 의견도 있다. *See* Paul Klemperer, Competition when Consumers have Switching Costs: An Overview with Applications to Industrial Organization, Macroeconomics, and International Trade, 62 The Review of Economic Studies 515 (1995).

2. 데이터이동권의 법적 성격을 둘러싼 해석론

가. 이동권과 전송요구권의 구분 필요성

우리 신용정보법에 도입된 전송요구권은 신용정보만을 대상으로 하는 한정된 권리 개념이다. 따라서 일반적인 인격권으로서 도입되었다고 보기보다는 금융 분야에서의 산업적 발전을 염두에 둔 재산권적 성격이 강조된 권리로 이해할 필요가 있다. 이를 전제로 할 때 과연 상당한 수준의 경제적·행정적 의무를 기업에 부담 지우는 '개인 정보전송요구권'을 개인정보에 관한 일반법인 개인정보보호법에 신설·위치시키는 것이 입법체계상 적합한지, 헌법상 기본권인 개인정보자기결정권의 취지를 고려할 때 개인의 권익 실현을 위해 데이터 제공 기업에 요구하는 법률상 의무가 이익 형량을 충족하지 못하여 위헌적 요소가 있는 것은 아닌지 등의 문제가 제기될 수 있다.

그런데 우리법상 전송요구권은 다분히 산업적 맥락에서 정보통신망을 통한 전자 파일 형태의 전송행위를 상정하고 있다. 즉, 마이데이터 사업을 본격화하기 이전부 터 이미 금융 분야에서는 개인신용평가 및 조회 등을 위하여 관련 기관들간 정보 통 합망이 이미 구축되어 있는 인프라 상황을 배경으로 한다. 이로 인해 신용정보법 개 정을 통해 통합 API를 의무화하여 정보보유 기관으로 하여금 정보 전송을 요구하는 방식의 권리 창설이 가능하였다고 할 수 있다.

이러한 신용정보법상의 특수한 상황을 감안할 때 추후 제도 설계에 있어서 정보 주체의 기본권과 산업계의 영업이익 추구라는 상충된 법익의 적절한 균형이 수반되 어야 할 것이다. 이를테면 일반법인 개인정보보호법에는 내 정보에의 접근 권한에 대한 근거 규정을 마련하는 데 의의를 두고, 전송플랫폼의 지원 근거 및 전문기관의 지정에 관한 규정 등 산업 활성화 관련 조항들은 데이터 산업에 관한 다른 법률에 근거를 둠이 바람직해 보인다.[6]

또 한편으로 신용정보법은 개인신용정보를 수령할 수 있는 자로 '정보주체 본인' 을 포함시키고 있는데, 일반적인 문언적 해석상 본인의 정보를 본인이 환수해가는 것을 전송요구권의 권리 범주로 개념 짓는 것이 적절한지도 검토해볼 필요가 있다. 가령 우리 저작권법 제2조 제10호에서는 전송을 "공중송신 중 공중의 구성원이 개 별적으로 선택한 시간과 장소에서 접근할 수 있도록 저작물 등을 이용에 제공하는

---

6) 그러나 정부가 제출한 개인정보보호법 일부개정 법률안(2021.11, 의안번호 제2112723호)에서는 이 와 같은 산업적 확산과 관련된 규정들을 개인정보보호법에 두는 것을 내용으로 하고 있다.

것"과 "그에 따라 이루어지는 송신"을 포함한다고 정의하고 있다. 해당 정의규정에서는 본인이 아닌 불특정 다수 즉, 타인을 전송의 대상으로 전제하고 있음을 알 수있다. 전송 개념의 법률상 용례를 감안할 때 결국 전송요구는 제3자로의 이전에 방점을 두고 있는 개념으로 파악하는 것이 타당하다고 생각된다.

따라서 개인정보보호법에 데이터이동권과 유사한 권리 개념을 도입할 때에는 정보통신망을 통한 이동을 전제로 하는 '전송요구권' 용어를 그대로 차용하기보다는 기본권적인 권리 성격이 반영된 포괄적인 권리 개념을 상정할 필요가 있겠다. 예를 들어 2020년 12월 29일 개정된 전자정부법 제43조의2에서 전송요구권이 아닌 행정정보에 대한 '제공요구권'이라는 용어를 사용하고 있는 것도 같은 맥락이라고 추측된다. 즉, 본 규정은 이동의 대상은 정보처리능력을 지닌 장치에 의하여 판독이 가능한 행정정보일지라도 제공의 방식을 전송의 형태로 한정하지 않기 위함이라고 해석된다. 주지하는 바에 따르면, 현재 정부 입법안으로 발의된 개인정보보호법 일부개정법률안(의안번호-12723) 제35조의2에서는 "개인정보전송요구권"이라는 용어를 사용하고 있어 개념 채택에 관하여 보다 심도 깊은 논의가 필요해 보인다.

나. 개인정보자기결정권과 데이터이동권의 법적 성격 및 정립방향

우리나라에서 개인정보자기결정권은 헌법에 명시되어 있지 않지만, 헌법상 권리라는데 이견이 없다. 다만 그 헌법상 근거에 대하여 대법원은 제10조(일반적 인격권)와 제17조(사생활 비밀과 자유)에서 찾고 있지만,[7] 헌법재판소의 판결은 일관되게 설명하고 있지 못하다. 헌법재판소는 제10조에서 찾는 견해, 제17조에서 찾는 견해, 헌법 제10조와 제17조 모두 근거가 된다는 견해,[8] 헌법에 명시되지 않은 독자적 기본권이라는 견해[9] 등 다양한 해석을 내놓고 있다. 개인적으로는 개인정보자기결정권이 헌법 제17조의 사생활 영역을 보호하는 권리로 보기는 어렵다고 생각한다.[10] 개인정보자기결정권은 사적인 영역보다는 개인이 공적인 영역으로 나아갈 때 자기

---

7) 대법원 1998. 7. 24. 선고 96다42789 판결.
8) 헌재 2016. 3. 31.자 2015헌마668; 헌재 2014. 8. 28. 선고 2011헌마28; 헌재 2009. 9. 24.자 2007헌마1092 등.
9) 헌재 2005. 5. 26. 선고 99헌마513, 2004헌마190: 해당 판결에서 헌재는 개인정보자기결정권의 헌법적 근거는 어느 하나에 국한되지 않는다고 하면서, 이는 독자적 권리로서 헌법에 명시되지 않은 기본권이라고 판시하였다.
10) 동지(同志)의 견해로 한수웅, 『헌법학』, 제4판, 법문사, 2014, 550쪽; 문재완, 『잊혀질 권리: 이상과 실현』, 집문당, 2016, 166쪽.

정보의 공개와 사용에 대해 통제권을 갖는 것이 핵심이고, 이는 일반적인 인격권으로부터 도출될 수 있기 때문이다.

헌재에 의하면, 개인정보자기결정권은 "자신에 관한 정보가 언제 누구에게 어느 범위까지 알려지고 이용되도록 할 것인지를 정보주체가 스스로 결정할 수 있는 권리"를 의미한다. 개인정보자기결정권을 가장 적극적인 형태로 구현하는 수단이라 할 수 있는 이른바 '데이터이동권'은 마이데이터 서비스를 실행하기 위한 유력한 법적 근거로서 개인정보의 자유로운 이전과 재사용 촉진을 목표로 삼고 있다.

그러나 데이터이동권이 이와 같은 개인정보자기결정권으로부터 기인하는 것인지와 그 구체적인 법적 성격을 어떻게 이해할 것인지는 학설상 정립되어 있지 않다. 이에 관하여 데이터이동권이 개인정보자기결정권에 근거하여 이미 주장될 수 있는 권리라는 견해,[11] 인격권으로부터 파생된 권리가 아닌 정보주체의 서비스 선택권 보장과 사업자간 경쟁을 촉진하고자 하는 정책적 목적에 의한 권리라는 견해,[12] 권리 이전의 요구로 제3자에게 의무를 부담시키고 비용이 발생하므로 법률 규정 없이 곧바로 헌법상 개인정보자기결정권으로부터 당연히 도출되는 권리가 아니라는 견해[13]가 있다.

역사적으로 1880년 Thomas Cooley 판사가 그의 저서에서 방해받지 않고 혼자 있을 권리(The Right of be Alone)[14]를 언급한 데서 출발한 전통적인 프라이버시권과 달리 개인정보자기결정권의 이념은 적극적인 권리행사에 방점이 있다. 따라서 권리 객체 및 이동방법 등의 구체적인 사항을 정보보유자에게 적극적으로 요청하는 데이터이동권은 다른 정보주체 권리인 동의권, 열람, 정정·삭제, 처리정지 요구권 등과 마찬가지로 기본적으로 헌법상 개인정보자기결정권에 근거한 권리로 보는 것이 타당하다.

그러나 개인적인 견해로 데이터이동권은 일의적으로 그 성격을 규명하기는 어렵다고 사료된다. 특히 알권리 차원에서 내 정보에 스스로 접근하여 다운로드 받을 수 있는 권능과 개인정보처리자에게 내 정보를 다른 사업자에게 이전할 수 있도록 청구하는 권능은 형식적으로는 단일 권리 범주 내에 포함되어 있지만, 실질적인 권리 성격에 있어서는 달리 판단되어야 하기 때문이다. 전자는 정보 접근권의 확장으로 볼

---

11) 손경호·이수안·고수윤, 「데이터이동권 도입 방안 연구」, 한국데이터산업진흥원, 2019, 142쪽.
12) 박훤일, "정보이동권의 국내 도입 방안", 「경희법학」, 제52권 제3호, 2017, 200쪽.
13) 고환경·손경민·주성환, "정보이동권과 마이데이터산업", 「BFL」, 제93호, 2019, 27쪽.
14) Thomas M. Cooley, *The General Principles of Constitutional Law in the United States of America*, BOSTON: LITTLE, BROWN AND COMPANY (1880), p.238.

수 있는 반면에, 후자의 경우 기업으로 하여금 일정한 경제적·행정적·기술적 부담을 지우는 내용을 포함하므로 개인정보자기결정권의 일환이라는 이유만으로 권리 부여의 당위성을 확보하기 어려운 측면이 있다. 즉, 다운로드 받을 수 있는 권리가 개인정보자기결정권의 성격이 보다 강하게 내포되어 있다고 볼 여지가 있다는 것이다.

따라서 마이데이터 제도 설계 시 개인의 선택을 최대로 확보해주는 가운데, 준수비용의 확대로 인해 기업의 영업권을 침범하지 않는 범위 내에서 철저히 개인의 자유의사와 선택권을 보장할 수 있는 방향으로 권리 개념을 정립해 나가야 할 것이다. 이는 실제로 마이데이터 사상의 본질과도 궤를 같이 하는 것이다.

다. 데이터이동권의 권리 범주

데이터이동권은 본인을 포함한 본인 이외의 다른 주체들에게 데이터를 전송하고 공유할 수 있게 함으로써 자신의 데이터를 통제할 수 있는 권리를 의미한다.[15] 즉 이동권의 본래 모습은 이용자가 원하는 온라인 서비스 간의 이동을 특별한 제약 없이 자유롭게 하는 것이다. 이를테면 eBay 사용자가 자신의 경매 내역을 요청하는 것뿐만 아니라, 판매자 본인의 프로필을 다른 온라인 경매서비스로의 이전을 요구하는 것까지 포함하는 것으로 보아야 한다. 이러한 맥락에서 통상적으로 데이터이동권은 다음과 같이 두 가지 권리 범주를 갖는다고 할 수 있다.

첫째, 개인정보처리자로부터 개인정보를 수령할 권능(이하 "정보환수요구권"이라 함)이다. 곧 정보주체는 개인정보처리자로부터 개인정보를 되돌려 받아 개인적인 사용을 위해 다른 정보처리자의 서버(집중형)로 이전하거나, 본인 계정의 기기 또는 클라우드(분산형)에 저장할 수 있다. 국내에는 PDS(Psrsonal Data Store)[16] 기반의 마이데이터 플랫폼 서비스가 많지 않으나, 이미 해외에서 활성화되어 있는 영국의 Mydex, Digi.me, CitizenMe나 미국의 OpenPDS, Datacoup 등은 이러한 유형에 속한다.[17]

---

15) Barbara Van der Auwermeulen, How to attribute the right to data portability in Europe: A comparative analysis of legislations, 33 Com. L. & Sec. Rev. 57 (2017), p.59.

16) 여기서 개인데이터저장소(PDS, Personal Data Store)라 함은 개인데이터의 소유권이 정보주체에게 있다는 전제하에 개인정보를 본인 계정의 저장 공간에 축적시킨 후 데이터를 관리하는 운용 구조의 저장 공간을 말한다. PDS는 크게 '분산형 PDS'와 '집중형 PDS'로 구분되는데, 전자는 PLR(Personal Life Repository)과 같이 본인의 클라우드 스토리지에 축적하고 본인 동의에 근거하여 사업자가 데이터를 활용하는 방식이고, 후자는 사업자가 제공하는 서버에 데이터를 축적하고 관리까지 위탁하는 형태다. 특히 PDS는 실제로 데이터를 교환하는 형태로 제공할 것인지 혹은 필요할 때 열람 및 접근만 허용하는 형태로 제공할 것인지에 따라서도 유형이 나뉜다.

17) 해당 기업들의 PDS 모델들은 취급하는 대상 데이터, 서비스 영역(공공/민간), 수익 모델, 보안인

둘째, 기술적으로 가능한 경우 개인정보처리자(정보보유자)로 하여금 다른 개인정보처리자에게 직접 전송하도록 요구하는 권능(이하 "정보이전요구권"이라 함)이다. 특히 해당 권능은 개인정보처리자의 방해를 받지 않고 이전하는 것을 내포한다. 대체로 해당 유형의 권리 행사는 동종 업종의 경쟁 업체로의 정보 이전을 가능하게 하여 공정한 경쟁촉진에 기여할 수 있다. 예를 들어 음원 스트리밍 서비스에서 현재 재생 목록이나 검색 내역, 특정 트랙의 재생 횟수 등에 관한 정보를 특정 음원을 구입하거나 다른 스트리밍 서비스에 이전시켜 사용하는 것을 들 수 있다.[18] 그러나 이러한 권리의 행사를 지배적 사업자들 간에만 전송되도록 구현하면 독점력 강화를 위한 수단으로 사용될 수도 있다. 일례로 Google, Microsoft, Facebook이 당사의 플랫폼 간 데이터 전송을 위해 설계한 오픈소스 SW 프로젝트인 'Data Transfer Project'를 들 수 있다. 해당 프로젝트는 참여 기업들에 한하여 전송서비스를 제공한다는 점에서 공정 경쟁에 반할 우려가 있다.[19]

중 방식 등 구체적인 비즈니스 모델에서 차이가 있다. 이는 데이터이동권의 권리 범주를 입법적으로 어떻게 설정하고 제도화하느냐에 따라 다양한 유형의 파생 서비스들이 출현할 수 있음을 방증하는 것이다(이하 표 참조).

<해외 주요 PDS 플랫폼 서비스 비교>

기업명	주요 특징	대상 데이터	수익모델
Mydex	공공서비스 위주/ 보안 인증 다수	자동차, 전기, 세금 등 공공서비스 및 여행, 쇼핑 등 민간서비스	개인: 무료(수수료) / 기업: 유료
Digi.me	블루버튼 연계 예정	SNS 데이터, 금융, 의료데이터 등	개인: 무료/유료(프리미엄) / 기업: 무료(신생)/유료
CitizenMe	differential privacy 방식 활용	자기기록데이터, 외부 서비스 연계데이터, AI 기반 특성데이터	개인: 무료 / 기업: 유료
OpenPDS	SafeAnswers 통해 보안기능 강화/ 본인인증 위한 OpenID Connect 기능 추가	신용카드 거래, 센싱 데이터, 사용자의 위치, 웹 검색 기록 등 자동 생성되는 로그 형식의 메타데이터	개인: 무료 / 기업: 무료
Streamr	이더리움 기반의 Data 토큰 거래 방식	차량 주행데이터, 건강데이터 등 실시간 IoT 생성데이터	개인: 무료 / 기업: 유료
Datacoup	기존 온라인 서비스와 계정 연결 기능/예상 가격 측정	금융 거래 내역, SNS 계정 및 온라인 활동 수집 데이터	개인: 무료 / 기업: 유료
Cozy	Store 구축하여 SaaS 형태의 다양한 서비스 런칭	사진, 파일, 청구서, 은행명세서, 전자송장, 계약서, 의료 보험료 환급내역(health refund)	개인: 유료 / 기업: 유료

18) ARTICLE 29 DATA PROTECTION WORKING PARTY, Guidelines on the right to data port-ability, 2017, p.5.
19) 물론 Google, Microsoft, Facebook은 각 사의 홈페이지에 개인이 보편적인 데이터 포맷 형식(HTML/JSON, vCard, MBOX 등)의 데이터를 다운로드하여 언제든 다른 서비스에서 사용할 수 있도록 하는 "내 데이터 다운로드" 서비스도 함께 제공하고 있다.

라. 다른 유사 권리와의 구분

우리 개인정보보호법은 정보주체의 권리로서 열람(제35조), 정정·삭제(제36조), 처리정지(제37조)에 관하여 규정하고 있다. 이 중에서 데이터이동권과 관련하여 열람청구권이 가장 유사할 것인데, 데이터이동권은 단순히 본인 정보를 확인하는 것에 그치지 않고 이를 수령하여 다른 목적으로 활용할 수 있다는 점에서 차이가 있다. 다만 舊정보통신망법은 개인정보 열람뿐만 아니라 제공까지 요구할 수 있었으나(망법 제30조),[20] 데이터 3법 개정으로 흡수·통합된 개정 개인정보보호법(법률 제16930호, 2020. 2. 4., 일부개정)에서는 본인정보에 대한 열람청구권만을 규정하고 있다(개보법 제35조). 구법상 열람제공요구권은 알 권리 보장의 차원에서 개인정보의 이용 및 제3자 제공 현황, 동의 취득 현황 등 개인정보의 전반적인 처리 현황에 대한 파악하고자 하는 목적의 권리이다. 또한 추가적인 정정 요구나 동의 철회 등의 적극적인 권리행사로 나아가기 위한 전제 조건으로서의 성격도 가진다. 이는 앞서 주지한 바와 같이 개인정보의 재사용을 목적으로 하는 데이터이동권과는 다른 취지라 해석된다. 결론적으로 종전에는 개인정보처리자로부터 개인정보를 제공받고(망법 제30조) 그 정보의 활용 및 관리 업무를 마이데이터 사업자에게 위임할 수 있었으나(동법 제38조 제1항), 현재는 신용정보법상 전송요구, 열람 및 정정청구 등에 한하여 권리행사를 위임할 수 있다.[21]

---

20) [舊정보통신망법] 제30조 ② 이용자는 정보통신서비스 제공자등에 대하여 본인에 관한 다음 각 호의 어느 하나의 사항 에 대한 **열람이나 제공을 요구**할 수 있고 오류가 있는 경우에는 그 정정을 요구할 수 있다.
  1. 정보통신서비스 제공자등이 가지고 있는 이용자의 개인정보
  2. 정보통신서비스 제공자등이 이용자의 개인정보를 이용하거나 제3자에게 제공한 현황
  3. 정보통신서비스 제공자등에게 개인정보 수집·이용·제공 등의 동의를 한 현황
21) [신용정보법] 제39조의3(신용정보주체의 권리행사 방법 및 절차) ① 신용정보주체는 다음 각 호의 권리행사 (이하 "열람등요구"라 한다)를 서면 등 대통령령으로 정하는 방법·절차에 따라 대리인에게 하게 할 수 있다.
  1. **제33조의2제1항에 따른 전송요구**
  2. 제36조제1항에 따른 고지요구
  3. 제36조의2제1항에 따른 설명요구 및 제2항 각 호의 어느 하나에 해당하는 행위
  4. 제36조의3제1항에 따른 설명요구
  5. 제37조제1항에 따른 **동의 철회** 및 제2항에 따른 연락중지 청구
  6. **제38조제1항 및 제2항에 따른 열람 및 정정청구**
  7. 제38조의2제1항에 따른 통지 요청
  8. 제39조에 따른 무료열람
  9. 제39조의2제2항에 따른 교부 또는 열람

한편 EU GDPR에서도 이동권과 유사한 권리 개념이 발견된다. 먼저 GDPR 제13조 및 제14조에 따르면, 컨트롤러[22]는 공정하고 투명한 처리를 보장하기 위해 추가적 정보를 정보주체에게 제공하여야 하는 이른바 '정보를 제공받을 권리'를 인정하고 있다. 이는 기본적, 추가적, 이용 목적 변경 시 고지사항을 알려야 할 의무를 규정하고 있는 것이어서 개인정보의 이전을 요구하는 것과는 차이가 있다.

다음으로 GDPR의 접근권(right of access by the data subject)과 데이터이동권은 상당히 중첩되는 부분이 있다.[23] GDPR 제15조에 의하면 접근권은 "컨트롤러로부터 개인정보가 처리되고 있는지에 대해 확인받을 권리"를 의미하는데, 처리과정에 있는 데이터 사본을 전자적 방식으로 요구할 권리가 포함(동조 제3항)된다는 점에서 데이터이동권과 유사하다.

3. 데이터이동권 도입의 실익과 정책 목표

데이터이동권의 도입 문제는 산업·경제적 측면에서의 이점뿐만 아니라, 정보주체의 실질적인 권리 보장이라는 측면에서도 중대한 의의를 갖는다.

가. 시장 경제적 영향 및 파급 효과

데이터 이동성은 경제적 측면에서 크게 데이터의 전송 비용 절감과 다른 출처의 데이터와의 결합 가능성이라는 두 가지 측면에서 이점이 있다. 그 결과, 다음과 같이 여러 가지 긍정적 효과를 확인할 수 있다.[24]

첫째, 데이터 이동성의 주요 효과는 고객 기반이 확립되지 않은 신규 또는 기존 조직이 더 낮은 비용으로 데이터를 획득할 수 있어 데이터 시장의 진입 장벽을 낮춘다는 점이다. 이로 인해 정보주체가 관심 있는 다양한 서비스 사이에서 개인데이터의 재사용과 전송을 촉진시킬 수 있다. 이러한 영향은 데이터가 중요한 (또는 심지어

---

22) 여기서 컨트롤러(controller)라 함은 국내법상 개인정보처리자에 해당하며, EU GDPR 제4조에 의하면 개인정보 처리 목적 및 수단을 단독 또는 제3자와 공동으로 결정하는 자연인 또는 법인, 공공기관, 관청, 기타 단체 등을 의미한다.

23) Gauthier Chassang, Tom Southerington, Olga Tzortzatou, Martin Boeckhout & Santa Slokenberga, Data Portability in Health Research and Biobanking: Legal Benchmarks for Appropriate Implementation, 4 Eur. Data Prot. L. Rev. 296 (2018), pp.297－299.

24) See Personal Data Protection Commission, Discussion paper on Data Portability, Feb. 25. 2019, pp.8－9.

필수적인) 리소스이거나 조직이 어떠한 비용으로도 그러한 데이터를 획득할 수 없는 상황에서 특히 중요한 가치가 있을 것이다.[25]

둘째, 데이터 이동성은 잠재적으로 전환 비용을 크게 낮추어 소비자가 서비스 제공업체를 보다 쉽게 변경할 수 있게 한다. 즉 디지털 플랫폼 간의 전환을 촉진하여 시장 지배적 기업의 독점력을 완화하는 기능을 한다. 새로운 서비스 제공자가 고객의 과거 거래 데이터에 접근하는 즉시 더 많은 개인화된 서비스와 연계 할 수 있어 경쟁적인 제안을 통해 업체를 변경할 만한 원동력을 얻을 수 있다. 이처럼 데이터 이동성은 동종 업체 간의 경쟁을 유발함으로써 서비스 혁신을 통해 소비자의 이익을 배가시키며, 특정 대규모 플랫폼에 집중되어 있는 고착화 현상을 약화시킴으로써 기업 간 경쟁을 촉발할 것으로 예상한다.

셋째, 데이터 이동성은 개인 의사에 따라 기업에 더 많은 데이터를 제공하게 되면서 생태계 차원에서 데이터 사용 증가로 인해 외부 편익이 확대될 것이다. 예를 들어 서로 다른 소스의 데이터를 쉽게 결합하여 데이터 지원 제품 및 서비스의 생산 비용을 절감함으로써 생산성이 향상될 수 있다. 또한 데이터 규모의 확대는 더 큰 변수 집합에 기초하여 보다 정밀한 예측을 통해 혁신적인 이익을 창출한다. 이러한 과정을 통해 데이터 가치에 대한 가시성이 높아지면 기업이 다양한 데이터 셋에서 더 큰 가치를 창출하고 소비자의 이익을 위해 추가적인 통찰력을 도출할 수 있는 보다 활발한 데이터 공유 환경이 구축될 가능성이 높다.

넷째, 특정 조직과 산업계 전반에 걸쳐 새로운 방식으로 데이터를 결합함으로써 얻는 데이터 혁신을 전략적으로 촉진할 것이다. 곧 데이터 이동성은 새로운 비즈니스 모델 및 데이터 흐름과 접근 용이성을 향상시켜 혁신적인 서비스를 창출하는 효과가 있다. 특히 정보주체가 그들이 제공한 정보를 얻거나 재사용하는 것뿐만 아니라, 동일한 사업 부문 내의 다른 서비스 제공업체에게 자유롭게 전송할 수 있는 기회를 부여한다. 이는 디지털 공간에 집적된 유휴 정보를 빅데이터 분석, AI 등에 유용하게 활용될 수 있어 서비스 제공자에 유익할 것이다. 아울러 서비스 증진과 이용자 경험을 확장시켜 주어 소비자에게도 편익을 부여한다.

---

25) WP29, *supra* note 18, p.5.

나. 정보주체의 개인정보자기결정권과 통제권 관념의 강화

데이터이동권은 정보주체의 헌법상 개인정보자기결정권을 강화함으로써 정보주체와 개인정보처리자 간의 힘의 균형을 재조정한다. 이에 따라 개인데이터의 활용 체계를 기업 위주에서 정보주체 중심으로 개편할 수 있다. 현재 대부분의 데이터 이동은 기업이 정보주체로부터 제3자 제공에 대한 동의를 취득하여 활용하거나 개인정보처리자가 비식별 처리를 거쳐 직접 이용하거나 제3자에게 제공하는 것이 일반적이다. 그러나 이동권 도입 시 데이터 활용 체계 전반에서 정보주체 스스로가 데이터를 적극적으로 통제·관리하여 능동적인 주체로 변모하게 된다.[26] 결국 데이터이동권은 정보주체가 개인정보 제공에 대해 소극적인 동의를 하는데 그치는 현행 제도의 한계를 넘어서, 개인정보자기결정권의 패러다임을 정보주체의 통제권 관념을 강화하는 방향으로 전환시킬 것이다.

다. 데이터이동권의 주요 정책적 목표

데이터이동권의 도입은 다음과 같이 세 가지 측면에서 정책적으로 추진할 만한 실익을 갖는다.

첫째, 경쟁 정책 차원에서의 접근이 가능할 것이다. 데이터는 기본적으로 비경합성 또는 비배제성의 특징을 가지므로 특정 기업이 데이터를 독점하고 있다고 해서 또 다른 기업이 그와 유사한 지배력을 확보하는 것이 불가능하지 않다. 따라서 경쟁 정책 관점에서 독점적 플랫폼 사업자에게 데이터 이동을 강제하기에는 무리가 있다. 그러나 통상의 데이터 활용 환경에서 데이터를 주고받을 상호 기업 간의 관계에 따라 데이터 이동이 갖는 의미는 다를 수 있다. 예를 들어 두 기업이 대체 관계라면 데이터 이동에 비협조적일 것이고, 보완 관계에 있다면 협조적일 가능성이 크다. 데이터 이동의 권리화는 이처럼 독과점 기업의 비협조로 인해 공정 경쟁을 해치는 것

---

26) 가령 기업에서 고객의 구매내역이나 선호도를 관리하는 고객관계관리(CRM, Customer Relation Management) 시스템은 개인이 기업에 제공할 개인정보를 관리하는 공급업체관계관리(VRM, Vendor Relation Management) 체계로 대체될 가능성이 크다. 여기서 VRM 시스템은 2006년 Harvard 대학의 연구팀에서 CRM의 문제점을 지적하기 위해 처음 고안한 개념이다. 이는 개인이 기업에 어느 수준의 개인정보 즉, 구매내역이나 선호도, 취향 등을 제공할 것인지를 제안하면, 그 기업들이 제안에 맞는 조건을 제시하고 개인은 최고의 서비스를 제공하는 기업을 선택하는 것이다. 예를 들어 소셜네트워크 영역에서 친구들에게 어느 수준으로 개인정보를 노출할 것인지를 정하는데 사용될 수 있다.

을 방지하는 법적 근거가 된다.[27]

둘째, 산업 정책 측면에서는 개인정보가 특정 사업자에게 종속되는 것을 방지하고, 정보통신서비스 제공자들 간 품질 제고 경쟁을 유도하는 효과가 있다. 일부 기업에서 독점해 온 정보에 대한 처리권한을 정보주체에게 귀속시킴으로써 개인 동의를 얻은 정보를 적법하게 유통할 수 있다는 이점이 있다. 데이터이동권은 디지털 플랫폼 기업이 전유하는 데이터 시장에 중소·벤처 기업들이 시장을 창출할 수 있는 단초를 제공한다. 이에 따라 마이데이터 사업자를 비롯하여 데이터 산업 종사자를 늘려 신규 일자리 창출에 기여할 것이다. 또한 이용자 입장에서 상당한 기간 동안 기존 플랫폼을 통해 구축해 놓은 이력을 포기한 채 다른 서비스로 이전하는 것은 쉽지 않다. 서비스 변경 시 개인데이터의 이동이 보장되지 않는다면 그 동안의 기록, 이용자의 성향 및 선호도 등의 정보를 새롭게 구축해야 하기 때문이다. 이는 사회적 비용을 야기할 뿐만 아니라 경제적으로 가치 있는 데이터가 손실될 우려가 있다.

셋째, 데이터의 자유 이동을 제고하는 것은 데이터 현지화를 촉진하는 기능이 있다. 그 이유는 데이터의 이동성 확대는 유동성이 증진으로 이어지므로 막대한 비용을 지급하고 해외로의 이전을 장려하기는 어렵기 때문이다. 예를 들어 데이터이동권의 도입으로 인해 데이터 서버와 클라우드 서비스 등 저장 공간이 용량이 크게 증가할 것인데, 이 때문에 국가 차원에서 현지화를 시도하는 판단이 증가할 것으로 보인다.

Ⅲ. 마이데이터 서비스에서 데이터이동권의 기능과 역할

1. 마이데이터에서 권리 부여 입법 방식의 효과

가. 개인 관점: 정보비대칭성 해소 및 소비자의 편익 제공

통상적인 서비스는 각 수집 주체별로 개인정보가 분산되어 있을 뿐만 아니라 정보 파악을 위한 통합적인 접근 시스템이 부재한 데다가 전체 상품의 가격이나 조건을 명확히 비교하기도 어려워 데이터 활용에 상당한 제약이 존재하였다. 그러나 마

---

27) Barbara Engels, "Data Portability and Online Platforms The Effects on Competition[Extended Abstract]", BLED 2016 Proceedings. 2016, p.39.

이데이터 서비스는 데이터를 스스로 관리할 수 있는 다양한 도구(tool)를 제공함으로써 투명한 관리가 가능한 상태에서 정보주체의 자유로운 선택을 보장한다. 이에 따라 마이데이터 서비스를 통해 정보비대칭성 문제를 해소하고, 보다 최적화되고 차별화된 상품 추천으로 소비자 효용과 편익이 획기적으로 증대한다. 가령 금융 분야만 해도 계좌정보(은행), 보험내역(보험사), 결제정보(카드사) 등이 산재되어 있어 정보 파악이 취약하여 주거래 금융 기관이 추천하는 상품을 그대로 이용하는 것이 일반적인 소비행태였다.

또한 데이터 활용 기반의 수익 구조에서 배제되던 개인에게도 일정한 이익이 환수될 수 있는 기회를 제공함에 따라 데이터 경제의 주체로서 역할 제고에 기여할 것이다. 즉, 기존에는 데이터 활용에 따른 이익을 기업이 전유하였으나, 마이데이터 서비스는 본인 정보의 활용에 따른 편익과 인센티브를 정보주체도 향유할 수 있는 구조로 변화하고 있다.

나. 기업 관점: 데이터 산업 경쟁 및 혁신 촉진

마이데이터 서비스는 이미 많은 데이터를 보유하고 있는 금융기관 위주로 시장지배력이 공고한 상황에서 열위에 놓인 핀테크 기업들이 정보주체의 의사표시를 매개로 삼아 관련 시장에 참여할 수 있는 기회를 제공하고 있다. 개인데이터의 활용을 중심으로 하는 비즈니스 모델(Me to Business)의 개발로 개인의 특성을 반영한 맞춤형 제품 및 서비스 개발을 통해 경제적 활동을 수행한다.

데이터 활용을 통한 경제적 활동은 물적 자본 및 설비의 투자 없이 고부가가치 산업의 육성이 가능하다. 특히 신용정보조회업(CB, Credit Bureau)의 자격요건 완화 등 제도적 변화를 수반하는 경우 일부 플랫폼 기업으로의 쏠림으로 인해 특정 서비스에 고착화(lock-in)되는 현상을 약화시킴으로써 생태계 내의 공정한 경쟁을 촉진·확산하는 데 기여한다. 물론 대기업의 입장에서는 고객의 핵심정보 이탈로 마이데이터 사업자와의 관계에서 경쟁력 약화에 직면하는 역차별 문제가 발생할 우려도 상존할 것이다.

또한 마이데이터 서비스는 안정적인 데이터 수집과 관리가 전제되어야 하는 바, 데이터 거래의 컴플라이언스 수립을 위한 정보보호 및 보안, API 구축 및 클라우드 운영 등 신기술을 활용한 인프라 관련 시장이 더욱 부상할 것으로 예상된다.

2. 현행법상 권리부여 방식 제도의 한계

우리나라에서 마이데이터는 산업 활성화에 초점을 두고 정책적인 접근이 이루어지고 있는 것으로 보이나, 그 본질에 있어서는 헌법상 권리인 '개인정보자기결정권'으로부터 기인하는 제도로서의 역할을 전제로 하는 접근이 바람직할 것이다.[28] 물론 일각에서는 마이데이터의 본격적인 운용을 위해 EU 개인정보보호법(General Data Protection Regulation, 이하 'GDPR'이라 함)상의 '데이터이동권(The Right to Protability)'이나 그와 유사한 권리인 우리 신용정보법상의 '개인신용정보 전송요구권'과 같은 법정 권리가 필수적이라는 듯한 태도를 보이고 있기도 하다.

그러나 해외에서 데이터이동권의 부여 없이 다른 형태의 입법을 통해 마이데이터 사업을 추진해왔으며, 국내도 개인정보보호법상의 열람권(사본 발급을 포함)[29]이나 제3자 제공 동의[30]를 취득하여 기존 사업자들이 마이데이터 서비스를 제공해 온 것으로 미루어보아 이는 타당하지 않다고 사료된다. 결론적으로 '데이터이동권'은 마이데이터를 구현하기 위한 여러 방편의 하나로 보아야 할 것이다.

국내에 도입된 마이데이터 제도(본인신용정보관리업)는 신용정보법상 '개인신용정보 전송요구권'을 제도적 기반으로 한다. 앞서 주지한 바와 같이 마이데이터에 있어서 개인정보자기결정권의 실현이 핵심인데도 불구하고, 우리법의 입법방식은 다음과 같은 한계가 노정된다.

첫째, 현행법상 '개인신용정보 전송요구권'은 전송의 대상을 비롯하여 주체 및 객체, 업무 범위 등에 있어서 법률에서 정한 범주 내에서만 데이터 이전이 이루어지도록 규정하고 있는 점에서 선택권 행사에 제약이 존재한다. 특히 마이데이터 도입 단계에서 불거진 '적요 정보'를 전송 대상에 포함시킬 것인지를 둘러싼 논쟁[31]을 보면 정보주체의 서비스 이용과 편익을 염두에 두기 보다는 사업자간의 이해관계 조정의 차원에서

---

28) 정원준, "데이터 이동권 도입의 실익과 입법적 방안 모색", 성균관법학, 제32권 제2호, 2020, 76쪽.
29) 개인정보보호법 제38조 제1항과 의료법 제21조 제3항은 각각 대리인을 지정하여 개인정보의 열람 행위를 위임할 수 있도록 규정하고 있다. 당해 근거 법률의 시행규칙에 의하면, 요청이 있을 때마다 전자파일 혹은 이메일을 통해 개인데이터를 제공하는 것이 가능하나, 적극적인 권한 행사를 통해 지속적인 데이터 제공이 필요한 완전한 마이데이터 서비스는 불가능할 것이다.
30) 다만 제3자 제공 동의의 경우 마이데이터 사업자가 동의요구 시 제시한 기관으로의 이전만 가능하므로 제한적인 범주에서만 적용되는 한계가 있다.
31) 마이데이터 서비스에서 전송요구 대상 정보에 은행계좌 등의 적요 정보를 배제할 경우 거래유형이나 거래상대방명 등을 명확하게 파악하기 어려워 계좌통합조회 서비스 및 이를 기반으로 한 각종 분석서비스 제공이 제한된다. 논쟁이 펼쳐진 당시에는 전자상거래업체들이 본인이 확보한 고객 정보를 대가없이 공유해야 한다는 형평성 문제로 인해 역차별 문제가 대두된 바 있다.

문제가 된 것이어서 이용자 친화적인 고려가 우선시되어야 할 것으로 보인다.

둘째, 기존의 스크린 스크래핑(screen scraping) 방식을 금지하고 표준 API 방식을 의무화하고 있는 것과 관련하여, 상호운용성 보장을 위해 전송방식을 제한하는 것이 과연 적절한지의 문제가 있다. 타 분야 확장 시 모든 기업들이 통일된 표준 API를 구축하는 것은 현실적으로 쉽지 않을 것이고, 의무화를 요구하지 않는다면 금융 분야와의 차별 문제가 거론될 수 있다.

셋째, 형식적으로는 전송요구권을 신설하여 정보주체의 자기결정권을 충분히 보장하고 있는 것처럼 비추어지나, 실질적으로 표준 API 방식의 강제, 금융 산업 외타 분야로의 확장 가능성 제한 등 사실상 '오픈뱅킹(Open banking)'과 같이 금융 산업 내 서비스 확장에 방점이 가 있는 것이 아닌가 하는 의문이 든다.

마이데이터의 기초적인 개념으로서 실질적인 정보주체의 통제권 및 접근권을 보장하기 위해서는 향후 타 분야로의 확장가능성을 열어둘 필요가 있다. 이를 위해서는 개인정보에 관한 일반법인 개인정보보호법에서는 정보주체의 권리에 관한 근거 규정을 마련하고, 각 개별법은 해당 분야에서의 권리 행사에 있어서 특별히 요구되는 사항을 위주로 규율하는 입법 방향이 바람직하다고 본다.

향후 마이데이터 확장 시 현재의 개별법 규율 형태가 존속하게 되면, 각 법률에서 구체적인 권리 행사의 양태를 달리 규정함으로 인한 수범자 혼란이 초래될 것이고, 이종 산업 간 데이터 이전이나 이종 데이터를 다루는 동일한 사업자의 경우 중복적인 법적용이 문제될 수 있다. 따라서 불필요한 입법 소요를 줄이고, 법체계상의 정합성과 입법경제상 효율성을 도모하기 위해서는 일반법상의 포괄적인 권리 조항을 신설할 필요가 있다.

1. 개관: 해외 입법모델의 유형화

마이데이터에 관한 각 국의 입법 방식은 크게 '비규제적 방식'과 '규제적 방식' 두 가지로 구분할 수 있다.

먼저 법적 근거를 두지 않고 정책 차원에서 민간의 자발적인 참여를 강조하는 '비규제적(non-regulatory) 방식'이 존재한다. 이는 내 정보 찾기라는 사회 운동의 일환으로 제안된 북유럽의 '노르딕-스칸디나비아 모델'32)과 산업 정책 차원에서 금융, 통신, 에너지 부문의 기업 정보를 소비자에게 제공하도록 하는 영국의 'Midata project(2011년)'33) 및 이를 벤치마킹한 프랑스의 'MesInfos(2012년)', 미국의 'Smart Disclosure(2011년)'34) 등이 있다.

다음으로는 '규제적(regulatory) 접근방식'으로서 데이터이동권, 정보접근권 등 정보주체의 권리를 법률에 명시하거나(권리 부여형 입법모델), 산업 정책의 관점에서 마

---

32) '노르딕-스칸디나비아 모델'을 대표하는 핀란드는 민간에서 마이데이터 서비스를 개발하고 정부 또는 공공부문에서 그 시스템 구축을 위한 인프라와 상호운용성 향상을 위한 정책 지원 역할을 수행한다. 예를 들어 'Mydata Finland Alliance'라는 공개 커뮤니티를 설립하여 파일럿 결과를 공유하도록 하고, 'Mydata Global'이라는 국제협력 네트워크를 조직하여 매년 마이데이터 관련한 국제 컨퍼런스를 개최하고 있다.

33) 영국의 경우에는 2011년 'midata project'를 처음 추진할 당시 26개의 기업이 자발적으로 참여하는 공공-민간 파트넙십 형태로 출발하였고, 시범사업을 수행하기 위한 '마이데이터 혁신연구소(Midata Innovation Lab, MIL)를 설립하는 등 민간 중심의 프레임워크를 구축하기 위하여 노력하였다. 그러나 이후 더딘 확장으로 인해 정부 개입을 위해 특정 사업자에게 고객 정보에 대한 제공 의무를 부과하는 내용을 담은 「Enterprise and Regulatory Reform Act」를 2013년에 개정하였다. 영국 사례에 관한 정책 배경 및 법률 내용에 관한 상세한 설명은 조성은·정원준 외, 「개인주도 데이터 유통 활성화를 위한 제도 연구」, 기본연구 19-10, 정보통신정책연구원, 2019, 37-46쪽, 125-129쪽 참조.

34) 2010년 미국 백악관은 데이터 접근을 용이하게 하고 데이터 이동성을 향상시키기 위한 'My Data Initiative'를 발표한 데 이어, 2011년 연방 정부 차원에서 데이터 공개 정책을 추진하는 'Open Government National Action Plan'의 일환으로 '스마트 공시제도(Smart Disclosure)'를 제안하고 있다. 스마트 공시제도는 소비자가 기계 판독이 가능한 형태의 본인 정보를 다운로드하여 상호 운용 가능한 다른 서비스에의 제공을 위해 개인데이터에 대한 정보 접근성을 확대하는 정책으로서 정부 또는 공공기관의 정보를 전면 공개하는 것으로 시작된다. 주요 사례로 2010년 미국 보훈처에서 최초로 제공한 'MyHealtheVet'에서 개인 의료데이터를 다운로드 받을 수 있도록 하는 'blue button'을 비롯하여 에너지 정보 활용에 관한 'Green Button', 태양광 산업과 관련된 'Orange Button', 교육 자료 및 정보를 제공하는 'Mydata Button' 등이 있다.

이데이터 사업에 관한 근거 규정을 두는 형태(산업 정책형 입법모델) 그리고 양자를 결합한 형태(하이브리드형 입법모델)가 있다.

이하에서는 마이데이터 추진을 위한 법적 근거로서 주요 국가의 입법례를 각 유형별로 비교 · 검토하도록 한다.

2. EU

가. 데이터이동권 도입 과정에서의 논의 배경

2012년 EU Commission이 발표한 보고서에 의하면 온라인 서비스에서 이용자가 데이터 권리를 충분히 통제하지 못하고 있고, 각 서비스별로 사용되는 정보를 인수하거나 취합하기 쉽지 않아 권리 침해 시 효과적인 구제가 어렵다고 지적한다.[35] 보고서는 EU에서 개인정보처리자가 개인정보보호 지침을 공시하고 업데이트하는 비중이 낮고,[36] 회원국 간 개인정보 보호 수준이나 법체계가 일관성이 없어 개인정보처리자에 대한 신뢰도가 낮다는 것이다.[37] 또한 EU 집행위는 개인정보 권리 행사의 장애요인 중 하나로 개인데이터의 인수와 전송의 어려움을 꼽았다. 개인이 특정 플랫폼이나 그와 연계된 응용서비스를 이용할 때 다른 응용프로그램으로 개인정보를 추출하여 전송할 수 있는 권리가 없다는 이유에서이다.[38]

이러한 배경하에 EU 내 통일된 개인정보 규칙(regulation)을 마련하고자 도입된 GDPR 제정안에 기존 지침(Directive 95/46/EC)[39]에 없던 데이터 이동에 관한 조항이 포함되었다. 데이터이동권의 도입에는 EU 영내의 개인정보 이동 및 유통을 확대하여 EU 기업들에 새로운 혁신의 기회를 제공하고 미국의 ICT 플랫폼 기업이 장악

---

35) *See* EU COMMISSION STAFF WORKING PAPER Impact Assessment(SEC(2012) 72 final.

36) *Id.* at 22. 2008년 진행된 정보주체 인식조사에 의하면 온라인 서비스 이용 시 개인정보 방침을 읽는 것은 58%에 불과하고, 25%는 아예 읽지도 않았으며, 완전히 이해하지 못한다는 입장(24%)도 다수 나타났다. 개인정보처리자의 경우에도 EU 회원국별로 개인정보 지침을 업데이트하는 사업자의 비중이 이탈리아(96%), 슬로베니아(76%), 스페인(70%), 영국(69%) 등으로 높지 않게 나타났다.

37) *Id.* at 23. Eurobarometer 조사에 의하면 SNS나 공유사이트에 공개된 정보에 대한 개인의 통제 가능성(데이터의 변경 · 삭제 · 수정 등)에 대해 일부 통제(52%), 완벽 통제(26%), 통제불가(20%) 순으로 조사되었고, 온라인 쇼핑은 일부 통제(50%), 통제불가(30%), 완벽 통제(18%)로 나타나 전반적으로 온라인 서비스에서 개인의 주체성이 미약하다는 결과를 보였다.

38) *Id.* at 21 − 27.

39) Directive 95/46/EC of the European Parliament and of the Council of 24 October 1995 on the protection of individuals with regard to the processing of personal data and on the free movement of such data.

한 데이터 시장을 탈환하고자 하는 목적이 내재되어 있다.

그러나 EU에서 이동권의 도입에 관하여 이해관계자들 사이의 찬반양론이 있었다. 가령 방대한 데이터를 취급하는 플랫폼 사업자 혹은 전자상거래업체뿐만 아니라 중소기업의 입장에서도 정보 이동에 따른 경제적·인적 부담이 상당할 것이기 때문이다. 그러나 논의 과정에서 정보주체가 원하는 방식대로 이행하기 위한 컨트롤러의 시스템 구축 의무만 면제된다면 도입하는 것이 타당하다는 쪽으로 의견이 수렴되었다.

나. GDPR상 데이터이동권의 주요 권능

GDPR 제20조는 데이터이동권(Right to data portability)을 ⅰ) 정보주체가 컨트롤러에게 제공한 본인 개인정보를 체계적이고 통용되며 기계판독이 가능한 형태로 수령하거나, ⅱ) 컨트롤러의 방해 없이 다른 컨트롤러에게 해당 정보를 직접 이전할 수 있는 권리라고 규정한다.[40] 데이터이동권은 ⅰ) 정보주체의 동의에 근거하거나(§6.1.(a)), ⅱ) 특정 범주의 개인정보인 경우 반드시 명백한 동의에 근거하거나(§9.2.(a)), ⅲ) 정보주체가 당사자인 계약의 이행 또는 계약 체결 전 정보주체의 요청에 따른 경우(§6.1.(a)), ⅳ) 자동화된 기기를 통해 처리가 수행되는 경우에 행사할 수 있다. 다만 이 권리는 GDPR 제17조상의 삭제권(Right to erasure)을 침해하지 않는 범위에서 행사되어야 하며, 공익상 업무를 수행하기 위하여 혹은 컨트롤러에게 부여된 공식 권한의 행사를 위하여 필요한 처리는 배제된다(GDPR §20.3).

한편 2017년 4월 5일 EU 제29조 작업반(WP29, Article 29 Working Party)은 '데이터이동권에 관한 가이드라인(Guidelines on the right to data portability)'을 발표하여 권리 실현을 위한 구체적인 이행 지침을 마련하였다.[41] 동 가이드라인은 데이터이동권의 핵심 요소, 이동권이 적용되는 상황, 정보주체의 이동성 통제를 위한 일반 원칙, 이동권 보장을 위해 제공되는 정보의 유형 및 방법 등에 대해 권고 사항을 제시하고 있다. 특히 가이드라인은 개인데이터를 수령할 권리, 컨트롤러가 다른 컨트롤러에게 이전시킬 권리, 통제권(controllership), 데이터 이동과 다른 정보주체 권리와의 관계를 이동권의 핵심 요소로 꼽았다.[42]

---

40) The data subject shall have the right to receive the personal data concerning him or her, which he or she has provided to a controller, in a structured, commonly used and ma-chine-readable format and have the right to transmit those data to another controller without hindrance from the controller to which the data have been provided[···].

41) WP29, *supra* note 18.

구체적으로 살펴보면 첫째, 데이터를 수령한 정보주체는 개인 기기나 클라우드에 저장할 수 있다. 둘째, 정보주체는 컨트롤러로 하여금 다른 컨트롤러에게 방해 없이 이전할 수 있도록 요구할 권리를 가진다. 특히 GDPR 전문(recital) 제68항에서는 데이터 이동을 위해 상호운용 가능한 형식을 개발하도록 권장하고 있으나, 컨트롤러에게 데이터 처리 시 기술적으로 호환되는 시스템을 채택하거나 유지해야 하는 의무가 발생하는 것은 아니다. 셋째, 컨트롤러는 데이터 이전을 위해 필요한 준비를 사전에 갖추어야 한다. 다만 컨트롤러는 GDPR 제20조에 규정된 조건에 따라 데이터 이동에 관한 요구에 응할 때 정보주체 또는 제3의 기업이 정보를 처리하거나 수신 컨트롤러(a receiving data controller)의 법률 위반에 대한 책임을 면한다.

그림 2-1 EU GDPR의 데이터이동권 행사 방식

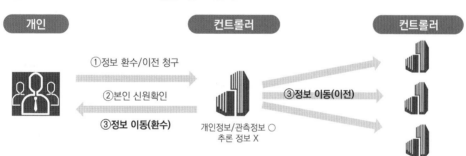

자료: 정원준(2020)[43]

또한 이 과정에서 컨트롤러는 전송되는 정보가 자신의 것임을 보장하는 동의나 확인 등의 안전 절차를 설정하는 것이 권장된다. 여기서 대상이 되는 데이터는 GDPR 제5조 제1항에 명시된 원칙에 따라 정확하고 최신의 것이어야 하나, 컨트롤러가 데이터 전송 이전에 데이터의 품질을 확인하고 검토해야 할 의무는 없다. 따라서 잠재적인 데이터 이동 요구에 대응하여 개인정보의 법정 보관 기간(retention period)을 초과하여 관리할 필요가 없다. 아울러 수신 컨트롤러는 새로운 데이터 처리와 관련하여 과도하거나 관련성이 있는지 확인할 책임이 있다.[44] 만약 해당 정보

---

42) *Id.* at 4-8.
43) 정원준, "마이데이터의 법제도적 착근을 위한 개선과제 분석", 이슈페이퍼, 2020.
44) WP29, *supra* note 18, at 6-7.

가 수신 컨트롤러의 서비스 제공 즉, 새로운 처리 목적과 관련되지 않는다면 데이터 이동에 대한 요청을 반드시 수용하거나 처리할 의무가 없기 때문이다.

다. EU의 개정 지급결제서비스지침(PSD2)

2015년 12월 EU은행감독청(EBA)은 금융 산업 내 지급결제 시장의 활성화와 통합을 통해 데이터 활용 산업을 육성하기 위한 목적으로 지급결제서비스지침(Payment services (PSD 2)−Directive (EU) 2015/2366, 이하 "PSD2"라 함)을 개정하였고, 해당 지침은 2018년 1월부터 본격 시행 중에 있다. GDPR의 데이터이동권이 영역의 구분 없이 사업 전반에 적용되는 권리 규정으로서 개인정보의 목적 외 이용 또는 제3자 정보제공 등과 유사한 개념이라면, PSD2는 일종의 오픈뱅킹 서비스를 EU 권역 내로 확장시키는 내용으로서 금융 산업 내에서의 통합 정보 제공을 통해 신규 비즈니스 확산을 도모하기 위함이라는 점에서 차이가 있다. 특히 동 지침의 전문(recital)에서는 EU 내 각 국가별로 파편화되어 있는 지급결제서비스 체계를 통합하고 카드 기반 거래에 대한 교환 수수료 부과에 관한 규칙을 도입함으로써 효과적인 통합 시장의 달성을 목표로 한다는 취지를 밝히고 있다. 이는 곧 본 지침의 목적이 개인의 접근권 확대를 위한 금융 정보 통합을 위하기보다는 EU 회원국 및 금융기관 간의 결제시스템 통합에 있음을 의미하므로 동 지침을 마이데이터 실행에 있어서 직접적인 근거로 보기에는 무리가 있다.

기존 지침(Payment Services Directive)에서 추가된 핵심적인 내용은 고객 동의 시 지급결제서비스사업자(Payment Service Provider, 이하 'PSP'라 함)가 보유하고 있는 개인 계좌 및 금융정보 등을 실행하기 위하여 EU 당국으로부터 인가받은 제3의 지급결제서비스 제공자(Third Party Payment Service Provider, 이하 'TPP'라 함)[45]에게 정

---

45) PSD2 제11조는 PSP를 지급결제서비스사업자로서 인가하기 위한 요건으로 ▲회원국의 국내법에 따라 등록사무소가 있어야 하고 동일한 회원국에 본사를 두고 결제서비스 사업의 일부를 수행하여야 할 것, ▲해당 기관이 제공하는 서비스의 성격, 규모 및 복잡성에 비례하여 명확한 내부 조직 구조와 지급서비스 사업에 대한 강력한 지배 구조를 가지고 있을 것, ▲지급 서비스를 제공하고 동시에 다른 사업 활동에 참여하는 경우 권한 당국은 미지급 서비스 활동이 지급 기관의 재무 건전성 또는 지급 기관이 규정된 모든 의무를 준수하는지와 당국의 능력을 손상시키거나 손상시킬 가능성이 있는지 등을 모니터링할 수 있는 권한을 가질 것, ▲적격 지분을 보유한 조합원의 적합성 판단, ▲지급기관과 기타 자연인 또는 법인과 Regulation (EU) No 575/2013의 제4의1조 제38항에 정의된 긴밀한 연결이 있는 경우, ▲권한 당국의 승인, 지급기관이 밀접한 관련이 있는 한 명 이상의 자연인 또는 법인을 관할하는 제3국의 법률 및 규정 또는 행정 조항이 있거나 해당 법률 및 규정의 시행과 관련된 어려움이 있는 경우를 규정하고 있다.

보 접근 권한을 허용하는 것이다. PSD2는 일반조항으로서 강력한 고객 인증을 통해 전자금융 개시 및 처리시 철저하게 이용자의 신원을 파악하도록 하고 있고, 금융회사는 명확한 동의의사를 확인하고 인증을 거쳐 제3자 지급결제서비스 사업자에게 통신채널을 통해 금융 정보46)에 접근하도록 규정하고 있다.

표 2-1 PSD2의 주요 조문 체계

I	주제, 범위 및 용어정의 : 대상기관, 적용범위, 예외, 정의
II	지급서비스 제공업자(PSP) – 지급결제기관(Payment Institutions)의 일반 원칙, 감독, 면제규정 – 공통조항 : 지급결제시스템 접근, 계좌접근, 금지사항
III	지급결제서비스 관련 거래 투명성, 정보공개 요건
IV	지급결제서비스 제공 및 사용에 관한 권리 및 의무 – 공통조항 : 범위, 수수료, 적용면제 거래 – 지급거래 인가 : 지급결제서비스 제공업자 및 사용자의 의무 등 – 지급거래 실행 : 지급명령, 결제시간, 책임소재, 데이터보호, 리스크 등
V	위임규정 및 규제기술표준(RTS)
VI	최종 조항

여기서 TPP는 비즈니스를 수행하는 구조에 따라 계좌정보서비스 제공자(Account Information Service Provider, 이하 'AISP'라 함)와 지급지시서비스제공자(Payment Initiation Service Provider, 이하 'PISP'라 함)로 구분된다.

---

46) 여기서 TPP와 은행 간 교환하는 정보의 유형과 응답 형태는 다음과 같다.

구분	제3자 기관이 은행에 제공하는 데이터	제3자 기관에 대한 은행의 응답
지급지시	IBAN* from, IBAN to, 거래금액, TPP ID/인증서, 인증방법	지급지시에 대한 확인, 타임스탬프 및 에러코드 확인
자금여부	IBAN, 거래금액, 거래시각, TPP ID/인증서	Yes/No 응답, 타임스탬프
잔액정보	IBAN, 조회기준(기간, IBAN to, 금액), TPP ID/인증서, 인증방법	잔액, 거래내역
계좌검증	IBAN, TPP ID/인증서, 인증방법	Yes/No 응답(계좌 존재 여부, 유효성)
신원정보	ID 정보(연령, 우편번호, 휴대전화번호 등)	Yes/No(연령 검증)

*국제은행계좌번호 (International Bank Account Number)

자료: PCM research, PSD2 and Europe's Open Banking Mandate (2017. 11), 최규선·이지영, "유럽연합의 PSD 2 시행이 금융권에 미치는 영향 분석", 2018에서 재인용.

여기서 AISP는 이용자의 금융정보에 접근하여 통합적인 조회 서비스를 제공하는 자를 뜻한다. AISP는 각 금융기관에 분산되어 있는 고객의 결제계좌 정보를 통합하여 조회하고 나아가 다양한 데이터 연계를 통해 개인맞춤형 서비스 및 분석서비스를 제공할 수 있다. 예를 들어 고객자산 및 지출내역을 사용하여 소비 습관을 분석하거나 신용등급관리서비스, 자문서비스 등의 서비스를 제공하는 것이 가능하다. 그런데 AISP는 소비자가 명시적으로 동의하여 지정한 계좌에 대하여만 접근이 가능하고 거래상의 보안을 침해할 우려가 있는 민감한 지급데이터(sensitive payment data)는 요청이 불가하다. 다만, 계좌명이나 계좌번호 등은 민감데이터에 포함되지 않는다.

특징적인 부분은 AISP는 동 규정상의 정보 제공에 대해 결제서비스 이용자에게 수수료를 과금할 수 없도록 규정하고 있는 점이다(PSD2 §40(1)). 다만 결제서비스 이용자의 요청에 따라 기본 계약에 명시되지 않은 정보의 추가 또는 빈번한 정보 전송, 통신수단에 의한 전송에 대하여만 요금에 대해 합리적인 실비 범위 내에서 합의할 수 있도록 하고 있다(PSD2 §40(2), (3)).

그리고 PISP는 이용자 요청으로 고객 계좌에서 판매자 계좌로 자금이체서비스를 제공하는 자를 말한다. PISP는 결제 신청이 개시된 직후 ▲지급결제인의 계정으로 성공적으로 주문이 시작되었다는 확인, ▲수취인(상점)을 식별할 수 있도록 하는 참고 지급인과 지급 거래와 함께 전송된 모든 식별정보, ▲지급거래 금액, ▲PISP에게 지급해야 하는 모든 요금과 그 요금의 내역을 이용자에게 제공해야 한다(PSD2 §46). 또한 지급명령을 받은 고객은행 즉, 지급인은 결제자정보로서 지급 거래를 식별하기 위한 참고사항 및 관련 정보, 지급 주문에 사용된 거래 금액, 지급인이 지급해야 하는 거래 요금 및 금액 내역, 환율에 따른 금액, 결제일을 PISP에 제공하여야 한다. 한편 수취인의 PISP는 결제가 집행된 이후에는 수취인이 지급거래한 내역 및 거래로 인해 전송된 모든 식별정보 및 참조 내역, 수취인이 처분할 수 있는 통화로 결제된 거래 금액, 수취인이 지급해야 하는 거래 금액 및 규모를 제공하여야 한다.

이와 같이 PSD2는 원활한 정보 이동을 지원하기 위해 EU 영내의 금융기관에 오픈 API[47]를 구축하여 통합적인 금융정보를 제공할 수 있도록 의무화 조치를 규정한 것이 핵심적이다. 그러나 우리나라의 신용정보법이 표준 API 사용을 의무화하고 있

---

47) 오픈 뱅킹은 고객의 동의하에 API를 통해 제3자가 읽기 또는 쓰기나 둘 다를 허용하는 것을 내용으로 하는 것을 의미한다. 가령 영국의 오픈뱅킹은 고객 데이터뿐만 아니라 금융상품 정보까지 제3자에게 API를 통해 제공하도록 의무화하는 규정을 두고 있다.

그림 2-2 AISP와 PISP 도입에 따른 서비스 변화

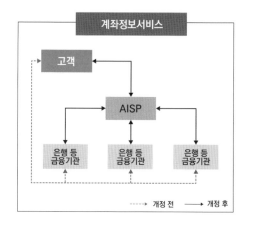

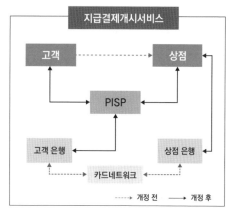

자료: Accenture(2016)[48]

는 것과 달리 정보교환 방식에 있어서 동 지침 제66조 및 제67조의 RTS 규정을 준용하도록 규정함으로써 API 구축을 권고하고 있을 뿐, 그 구체적인 구현 방법에 대해서는 별도의 지침을 제공하고 있지 않다. 특히 API가 존재하지 않거나 API를 30초 이상 사용할 수 없는 경우에 한해 스크린스크래핑을 허용하고 있는 것이 눈에 띈다. 다만 EBA는 API 구축시 ISO20022를 통신표준으로 사용할 것을 제안하고 있다.

3. 미국

가. 개별 법률에서 정보 접근권의 인정

미국은 2010년을 전후하여 개인데이터를 직접 이전받을 수 있는 '스마트 공개(Smart Disclosure)' 정책을 추진하고 있다. 앞서 EU의 접근 방식이 개인정보자기결정권의 강화에 기초한 것이라면 스마트 공개는 공공데이터 개방 정책의 일환으로 추진되었다. 미국 연방 정부는 2010년 'Mydata Initiatives 2010'를 발표하고 그 구체적인 성과로서 재향군인 및 취약계층을 대상으로 의료 및 건강 정보를 내려 받을 수 있는 'Blue Button',[49] 소비자가 에너지 사용 내역을 확인할 수 있는 'Green

---

48) Giorgio Andreoli, "PSD2, open API and Real-time breakthrough in payments: the retailers' perspective", Accenture Interactive, p.6.

49) 참고로 블루버튼 서비스는 처방전 없이 구입 가능한 약품이나 의료기록, 건강 검진 결과, 다이어트

Button', 개인학습 자료나 학자금 지원 관련 데이터를 제공하는 'Mydata Button'을 각각 제공하고 있다. 개인정보에 관한 일반법이 없는 미국에서 이러한 스마트 공개는 개별 분야의 법률에 근거를 두고 있다.

먼저 금융 분야에서는 2010년 제정된 「Dodd-Frank Wall Street Reform and Consumer Protection Act」(이하 "금융 개혁 및 소비자보호법"이라 함)[50]에 '정보에 접근할 수 있는 소비자 권리(Consumer rights to access information)'를 두고 있다 (§5333). 해당 권리는 소비자의 요청이 있으면 제품 및 서비스 제공자로부터 비용, 요금, 사용데이터, 거래내역, 계정 관련 정보 등을 전자적 형식으로 이용 가능한 형태로 제공 받는 것을 골자로 한다. 이러한 접근 권한을 받은 제3자는 소비자가 선택한 제품 또는 서비스를 제공하는데 필요한 데이터에 한하여 일정 기간 동안 권한이 부여된다. 특징적인 부분은 신용점수 혹은 다른 위험점수, 예측변수를 도출하기 위한 알고리즘을 포함한 모든 상업상 기밀정보, 사기 또는 자금세탁을 방지·감지하거나 불법적인 혹은 잠재적으로 불법적인 상품에 관한 보고서를 만들기 위해 수집된 모든 정보, 다른 법률에 따라 기밀로 유지되어야 하는 정보, 일반적인 업무상 회수 불가능한 정보에 대해 제공의무를 면제하고 있다는 점이다(§5533(b)).

그림 2-3 미국 Dodd-Frank Act의 정보 접근요구권 행사 방식

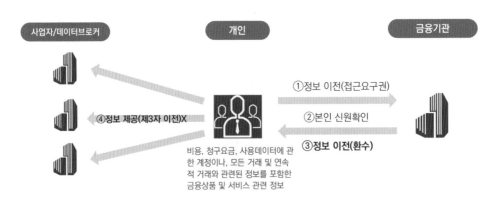

사업자/데이터브로커　　　개인　　　금융기관

④정보 제공(제3자 이전)X

①정보 이전(접근요구권)

②본인 신원확인

③정보 이전(환수)

비용, 청구요금, 사용데이터에 관한 계정이나, 모든 거래 및 연속적 거래와 관련된 정보를 포함한 금융상품 및 서비스 관련 정보

자료: 정원준(2020)[51]

및 운동 기록 등의 일상적 기록, 혈압 및 콜레스테롤 수치 등의 생체 측정 데이터 등을 공개하고 있다.

50) Pub. L. 111-203, title X, §1033, July 21, 2010, 124 Stat. 2008.
51) 정원준, "마이데이터의 법제도적 착근을 위한 개선과제 분석", 이슈페이퍼, 2020.

다음으로 의료 분야에서는 의료보험책임법(HIPAA, Health Insurance Portability and Accountability Act)과 의료정보기술법(HITECH, Health Information Technology for Economic and Clinical Health Act)에 근거하여 'Blue Button' 서비스가 추진되고 있다. HIPAA Privacy Rule에 의하면 환자 개인의 요청에 따라 의료정보의 사본을 점검하고 이전받을 수 있는 접근권(Right to Access)을 가진다(45 CFR §164.524). 대상 기관은 개인에게 접근 요청에 대응하기 위해 전자적 수단을 사용하는 옵션을 제공하여야 할 의무가 있다. 여기서 이동의 대상은 일반적으로 대상 기관에서 지정된 기록 내에 존재하는 정보에 한한다. 동 조항의 '지정된 기록 세트'라 함은 의료서비스 제공자로부터의 의료기록 및 청구 내역, 의료 계획의 등록, 지급, 청구 결정, 사례 또는 의료관리기록 시스템, 대상 의료기관이 환자에 대한 결정을 내렸거나 내리기 위해 전부 또는 일부 사용되는 모든 정보를 포함한다(45 CFR §164.501). 또한 개인의 정보 제공 요청으로 발생하는 복제로 인한 노동력, 사본 복제에 드는 물자, 우송료, 설명문 준비비 등의 범위 내에서 합리적인 수수료를 부과하도록 정하고 있다(45 CFR §164.524(C)(4)).

그림 2-4 HIPAA상 정보 접근요구권의 권한 행사 방식

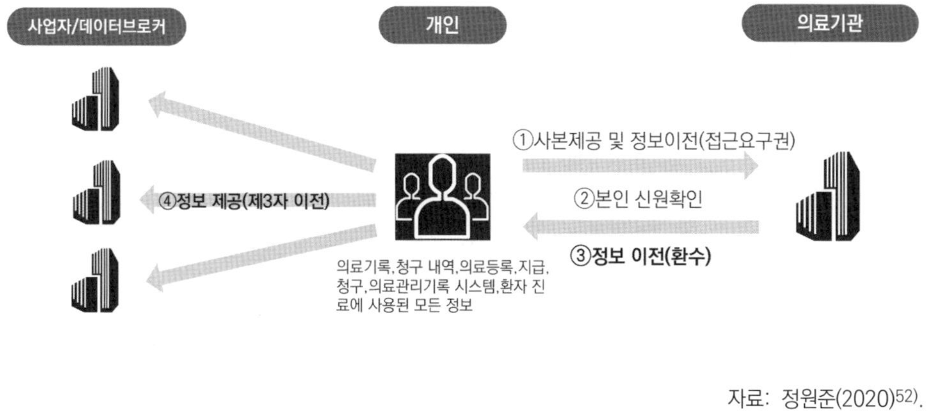

자료: 정원준(2020)[52].

52) 정원준, "마이데이터의 법제도적 착근을 위한 개선과제 분석", 이슈페이퍼, 2020.

나. CCPA의 공개요구권과 접근요구권

2018년 미국 캘리포니아주는 개인정보 일반에 대해 규율하는 최초의 법률인 「캘리포니아 소비자 프라이버시법(California Consumer Privacy Act, 이하 'CCPA'라 함)」을 제정하였다. 이후 소비자의 권리와 기업 의무를 강화하는 내용이 대거 포함된 CPRA(California Privacy Rights Act 0f 2020)[53]가 개정되어 2023년 1월 1일부로 시행될 예정이다. 이 법은 GDPR의 영향을 받아 정보주체의 권리를 엄격하게 규율하고 있는데, 그 일환으로 소비자[54]의 개인정보 공개요구권(Right to disclose)과 접근요구권(Right to access)을 규정하고 있다.

먼저 소비자는 개인정보 수집 사업자에게 수집 대상 정보의 범주, 출처, 개인정보를 수집 및 판매하는 사업상·상업상 목적, 공유 가능한 제3자의 범위, 대상 정보의 구체적인 항목 등의 공개를 요구할 수 있다(§1798.100(a), 1798.110.(a)). 그리고 개인정보를 판매하는 사업자에게 수집 및 판매한 개인정보의 범주, 이를 구매한 제3자의 범위, 사업상 목적 하에 공개한 개인정보의 항목 및 범주 등의 공개를 요구할 수 있다(§1798.100(a), 1798.115(a)).

소비자는 공개 요구에서 나아가 본인 정보에 대한 접근을 요구할 권리를 가진다(§1798.100(d)). 이는 소비자 본인에게 개인정보 사본을 제공하거나 소비자가 지정한 제3자에게 정보를 이전하도록 하는 형태로 행사할 수 있다. 앞서 정보 공개요구권이 정보주체의 알 권리로부터 기인하는 것인 반면에 접근요구권은 사본을 제공받고 이전을 요구할 수 있다는 점에서 GDPR의 데이터이동권과 유사하다. 다만 이동권과 달리 다른 개인정보처리자에게 이전하는 것에 대해서는 언급하고 있지 않아 제3자에의 정보이전에 대한 요구는 불가할 것으로 해석된다.

---

53) 다만 마이데이터와 관련하여 CRPA 개정으로 인해 특별히 변경된 실체적 사항이 없으므로 이하에서는 현행법인 CCPA를 중심으로 관련 규정을 검토하도록 한다.
54) CCPA에서 정의하는 소비자는 물건을 구매하고 소비하는 정보주체인 자연인만을 지칭하는 것이 아니라, 근로자, 협력사 및 공급업체 임직원을 비롯하여 개인사업자 등도 포함하는 넓은 개념에 속한다. Lydia F de la Torre, What is a 'consumer' under the CCPA?, Dec. 5. 2018, <https://medium.com/golden−data/what−is−a−sale−under−ccpa−b27fbe8a527>(최종 접속일: 2022. 7. 10).

1798.100 - Consumers right to receive information on privacy practices and access information

(a) A consumer shall have the right to request that a business that collects a consumer's personal information disclose to that consumer the categories and specific pieces of personal information the business has collected.

(중략)

(d) A business that receives a verifiable consumer request from a consumer to access personal information shall promptly take steps to disclose and deliver, free of charge to the consumer, the personal information required by this section. The information may be delivered by mail or electronically, and if provided electronically, the information shall be in a portable and, to the extent technically feasible, in a readily useable format that allows the consumer to transmit this information to another entity without hindrance. A business may provide personal information to a consumer at any time, but shall not be required to provide personal information to a consumer more than twice in a 12-month period.

해당 권리의 행사 대상은 사업자가 소비자로부터 수집한 개인정보에 한하는데, 제3자로부터 수집하거나 공개된 자료로부터 수집한 개인정보는 제외된다. 정보주체의 명시적 동의를 취득한 정보이거나 계약의 체결 및 이행을 위해 처리된 정보, 자동화된 수단으로 처리되는 개인정보일 것을 요구하지 않아 GDPR의 인정 범위보다 넓은 범주의 정보를 대상으로 한다. 다만 개인정보처리자가 직접 분석 또는 가공해서 생성한 정보의 적용 여부는 해석이 불분명한데, 소비자로부터 직접 수집한 정보만을 대상으로 보는 것이 바람직하다고 보인다.

접근요구권의 행사 방법으로는 최소한 무료의 전화번호와 웹사이트 주소를 포함하여 두 개 이상의 연락 방법을 제공해야 하고, 필요한 경우 주 법무부 장관은 '지정된 권리행사 방법'을 추가로 승인할 수 있다. 또한 개인정보 사업자는 대상 정보를 신속하게 무료로 제공·이전하여야 한다. 다만 소비자가 명백히 아무런 근거가 없고 과도한 요구(manifestly unfounded or excessive)를 하는 경우 합리적인 비용을 부과하거나 소비자 요청을 거부할 수 있다(§1798.145(g)(3)). 특히 해당 권리는 12개월 동안 2회를 초과하여 청구할 수 없다는 점에서 특별한 제한을 두지 않은 GDPR의 이동권과 차이가 있다(§1798.100(d)).

다. ACCESS Act of 2021

최근 미국 하원 제117대 국회에서 발의된 데이터를 둘러싼 불공정 거래 근절과 경쟁촉진 등 경쟁법적 접근을 내용으로 하는 ACCESS Act(Augmenting Compatibility and Competition by Enabling Compatibility and Competition by Enabling Service Switching Act of 2021)를 주목해 볼 필요가 있다. 이 법안은 기본적으로 데이터 플랫폼 기업에 대한 FTC(연방거래위원회)의 규제 권한과 시장 개입을 강화시키는 측면[55]이 있어 미국의 디지털 경제와 기술 산업 분야를 혼란시킬 가능성이 있다는 우려가 지적된다.

동 법안의 핵심은 일정한 요건을 충족하는 플랫폼 기업의 경우 데이터 이동성(Portability) 및 상호운용성(Interoperability)에 대한 의무를 부과하고 이러한 의무를 위반하는 플랫폼은 불공정하거나 기만적인 상거래 행위를 금지하는 FTC ACT 제5조를 위반하는 것으로 간주하는 내용이다. 여기서 플랫폼 기업은 (i)온라인 플랫폼에 최소 5천만 명의 미국 기반 월간 활성 사용자를 보유하고 있을 것, (ii)플랫폼에 월별 최소 100,000명의 활동적인 비즈니스 사용자를 보유하고 있을 것, (iii)제6조(a) 또는 해당 시점 2년 전 중 하나에 따른 위원회 또는 법무부의 지정 시점에 소비자물가지수에 기초하여 인플레이션에 대해 조정된 연간 순매출액 또는 시가총액이 $600,000,000 이상인 자가 소유 또는 통제할 것, (iv)온라인 플랫폼 또는 온라인 플랫폼과 직접 관련된 모든 제품 또는 서비스의 판매 또는 제공을 위한 중요한 거래 파트너일 것을 요건으로 한다.

먼저 이동성과 관련하여 플랫폼으로 간주되는 기업은 이용자의 지시에 따라 본인에게 데이터를 안전하게 전송할 수 있도록 일련의 투명한 액세스 인터페이스(애플리케이션 프로그래밍 인터페이스 포함)를 유지해야 한다. 이러한 인터페이스는 이용자의 지시에 따라 구조화되고 일반적으로 사용되며 기계가 읽을 수 있는 형식으로 이루어져야 한다(§3(A)). 수범 대상에 속하는 플랫폼 기업은 본 법안의 제6조(C)항에 따라 위원회가 채택한 이동성 확보를 위한 표준을 준수해야 하고(§3(C)), 정보 시스템 보안에 위험이 발생하지 않도록 합리적인 조치를 취하여야 한다.

---

55) 동 법안은 FTC가 별도의 기술위원회를 설치하도록 하고 있으며, 해당 위원회는 데이터이동성 및 상호운용성에 관한 표준 제정, 수범대상인 플랫폼 기업의 법률 준수여부 평가, 이용자 및 플랫폼 기업의 법 위반 사실에 대한 불만제기 절차 수립 등의 업무를 수행하도록 규정하고 있다(§6(c)(2)).

다음으로 상호운용성과 관련해서도 플랫폼 기업은 제6조(c)에 따라 발행된 표준을 준수하고, 경쟁업체 또는 잠재적 경쟁업체와의 상호운용성을 촉진하고 유지하기 위해 일련의 투명한 제3자 접근성 인터페이스(애플리케이션 프로그래밍 인터페이스 포함)를 유지해야 한다고 규정하고 있다. 그 밖에 법률상 준수사항은 데이터이동성과 동일한데, 상호운용성과 관련해서 보안 및 프라이버시 표준(Security And Privacy Standards) 준수 의무와 인터페이스 변경 금지(Prohibited Changes To Interfaces)를 추가로 요구하고 있다(§4(d), (e)).

특히 인터페이스 변경과 관련하여는 상세하게 규정하고 있는데, 경쟁사업자 또는 잠재적 경쟁사업자에 대한 불합리한 접근을 거부하거나 상호운용성을 저해하는 목적이나 효과를 가지고 변경이 이루어지지 않고 있다고 결론을 내린 경우에 한하여 변경이 가능하다(§4(e)(1)). 다만 비합리적으로 접근을 거부하거나 경쟁 기업 또는 잠재적 경쟁 기업의 상호 운용성을 저해하는 목적 또는 효과를 갖지 않는다면, 보안 취약점 또는 사용자 개인정보 보호나 보안에 임박한 위험을 발생시키는 기타 긴급 상황을 해결하기 위해 변경이 필요한 경우 위원회의 승인을 받지 않고 상호운용성 인터페이스에 영향을 미치는 변경을 할 수 있다(§4(e)(2)). 이러한 변경이 있을 경우에는 인터페이스 변경에 대하여 공시를 통해 합리적인 사전 통제를 강구하여야 한다.

또한 개인정보 보호 및 보안성을 유지하거나 서비스의 상호운용성을 유지하기 위한 목적으로 하는 경우를 제외하고는 원칙적으로 상호운용성 인터페이스 혹은 해당 플랫폼 내에서의 데이터 수집, 이용 및 공유는 금지된다(§4(f)(1), (2)).

본 법안은 법 집행의 효율성을 높이기 위하여 위원회 내에 소송집행 부서(Commission Litigation Authority)를 두어 변호사 선임 등 민사적 조치 이행을 도울 수 있도록 하고(§9(b)), 긴급조치로서 120일 이내에 플랫폼 운영자의 영업을 중지시킬 수 있는 임시 가처분 절차 등에 관한 규정을 두고 있다(§10(a)).

ACCESS ACT는 다른 국가의 입법례와 비교할 때 데이터이동성 및 상호운용성 확보를 플랫폼 기업의 법적 의무로서 강력하게 규율하고 있는 점에서 특징적이다. 이는 정보주체의 권리 조항을 마이데이터 생태계를 구성하는 법적 근거로 삼는 다른 입법례와는 분명히 구별되는 점이다. 경쟁법의 중요한 입법 목적 중 하나가 소비자 후생에 있음을 감안하면, 본 법안은 소비자 기만행위를 제한하는 독점 규제 강화를 통해 데이터 거래에 있어서 개인정보 유통에 관한 투명성 확보와 소비자의 권익 실현을 달성하고자 하는 미국 특유의 접근 방식이라고 평가할 수 있다.

4. 싱가포르

싱가포르 개인정보보호법은 2012년부터 시행되고 있는데, 개정 법률안이 2020년 11월 2일 국회에서 의결되어, 2021년 2월 1일부터 발효되었다. 동 개정법에서는 데이터이동권 제도를 도입하고 있는데, 그 취지에 대하여 아래와 같이 규정하고 있다.

Purpose of this Part
26G. The purpose of this par is to
(a) provide individuals with greater autonomy and control over their personal data; and
(b) facilitate the innovative and more intensive use of applicable data in the possession or under the control of organisations to support the development, enhancement and refinement of goods and services provided by other organisations located or operating in Singapore or elsewhere.

개정법에 따르면, 정보주체는 정보주체의 개인정보를 가지고 있는 Controller에게 자신의 정보를 다른 Controller에게 이전하여 줄 것을 요청할 수 있는데, 다만, 데이터이동권의 대상이 되는 정보는 전자적 형태(electronic form)로 된 정보에 국한된다고 규정하고 있다.[56] 한편, 정보를 제공받는 다른 Controller는 원칙적으로 싱가포르 내에 존재하는 기관이어야 하지만, 싱가포르 개인정보보호위원회가 지정하는 제3국에 있는 기관에 대해서도 데이터이동권을 행사할 수 있다. 한편, 개정 싱가포르 개인정보보호법에서는 GDPR이나 CCPA와 달리 해당 정보주체가 정보통신망을 통해 이전이 가능한 방식으로 개인정보의 사본을 요구할 수 있는 권리를 포함하고 있지는 아니한다는 점에서 그 특징이 있다. 또한 싱가포르는 마이데이터 사업과 관련하여 별도의 규제를 하고 있지는 않다.

5. 영국

영국 개인정보보호법(Data Protection Act of 2018)은 데이터이동권에 관하여 GDPR의 규정을 그대로 따르고 있다(DPA §1(2)).[57] 그러나 마이데이터의 도입은 그

---

56) 싱가로프 개인정보보호법(Personal Data Protection Act) 제26E조 (2)(a) 참조.
57) 영국 개인정보보호위원회(ICO)는 GDPR의 데이터이동권은 이미 'Midata' 서비스를 통해 제공되고

보다 먼저인 2013년 「기업규제개혁법(Enterprise and Regulatory Reform Act)」을 제정하면서 추동되었다. 동 법은 기업으로 하여금 고객의 요청이 있을 경우 기계적으로 인식할 수 있고 이동가능한 안전한 방식으로 데이터를 이전시켜야 할 의무가 있다고 규정하고 있다(ERRA §89-91). 다만 이 법은 법률상의 의무사업자를 에너지, 통신, 금융 등 특정 사업자로 제한하고 있는 점, 입법의 취지가 중소기업 지원에 필요한 기업규제 환경 개선에 있는 점, 고객에게 정보제공에 따른 비용(실비)을 청구할 수 있도록 한 점 등으로 비추어보아 개인이 아닌 기업 간 데이터 유통에 초점을 둔 것으로 보인다. 따라서 영국 ERRA의 정보 이전 의무는 개인의 선택권을 보장하고 개인정보자기결정권을 확보해주는 것과는 그 도입 취지가 다르다고 할 수 있다.

6. 일본

일본은 정보주체와의 신탁계약을 기초로 정보은행이 개인정보 관리 및 활용에 관한 업무를 대리 수행하는 방식의 마이데이터 제도를 도입하였다. 정보은행의 기본 구상은 정보신탁계약에 근거하여 PDS 시스템으로 개인정보를 이전하여 관리하고 사전에 합의된 범위 내에서 개인정보를 신뢰할만한 제3자에게 제공하여 그 수익의 일부를 고객에게 환원하는 구조이다.[58] 정보은행의 법적 근거는 익명가공정보의 제3자 제공에 대한 옵트아웃과 포괄 동의를 인정하고 있는 「개인정보보호법」과 마이데이터 사업의 추진 근거를 담고 있는 2016년 12월 제정된 「관민데이터 활용 추진 기본법」(이하 "관민데이터법"이라 함)이 핵심이다.

개정 개인정보보호법은 제3자 제공에 대한 옵트아웃 방식을 부분적으로 인정하는 대신, 데이터 처리의 투명성 강화를 위해 그 허용 요건을 강화하고 있다.[59] 또한 개

있다고 설명한다. Midata는 고객이 본인의 거래 내역을 파일 형식으로 다운로드하여 가격 비교 사이트(comparison provider)에 제출할 수 있는 제도이다.

58) 정보은행을 통해 제공되는 주요 업무에는 정보 보관 및 관리서비스, 보관 정보에 대한 분석에 근거한 신용평가 등의 서비스, 제3자 제공 서비스, 데이터 분석 및 가공서비스, 본인 확인 서비스 등이 있다. 日本 內閣官房ＩＴ總合戰略室, データ流通環境整備檢討会AI・IoT 時代におけるデータ活用ワーキンググループ、中間取りまとめ, 2017. 3.

59) 개정법은 제3자 제공시 제공 목적, 대상 데이터 항목 및 처리 방식, 정보주체가 식별 가능 정보의 이용을 금지할 권리를 보유가 있다는 사실과 그 요청의 접수 및 수리 방법에 대해 고지하거나 정보주체가 쉽게 알아볼 수 있도록 고지할 의무를 규정하고 있다(법 제2조 제2항). 또한 해당 사항을 개인정보보호위원회에 신고하고 자사의 웹사이트에 공표하는 경우에도 동의 없이 고지로 대체 가능하다(법 제2조 제4항).

정법은 최초 수집 당시의 동의 내용과 상당한 관련성이 있어야 목적 범위 내로 보던 것에서 '상당한'이라는 요건을 배제함으로써 사실상 포괄 동의가 가능한 범주를 확대하고 있다(법 제15조 제2항). 이에 따라 정보은행 사업자는 정보주체와 최초 계약 시 한 번의 동의만으로도 데이터의 수집, 이용 및 제3자 제공에 관한 포괄적인 내용을 위임할 수 있다.[60] 아울러 관민데이터법 제12조는 "국가는 개인데이터의 원활한 유통을 촉진하기 위해 관련 사업자의 경쟁적 지위 및 정당한 이익 보호를 고려하여 다양한 주체가 개인데이터를 당사자의 참여하에 적절히 활용될 수 있는 기반 정비와 필요한 조치를 강구하여야 한다"라고 규정하고 있다. 상기 조항들을 법적 근거로 하여 정보은행 사업이 추진되고 있다.

일본에서도 산업 활성화 차원에서 데이터이동권의 도입이 필요하다는 논의가 전개되고 있다.[61] 가령 데이터이동권을 행사하여 정보은행 A에서 B로 정보를 이전시킬 수 있는 이점이 있기 때문이다. 다만 정보주체의 접근권 차원에서 이와 유사한 권리 개념으로 일본 개인정보보호법 제28조에는 본인이 식별되는 데이터의 개시(開示)를 청구할 수 있는 권리를 부여하고 있다. 본인이 지시한 방법으로 정보 개시할 경우 고액의 비용이 필요하거나 그밖에 해당 방법에 따른 공개가 곤란한 경우에는 서면 교부에 의한 방식으로 개시가 가능하다(제28조 제2항). 그러나 제3자에게 이동을 요구할 수 없고 일정한 거부 사유를 두고 있다.

---

60) 물론 일본에서도 정보은행 운영을 위하여 포괄 동의가 필요하다는 점을 인정하면서도 금융, 의료 등의 영역에서 민감한 데이터에 대한 리스크가 있으므로 개인데이터의 특성에 따라 개별 동의를 취하자는 의견도 있다. 日本 內閣官房ＩＴ総合戦略室, 官民デ―タ活用推進基本計画実行委員会 デ―タ流通・活用ワ―キンググル―プ、第二次とりまとめ, 2019. 6.

61) 2017년 일본 경제산업성과 총무성은 데이터이동권 연구반을 구성하여 이 권리의 도입에 따른 효과, 데이터 취득에 따른 잠재적 문제 등에 대하여 검토하였다. 특히 의료, 금융, 전기 분야에서 이동권을 도입하는 것을 논의하였다. 그러나 데이터 유통・활용 워킹그룹의 중간보고서에 의하면, 데이터이동권과 관련하여 기술 환경 측면에서 국가 또는 사업자들에 의한 표준 설정 등의 합의가 진전되고 있지 않아 적절한 시기가 아니라고 결론 내려졌다. 또한 데이터이동권을 규정한 GDPR에서도 상세한 기술적 조치를 개별 기업에 전가하고 있어 기업간 유통의 활성화에 실질적인 진척이 없다고 지적하였다. 보고서는 데이터 보유자에게 반드시 필요한 도구(상호교환을 위한 오픈 API, 데이터 카탈로그, 로그 관리)와 원활한 유통을 위한 데이터 형식(메타데이터 및 표준 API)으로 구성된 데이터 유통 아키텍처의 공유가 더욱 중요하다고 강조하였다. 日本 內閣官房ＩＴ総合戦略室, 官民デ―タ活用推進基本計画実行委員会 デ―タ流通・活用ワ―キンググル―プ、第二次とりまとめ, 2019. 6.

7. 호주

호주는 'Consumer Data Right'라는 권리를 보다 소비자 친화적인 관점에서 이동권과 유사한 권리를 부여하고 있다. 개인의 권리 신장과 거래 관련 정보의 비교를 통한 합리적 소비 및 혁신적 서비스 창출을 주된 목적으로 제시하고 있는 것이다.

호주에서 이러한 권리 부여의 움직임은 재무성소속 경쟁소비자위원회(ACCC)가 주도하고 정보위원회(OAIC) 협업으로 금융 산업에 우선 도입('19.5) 후 다른 분야로 점진 확장('20.2~)한 점에서 권리부여형과 산업정책형이 결합된 입법 모델로 평가된다.

2010년 제정된 '경쟁 및 소비자법(Competition and Consumer Act)'을 2018년 개정하면서 CDR 규정을 1개 장으로 추가한 것이 입법상 근거가 되었다.

CDR 권리의 실현에 있어서 데이터 보유자는 소비자의 요청으로 ACCC에서 허가한 사업자에게 정보 공유가 가능하며, 소비자는 본인이 원하는 데이터 종류, 항목, 목적, 수집 및 이용 기간 등에 대해 동의가 필요하다. 그리고 권리행사의 대상이 되는 소비자는 개인(은행 계정 개설된 18세 이상 자연인)과 소기업(매출 3백만 이하; 프라이버시법과 동일)을 포함한다.

데이터 보유사업자는 소비자 동의가 인증된 제3의 데이터 사업자나 소비자 자신에게 일정 기간 내에 데이터 공유 의무를 부담한다. 그리고 데이터 서비스 사업자는 보유사업자로부터 정보를 제공받아 각종 서비스를 제공하는 사업자(ACCC)의 프라이버시 및 보안 요구사항을 충족할 의무가 있다. 특히 보안의무와 관련하여 프라이버시법상 소기업에 대한 예외 규정을 불인정하고 있다. 또한 소비자에게 정보처리의 흐름이나 서비스 현황 및 동의에 의한 정보 공유 현황 등을 온라인상에 대시보드(dashboard) 형태로 제공하도록 의무화하고 있다.

한편 공유 대상이 되는 데이터 범주와 관련해서는 고객이 은행에 직접 제공하는 소비자정보(customer provided data), 은행 계정 및 등록 사항과 관련된 계정 정보(account data), 입출금 내역, 거래 대상 및 거래일 등 거래정보(transaction data), 상품 종류 및 개별 이자율 및 수수료 등 상품에 특화된 정보(product-specific data) 등을 규정하고 있어 타 국가 대비 정보 개방 범위가 가장 넓다고 평가받고 있다.[62] 다만, 은행의 개방 의무 대상에 지급결제와 송금서비스를 위한 실행형 API를 제외하고 데이터 조회 및 전송을 위한 조회형 API에 한정하였다.

---

62) 곽호경 외, "데이터 경제의 시작, 마이데이터: 금융 산업을 중심으로", 삼정 Insight 제68호, 2020.

그러나 2020년 12월 CDR 규정을 개정하여 CDR 권리를 행사할 수 있는 소비자 유형(고객뿐만 아니라 지정대리인에게)을 확대하는 등 소비자데이터권의 환경에 더 많은 주체가 참여할 수 있도록 개선하였다. 본 법에 따른 자격이 있는 소비자는 지정대리인(nominated representatives)에게 소비자와 관련된 데이터를 공개하도록 대리 요청할 수 있고, 이를 '소비자 데이터 요청(consumer data request)'이라 한다. 지정대리인의 '소비자 데이터 요청'은 데이터 보유자가 제공하는 '특화된 서비스(a specialisedservice)'를 사용하여 관련 데이터 표준에 따라 이루어져야 한다(이른바 실행형 API 방식의 도입). 그리고 데이터는 지정대리인에게 기계 판독 가능 형식으로 공개하고, 데이터 최소화 원칙하에 지정대리인은 CDR 소비자의 요청에 따라 상품 또는 서비스를 제공받기 위해 CDR 관련 데이터를 수집 및 사용할 수 있으며, 해당 목적 또는 제한된 기타 목적으로만 사용이 가능하다. 지정대리인의 업무 수행과 관련하여 소비자의 추가 동의가 필요하므로, 동의 관련 규정을 대거 보완·개편하였다.

V. 결론

그동안 기업들은 개인데이터를 확보하기 위해 경쟁해왔으나, 앞으로는 개인데이터를 제공할 의지가 있는 적극적 성향의 개인을 확보하는 것이 경쟁력이 되는 마이데이터 시대에 직면해 있다. 특히 마이데이터 서비스는 개인데이터에 대한 접근 근거와 활용 과정의 투명성을 제고함으로써 정보의 유용성과 가치를 확장시킬 수 있는 데이터 공유 정신을 내재화하고 있다는 점에서 큰 기대를 불러오고 있다. 이에 따라 마이데이터는 향후 데이터 경제 시대의 정보주체의 권리와 법적 지위를 결정하는 중요한 견인차 역할이 기대된다.

본 장에서는 해외의 마이데이터 관련 입법례를 각 국가별로 비교·검토하였다. 주요국은 정부의 개입 정도, 적용 영역 범주, 법률상 구체적인 권리행사 범주 등에 있어서 상이하게 규율하고 있음을 확인할 수 있었다. 그러나 각국 사례에서 발견된 공통된 특징은 정보주체의 실질적 통제권 확보뿐만 아니라, 산업상 제도 정착을 위한 법제화를 함께 고려하고 있다는 점이다. 예를 들어 EU는 GDPR의 데이터이동권 신설과 PSD2 개정을 통해 일반법에서는 정보주체의 능동적 권한 행사를 위한 권리 조항을 두고, 금융 영역에서는 정책적 차원에서 인프라 구축에 관한 근거 법률을 마련하는 등 이분화된 법체계를 갖추었다.

호주나 영국의 경우에도 소비자 권리 보장을 토대로 입법화 초기에는 산업 내 정착에 초점을 둔 반면 점차 타 분야로의 확장을 도모하는 태도를 보이고 있다. 특히 호주는 우선 금융 분야에 마이데이터 서비스를 도입하고 추후 적용 영역을 확장하고 있다는 점에서 국내법상 향후 제도 방향 설정에 시사하는 바가 크다. 일본은 '정보은행'을 추진하기 위한 법적 근거를 마련하여 정부 사업의 형태로 마이데이터 제도의 활성화를 도모하고 있으며, 정보주체의 접근권을 확장하는 맥락에서 정보개시청구권을 신설하여 주목된다.

마이데이터의 원활한 법제도적 착근은 정보주체의 관점, 마이데이터 서비스를 구현하는 매개로서 데이터 관점, 그리고 그 서비스를 제공하는 인프라와 관련된 산업적 관점이 상호간에 효과적으로 고려되어야 가능하다. 이에 따라 마이데이터 제도와 정보주체 권리의 본질적인 특성을 충분히 고려하여 개인에게 유인이 충분히 확보될 수 있는 환경이 조성될 수 있도록 적절한 법제도 구축과 협업 거버넌스를 마련하는 것이 무엇보다 중요하다. 특히 기본적인 개인정보자기결정권이 확보되지 않은 채 산업 정책의 관점에서 지나치게 정보 활용만을 강조할 경우 이용자의 정보 제공 유인을 차단시킬 수 있으므로 적절한 입법적 보완이 필요할 것이다.

참고문헌

[국내문헌]

고환경 · 손경민 · 주성환, "정보이동권과 마이데이터산업", 「BFL」, 제93호, 2019.

곽호경 외, "데이터 경제의 시작, 마이데이터: 금융 산업을 중심으로", 삼정 Insight 제68호, 2020.

김우진 · 이순호, "계좌이동서비스 도입에 따른 주요 이슈와 시사점: 영국 사례를 중심으로", 한국금융연구원. 2016.

문재완, 『잊혀질 권리: 이상과 실현』, 집문당, 2016.

박훤일, "정보이동권의 국내 도입 방안", 「경희법학」, 제52권 제3호, 2017.

손경호 · 이수안 · 고수윤, 「데이터이동권 도입 방안 연구」, 한국데이터산업진흥원, 2019.

이홍재, "번호이동성 제도 도입의 현황 및 성과 검토", 「KISDI 이슈리포트」, 04 – 19, 2004.

정원준, "마이데이터의 법제도적 착근을 위한 개선과제 분석", 이슈페이퍼, 2020.

정원준, "데이터 이동권 도입의 실익과 입법적 방안 모색", 성균관법학, 제32권 제2호, 2020.

최규선 · 이지영, "유럽연합의 PSD 2 시행이 금융권에 미치는 영향 분석", 2018.

한수웅, 『헌법학』, 제4판, 법문사, 2014.

[국외문헌]

ARTICLE 29 DATA PROTECTION WORKING PARTY, Guidelines on the right to data portability, 2017.

Barbara Engels, "Data Portability and Online Platforms The Effects on Competition[Extended Abstract]", BLED 2016 Proceedings. 2016.

Barbara Van der Auwermeulen, How to attribute the right to data portability in Europe: A comparative analysis of legislations, 33 Com. L. & Sec. Rev. 57 (2017).

EU COMMISSION STAFF WORKING PAPER Impact Assessment(SEC(2012) 72 final.

Gauthier Chassang, Tom Southerington, Olga Tzortzatou, Martin Boeckhout & Santa Slokenberga, Data Portability in Health Research and Biobanking: Legal Benchmarks for Appropriate Implementation, 4 Eur. Data Prot. L. Rev. 296 (2018).

Giorgio Andreoli, "PSD2, open API and Real−time breakthrough in payments: the retailers' perspective", Accenture Interactive.

Paul Klemperer, Competition when Consumers have Switching Costs: An Overview with Applications to Industrial Organization, Macroeconomics, and International Trade, 62 The Review of Economic Studies 515 (1995).

PCM research, PSD2 and Europe's Open Banking Mandate (2017. 11).

Personal Data Protection Commission, Discussion paper on Data Portability, Feb. 25. 2019.

Thomas M. Cooley, "The General Principles of Constitutional Law in the United States of America", BOSTON: LITTLE, BROWN AND COMPANY (1880).

日本 内閣官房ＩＴ総合戦略室, データ流通環境整備検討会AI・IoT 時代におけるデータ活用ワーキンググループ、中間取りまとめ, 2017.3.

日本 内閣官房ＩＴ総合戦略室, 官民データ活用推進基本計画実行委員会 データ流通・活用ワーキンググループ、第二次とりまとめ, 2019. 6.

[전자문헌]

Lydia F de la Torre, What is a 'consumer' under the CCPA?, Dec. 5. 2018, https://medium.com/golden−data/what−is−a−sale−under−ccpa−b27fbe8a527(최종 접속일: 2022. 7. 10).

개인정보보호범위의 차등화와
개인정보이동권의 대상

이 성 엽

고려대학교 기술경영전문대학원

개인정보보호범위의 차등화와
개인정보이동권의 대상

고려대학교 기술경영전문대학원 교수 이성엽

I. 서론

빅데이터, 인공지능(AI) 등 4차 산업을 활용한 각종 정보통신기술의 발전에 따라 사업자는 개인정보를 용이하게 수집하고 이를 희망하는 용도로 손쉽게 가공하여 이용할 수 있게 되었고, 개별 이용자에 특화된 서비스를 통해 이용자 편의를 극대화하는 다양한 상품이 출시되고 있다.

그러나 한편으로는, 개인정보의 수집 및 이용 경로가 이전보다 비교할 수 없을 정도로 다양해진 만큼, 정보주체의 부지불식간에 이루어지는 개인정보 오남용 문제 또는 개인정보의 대량 유출 사고 등으로 인한 권리 침해 문제가 국내외를 불문하고 중대한 사회적인 문제로 대두되면서, 개인정보의 보호를 보장하면서도 활발한 이용을 가능하게 하는 규율 간의 조화가 중요한 문제로 부각되고 있다.

그럼에도 불구하고, 현행법은 동의를 비롯하여 개인정보 처리 시 준수하여야 할 각종 의무와 그 요건에 집중하면서, 개인정보의 이용보다는 개인정보의 보호에 규율의 초점이 맞추어져 있다. 나아가 개인정보를 규율하는 국내 법령들은 개인정보의 처리에 따른 각종 의무를 부과하면서도 각 구체적인 의무의 내용에 부합하는 수범

대상을 구분하여 규정하고 있지는 않으며, 또한 '개인정보'라는 단일한 개념을 법 적용의 단위로 사용함으로써 사업자의 입장에서 과연 의무의 대상이 되는 정보의 범위가 어디까지인지 명확하지 않다는 점 역시 개인정보의 원활한 이용을 제한하는 사유가 되고 있다.

사업자가 보유하고 있는 정보의 유형별로 규제 준수를 위해 소요되는 비용·인력 등 현실적인 이행가능성이 상이함에도 불구하고, 이와 같은 차이를 고려하지 않고 규제의 대상 범위를 모두 동일하게 해석할 경우, 사업자에게 과도한 부담을 주거나 이행이 불가능한 의무를 강요하는 결과가 나타난다.

이에 본 장은 정보통신망 이용촉진 및 정보보호에 관한 법률(이하 "정보통신망법") 상을 기준으로 사업자의 각종 의무를 기준으로 하여 개인정보의 보호 범위를 차등적으로 해석할 필요성과 그 이론적인 가능성에 대해 먼저 검토하고 방법론 및 차등적인 해석의 결과를 제시하고자 한다. 이후 이를 토대로 최근 신용정보의 이용 및 보호에 관한 법률(이하 "신용정보법") 개정안에서 논의되고 있는 개인신용정보이동권을 중심으로 개인정보이동권의 대상에 대한 합리적 해석 및 입법방향에 대해 검토해 보고자 한다.

II. 개인정보 보호범위의 차등화 필요성

1. 개인정보 개념의 모호성

개인정보에 관한 권리가 처음 법적인 개념으로 정립되기 시작한 것은 1888년 미국의 전직 미시간주 대법원장 Thomas Cooley가 법관 퇴직 후 작성한 논문에서 "홀로 있을 권리(the right to be let alone)"의 개념을 제안한 시점으로 평가된다.[1] 신체의 안전에 속하는 여러 권리 가운데 하나인 인격의 불가침성에 속하는 것으로 주창된 "홀로 있을 권리"는 타인의 권리에 간섭하지 않는다는 소극적 권리로 시작되었으나, 이후 보다 적극적 관점에서 프라이버시를 이해하려는 시도가 이어졌다. Warren

---

[1] Dorothy J. Glancy, THE INVENTION OF THE RIGHT TO PRIVACY, 『ARIZONA LAW REVIEW』, VOLUME 21 1979 NUMBER 1, p. 3.

과 Brandeis 프라이버시권(right to privacy)를 독자적 권리로 할 필요성이 있음을 주장하였고[2] Charles Fried는 저서 "Privacy"에서 "프라이버시란 우리들에 관한 정보의 부재만을 의미하는 것이 아니라 우리 자신에 관한 정보를 우리 스스로가 통제하는 것을 의미한다"고 역설했다.[3]

국내 법령 역시 1994년 공공기관의 개인정보 보호에 관한 법률 제정 당시부터 개인정보의 열람 또는 정정을 요구할 수 있는 권리에 관한 규정을 두고, 2001년 개정 정보통신망법에 처리 목적을 달성한 개인정보의 파기 의무 등을 두면서 '적극적인 통제권'으로서의 개인정보자기결정권을 법제화하였다.

결국 개인정보에 관한 권리의 성격은 '알려지지 않을 권리'라는 소극적 형태에서부터 출발하여, 누구에게 알려질지를 직접 결정하는 것에서 더 나아가 불특정한 제3자에게 알려질 가능성을 차단하기 위해 정보처리자의 작위의무까지도 발생시킬 수 있는 통제권으로 넓혀져 왔다.

그러나 보호대상은 '개인정보'라는 단일한 대상으로 귀결되고 있다. 정보통신망법의 개인정보의 정의에는 그 자체로 '개인을 알아볼 수 있는 정보'(개인식별정보) 및 '다른 정보와 쉽게 결합하여 알아볼 수 있는 정보'(개인식별가능정보)가 별도의 구분 없이 병렬적으로 포함되어 있다. '식별가능성' 개념을 기반으로 한 이와 같은 정의 방식은 현재 개인정보보호법 및 신용정보법에서의 각 정의 규정에서도 마찬가지로 발견되는 일반적인 특성이라 할 것이다.

외국법령의 경우에도 구체적인 표현에 있어서는 조금씩 차이가 있지만 '개인정보'를 정의함에 있어 '식별가능성' 개념을 중심에 두고 있다. 이는 1980년 정립된 OECD 8원칙에 기초하여 1995년 등장한 EU 지침상의 개인정보 정의규정이 전 세계 개인정보보호법제에 널리 수용되어 왔기 때문인 것으로 추정된다.[4] 위 EU 지침은 개인정보를 '식별된 또는 식별 가능한 자연인과 관련한 일체의 정보'라고 하면서 식별 가능한 자연인이라 함은 '직접 또는 간접적으로, 특히 이름, 식별번호를 참조하거나 해당인의 신체적, 심리적, 정신적, 경제적, 문화적 또는 사회적 정체성에 관한

---

2) Samuel D. Warren; Louis D. Brandeis, 『Harvard Law Review』, Vol. 4, No. 5. (Dec. 15, 1890), pp. 193-220.

3) Charles Fried, "Privacy", 77 『Yale Law Journal』 475 (1968), p. 482. Privacy is not simply an absence of information about us in the minds of others; rather it is the control we have over information about ourselves.

4) 고학수·최경진, 『개인정보의 비식별화 처리가 개인정보 보호에 미치는 영향에 관한 연구』, 개인정보보호위원회, 2015. 4, 3면-5면.

하나 이상의 구체적인 특성을 참조함으로써 식별될 수 있는 자'를 의미한다고 규정
하였다.[5] 현재 이 정의는 2016년 선포된 EU 일반개인정보보호법에서도 거의 그대
로 유지되고 있다.[6]

하지만 개인정보의 개념범위는 상황에 맞춰 적절히 정립 또는 재단되지 못하고,
오히려 기술의 발전에 따라 계속하여 무한히 확장되고 있는 실정이다. 규제의 적용
단위는 앞서 짚어본 것처럼 개인정보라는 추상적인 요건으로 단일화되어 유지되고
있기 때문에 사업자의 관점에서는 법이 요구하는 의무 범위가 어디까지인지 알기 어
렵다. 이와 같은 상황에서는 개별 사업자가 스스로 법상의 의무를 모두 이행하고 있
는 것인지 판단이 어렵다. 이와 관련 명확성의 원칙의 존재 이유가 여기서 드러난다.
규범의 의미내용으로부터 무엇이 금지되고 허용되는 행위인지를 수범자가 알 수 없
는 상황이 도래하는 것이다. 결론적으로 개인정보 처리과정에서 법령에 의해 부과되
는 의무별로 개인정보의 범위를 서로 달리 해석하여 규제 합리화를 꾀할 수 있도록
일응의 객관적인 기준을 제시할 필요가 있다.

2. 개인정보 개념의 차등적 법해석의 가능성

법령 단계에서의 "개인정보" 개념의 불명확함은 해석을 통하여 보완될 수 있다.
정의 규정에서 제시하는 식별가능성, 결합의 용이성 등의 개념 요소는 적절한 해석
을 통해 법령이 합목적적으로 운용될 수 있는 기초가 된다. 전통적인 법학방법론에
서는 법해석의 방법론을 문리적 해석, 논리적 해석, 역사적 해석, 목적론적 해석의 4
가지로 구분하여 왔다.[7] 4가지 법해석 방법은 상호보완적인 성격을 가지고 있는 것
으로서, 그 중 어느 하나의 방법론이 다른 방법론에 비해 우월하다거나 특별한 중요

---

5) EU Directive 95/46/EC 2.a.
6) General Data Protection Regulation, EU Regulation 2016/679, 이하 "GDPR로 표기. 동법 제4조
   제a항에서는 개인정보를 정의함에 있어 본문에 인용된 기존 EU Directive에 대비하여 볼 때 위치
   정보, 온라인 식별자, 유전적 특성 정도의 개념요소를 추가했다. EU GDPR은 전문 제26조에서 '식
   별가능성'에 대해 아래와 같이, 특정개인의 식별 등 처리자 또는 제3자 모두가 개인을 직접 또는
   간접적으로 확인하기 위해 사용할 것으로 '합리적으로 예상되는 모든 수단'을 고려해야 한다고 하
   면서, 합리적으로 예상되는 수단인지 여부는 식별을 위해 소요되는 비용과 시간 등 객관적인 요소
   를 기준으로 하고, 이 때 처리 당시 사용 가능한 기술 및 기술적 발전을 모두 고려하여야 한다고
   하고 있다.
7) 심헌섭, "법철학적 법학방법론-법철학과 합리적 법학방법", 『서울대학교 법학』 제24권 제1호,
   2003, 5면.

성을 가지고 있다고는 말하기는 어렵다. 그러나 목적론적 법해석은 법질서에서 객관적으로 요구되는 이성적인 목적에 따라서 법규의 의미를 찾는 해석방법론으로서, 법률의 문언과 논리적 체계를 넘어서는 체계초월적 해석 방법론으로 평가되며,[8] 소위 법실증주의의 한계를 극복하고 사회적인 현실을 고려한 합목적적 문제해결을 도모하기 위한 핵심적인 도구로 기능한다는 점에서 독자적인 중요성을 가진다.[9]

문리해석에 따른 법해석 결과가 불합리한 경우 목적론적 해석은 특히 중요해진다. 개인정보 자기결정권은 현대에 이르러 생성된 권리로서, 장기간에 걸쳐 고찰된 전통적인 권리와 달리 아직까지 개념이 형성되는 과정에 있다. 이러한 점을 고려하면, 개인정보야말로 목적론적 해석, 차등적 해석을 통해 권리의 보호범위를 실질적으로 규명할 필요가 있다고 할 것이다.

III. 개인정보의 유형별 분류

1. 서론

개인정보보호위원회 또는 한국인터넷진흥원(이하 "KISA")는 개인정보의 개념에 대해 설명하면서 총 16가지 유형의 개인정보를 예시로 들고 있다.[10] 학계에서는 그 외에도 컴퓨터 처리 여부, 자동처리 여부, 식별의 난이도, 고유성 유무, 침해위험의 크기, 정보의 출처, 공개여부, 성격, 진술대상, 권리의 배타성 유무, 표현전달 수단 등의 분류기준을 시도하고 있다.[11]

이와 같이 일정한 성상에 따라 개인정보를 분류해보는 과정에서 과연 어떠한 정보까지 개인정보로 취급해야 하는 것인지 검토하여 볼 계기가 계속하여 생겨나고, 객관적인 분류 기준이 누적하여 수립되는 과정에서 개인정보의 범위 획정에 기여할

---

8) 김학태, "법률해석의 한계 - 판례에서 나타난 법해석방법론에 대한 비판적 고찰", 『외법논집』 제22집, 2006, 191면.
9) 김학태, 위의 논문, 201면-202면.
10) 개인정보보호위원회 및 KISA 홈페이지 참조 일반정보, 가족정보, 교육 및 훈련정보, 병역정보, 부동산정보, 소득정보, 기타 수익정보, 신용정보, 고용정보, 법적정보, 의료정보, 조직정보, 통신정보, 위치정보, 신체정보, 습관 및 취미정보.
11) 이창범, 『개인정보보호법』, 법문사, 2012, 21면 등.

수도 있다. 이러한 과정 속에서 개인정보의 넓은 개념 범위 속에 존재하는 특정한 정보에 대해, 타인이 취급 가능한 정보인지 또는 그에 대한 적정한 취급 수준을 어떻게 설정하여야 할지 검토해봄으로써, 궁극적으로는 해당 정보가 보호 또는 이용의 대상 중 어느 쪽에 얼마나 더 가까운 것인지에 대한 판단을 통해 개인정보 보호 관련 제도의 내용에도 영향을 미칠 수 있다.

현행법을 기준으로 살펴볼 때, 법령상 개인정보에 대한 명시적인 분류라고 볼 수 있는 것은 개인정보 보호법상의 개인정보, 민감정보 그리고 고유식별정보의 구분 정도가 유일하다.[12] 그 외에 2018. 11. 현재 발의되어 있는 개인정보보호법 개정안[13] 에는 식별성을 제거하는 조치 수준에 따른 분류가 추가되어 '가명정보', '익명처리를 한 정보'의 개념이 도입되어 있기도 하다. 규제 유형별 보호범위의 차등화를 목적으로 하는 본 장에서는 연구의 결론과 보다 논리적으로 밀접하게 연관될 수 있는 분류 기준으로 특정 개인에 대한 식별성 수준, 개인정보가 수집된 출처 또는 경위, 개인 정보 수집의 목적 등을 제시하고자 한다.

2. 식별성 기준 분류

가. 식별성의 의미

정보통신망법 제2조 제6호는 '단독으로 개인을 알아볼 수 있는 정보'와 '다른 정보와 쉽게 결합하여 알아볼 수 있는 정보'를 개념상 구분하고 있다. 전자와 후자는 각각 '식별성'과 '식별 가능성'이라는 개념 표지로 압축된다. 행정안전부의 개인정보보호 법령 및 지침 고시 해설(이하 "개인정보보호법 해설서")[14]에서는 "주민등록번호와 같은 고유식별정보는 해당 정보만으로 정보주체인 개인을 알아볼 수 있지만, 생년월일의 경우에는 같은 날 태어난 사람이 여러 사람일 수 있으므로 다른 정보 없이 생

---

12) 정보통신망법에도 일반적인 개인정보의 수집 및 이용에 적용되는 조항 외에, 사상, 신념, 가족 및 친인척관계, 학력, 병력, 기타 사회활동 경력 등 개인의 권리이익이나 사생활을 뚜렷하게 침해할 우려가 있는 개인정보를 원칙적으로 수집하여서는 안된다는 별도의 조항이 있다(제23조 제1항). 다만 정보통신망법은 강화된 규제가 적용될 필요가 있는 정보 항목들에 대하여 '민감정보' 등의 특정한 명칭을 부여하지 않으면서, 그 대상을 개인정보보호법과 같은 방식으로 열거를 통해 특정하지 않았다는 점에서 예시적인 내용으로 이해된다.

13) 인재근 의원 대표발의, 개인정보보호법 개정안 개인정보 보호법 일부개정법률안", (2018. 11. 15.) 동 개정법안에 대해서는 이성엽, 한국의 데이터주도 혁신에 대한 법의 대응과 진화, 『경제규제와 법』 제11권 제2호, 서울대 공익산업법센터, 2018.11. 참조.

14) 행정안전부, 『개인정보보호 법령 및 지침고시 해설』, 2016, 10면.

년월일 그 자체만으로는 개인을 알아볼 수 있다고 볼 수 없다"고 하여 식별의 본래적인 의미가 특정인 1인의 신원과 직결되는, 일대일로 대응되는 정보 수준까지 확인하는 것을 가리키는 것처럼 되어 있다. 반면 비식별조치 가이드라인에서는 개인정보를 구성하는 요소로서 식별자와 속성자를 구분하면서, 해당 정보만으로 특정 개인을 알아볼 수 있는 정보인지 아니면 결합을 요하는지를 기준으로 활용하며, 식별자의 예시로서 2명 이상의 사람에게 공통될 수 있는 성명, 생년월일 등은 물론 상세 주소나 각종 기념일 정보, 자격증 취득일 등까지 모두 포함시켜 두고 있기도 하다.15)

식별의 개념에 대해서는 EU의 개인정보 보호를 위한 자문기구인 The Artcile Working Party가 조금 더 구체적인 해석 또는 설명을 제시하고 있다. 2007년에 공식적으로 밝힌 의견을 통해, 특정 인물이 소속된 집단을 점점 좁혀 나감으로써 해당 인물을 다른 사람들과 구별(distinguished)할 수 있는 단계까지 도달하는 경우 이 때 식별된 것으로 볼 수 있다는 일반적인 설명을 제시하면서, 식별은 통상적으로 해당 인물과 관련하여 매우 특별하거나(privileged) 밀접한(close) 관계를 가지고 있는 식별자(identifier)를 통해 이루어진다고 설명했다.16)

또한 개인정보로서의 식별성과 관련하여 EU를 중심으로 빈번히 사용되고 있는 개념은 식별성의 수준 자체를 정의하거나 또는 식별가능성의 정도에 따른 급간을 설정하는 것과 같이 식별 개념을 적극적으로 설명하기 위한 것은 아니다. 그보다는 식별성이 인위적으로 제거된 상태인 특정한 정보가 본래 의도한바와 같이 특정 개인을 식별하지 못하게 된 것이 맞는지 평가하는 과정에서 활용되는 개념 요소이다. 익명화 기술과 관련하여 해당 개념을 사용하였고, 정보가 완전히 익명화되었는지, 재식별의 위험이 없는지를 판단하기 위한 리스크 평가 기준으로서 Single out, Linkability, Inference라는 3개의 개념을 제시하였다.17)

나. 쉽게 결합하여

개인정보에 대한 정의 중 "해당 정보만으로는 특정 개인을 알아볼 수 없어도 다른 정보와 쉽게 결합하여 알아볼 수 있는 경우에는 그 정보를 포함"한다는 설명은 곧 식별가능성을 의미하는바, 결국 식별가능성은 어떤 경우에 둘 이상의 정보가 '쉽게

---

15) 행정안전부, 『개인정보 비식별조치 가이드라인』, 2016.
16) 이하 내용은 The Article Working Party, Opinion 4/2007 on the Concept of Personal Data (2007), pp. 12−13 참조.
17) The Article Working Party, Opinion 5/2014 on Anonymization Techniques, 2014.

표 3-1 식별성에 대한 평가 기준

구분	개념	예시[18]
Single out	보유하고 있는 개인정보 항목 중 특정 개인 1인만을 따로 분리할 수 있는 정보인지 여부	개인의 신장에 관한 데이터 세트 중, 단 1인만이 190cm 이상인 경우 (또는 1990년대생 중에서는 단 1인만이 190cm인 경우) 해당 인물을 식별할 수 있음
Linkability	하나의 개인 또는 동일한 속성을 공유하는 집단에 관한 2개 이상의 데이터를 연결할 수 있는지 여부	이름이 A인 사람 또는 성이 B인 사람이라는 정보만을 각각 보유할 때보다, 전체 성명이 A와 B의 조합이라는 사실을 알 때 식별 가능성이 높아짐
Inference	2개 이상의 정보가 서로 정확하게 연결되어 있지 않더라도, 추론에 의해 연결 가능한지 여부	회사 내 직급 서열 관한 정보와 급여에 관한 정보가 별도로 존재할 때 2개를 합리적으로 추론하여 일부 개인이 식별될 수 있음

자료: https://mydata.org/declaration(저자 재구성)

결합'된다고 볼 것인지가 핵심이 된다. 개인정보보호법 해설서는 '쉽게 결합하여'(이하 '결합의 용이성'이라고도 칭함)는 "결합 대상이 될 정보의 입수 가능성이 있어야 하고 결합 가능성이 높아야 함"을 의미하며, "현재의 기술 수준을 고려하여 비용이나 노력이 비합리적으로 수반되지 않아야" 결합의 용이성이 인정될 수 있다고 설명하고 있다. GDPR의 규정과 같은 입장이다.[19)]

그러나 위와 같은 설명은 객관적인 난이도를 판단하는 최소한의 기준은 될 수 있으나, 결합의 용이성을 누구를 기준으로 판단하여야 하는지에 대해서는 구체적으로 방향을 제시하고 있지 않다. 이에 반해 일본의 개인정보의 보호에 관한 법률에 관한 가이드라인은 "다른 정보와 용이하게 조합할 수 있다는 것은, 사업자의 실태에 맞게 개개 사례별로 판단되어야 할 것이나, 통상 업무에 있어서 일반적인 방법으로 다른 정보를 용이하게 조합할 수 있는 상태를 가리킨다. 예를 들어 타 사업자에게 조회하

---

18) 아일랜드의 개인정보 규제 당국인 Data Protection Commission 예시를 참조하였음.
(https://www.dataprotection.ie/docs/Anonymisation-and-seudonymisation/1594.htm 2019.10.10. 접속).
19) GDPR whereas (26) 참조.

여야 하는 경우 등 조합이 곤란한 상태는 일반적으로 용이하게 조합할 수 없는 상태에 있는 것으로 풀이된다"고 명시하여,[20] 기본적인 판단 기준은 해당 개인정보처리자 및 정보통신서비스 제공자가 되어야 한다는 점을 명확히 하고 있다.[21]

다만 우리의 개인정보보호법 해설서에서도 '입수 가능성'이라는 용어를 사용하고 있음을 볼 때, 결합의 용이성이라는 요건이 적어도 특정한 판단 주체를 전제하는 개념이라고 인식하고 있다는 것은 알 수 있다.[22]

다. 식별성에 따른 개인정보 분류

식별성을 기준으로 한 개인정보의 분류와 관련하여 유의하여야 할 점은 단편적으로 해당 정보의 내용 외에도 그와 결합할 수 있는 정보들까지 함께 고려된다는 것이다. 특히 '결합할 수 있는 정보'는 어디엔가 존재한다는 것 자체로 족한 것이 아니라, 원칙적으로 합리적인 수준의 노력과 비용이 수반되는 범위 안에서 결합 가능할 때에야 식별성 판단 시에 함께 고려될 수 있다. 그렇다면 식별성의 유무 또는 고저에 관

---

20) 日本 個人情報保護委員会, 個人情報の保護に関する法律ついてガイドラン(通則編) (2017. 3.), 10. 또한 해당 내용은 日本 総務省, 電気通信事業における個人情報保護に関するガイドライン (2017. 9.)에도 거의 동일하게 인용되어 있다.
21) 영국의 개인정보 관련 기본법인 Data Protection Act 1998의 경우, 개인정보의 정의 규정 자체에서 결합 대상 정보를 Data controller가 보관하고 있거나 또는 보관할 가능성이 있는 정보로 명시하고 있었다.
22) "쉽게 결합하여 알아볼 수 있다는 것은 쉽게 다른 정보를 구한다는 의미이기 보다는 구하기 쉬운지 어려운지와는 상관없이 해당정보와 다른 정보가 특별한 어려움 없이 쉽게 결합하여 특정 개인을 알아볼 수 있게 되는 것을 말한다"고 판시하여 전지적 관점에서 식별가능성을 판단한 하급심 판결(IMEI에 관한 서울중앙지방법원 2011. 2. 23. 선고 2010고단5343 판결)이 많은 비판을 받았다. 다만, 최근 한 하급심 판결은 다른 견해를 보여 주목된다. 해당 사건에서는 병원의 임직원들이 환자들의 혈액 샘플에서 '환자이름, 등록번호, 성별/나이, 병동' 부분은 삭제하고, '검체번호, 채혈시간, 검사항목, 검사결과 수치, 바코드' 부분을 남겨 제3자에게 전달한 것이 동의 없는 개인정보의 제3자 제공인지 여부가 문제되었다. 이 사안에서 법원은 어느 정보가 다른 정보와 쉽게 결합하여 개인을 알아볼 수 있는 것인지 여부의 판단 기준에 대하여 "단순히 정보제공자를 기준으로 판단할 것이 아니라 해당 정보가 담고 있는 내용, 정보를 주고받는 사람들의 관계, 정보를 받는 사람의 이용목적 및 방법, 그 정보와 다른 정보를 결합하기 위해 필요한 노력과 비용의 정도, 정보의 결합을 통해 상대방이 얻는 이익의 내용 등을 합리적으로 고려하여 결정"하여야 한다고 판시하면서, 해당 자료를 전달받은 제3자가 환자의 구체적인 인적사항이 저장되어 있는 시스템에 접근할 권한이 없었으며, 접속 권한이 있는 병원의 임직원에게 인적사항 등에 관한 자료를 요청한 적도 없고, 해당 인적사항 정보가 필요하지도 않았다는 점 등을 근거로 검체번호 등의 정보가 '개인을 알아볼 수 있는 정보'에 해당한다고 볼 수 없다고 판시했다(수원지방법원 2018. 4. 12. 선고 2017노7275 판결). 식별가능성의 판단주체와 관련 보다 상세한 논의는 이성엽, 새로운 기술환경하에서 개인정보의 보호와 이용의 조화를 위한 개인정보보호규제 합리화 방안, 『법제연구』제 46 호, 한국법제연구원, 2014.7, 15면 - 20면 참조.

한 분류에 있어서도 내용뿐만이 아니라 결합이 현재 이루어져 있는지, 즉 어떠한 상태로 보관되어 있는지가 주요하게 고려되어야 한다.

(1) 개인식별정보

개인식별정보라 함은, 다른 정보 없이 그 자체로 개인을 식별, 즉 다른 구성원과 구분해낼 수 있는 정보를 의미한다. 법상의 개인정보 정의규정에 직접 인용되어 있는 성명이나 주민등록번호가 그 대표적인 예시이다.

(2) 개인식별정보와 결합되어 있는 상태의 개인식별가능정보

그 자체로는 개인을 식별할 수 없지만 개인을 식별할 수 있는 정보와 결합하여 개인정보가 될 수 있는 정보를 개인식별가능정보라고 지칭할 수 있을 것이다. 개인식별가능정보는 결합을 전제로 하는 개념이기 때문에, 상태에 따라 실제로 이미 개인식별정보와 결합되어 있는 상태와 쉽게 결합가능한 개인식별가능정보로 나눌 수 있다. 개인식별정보와 결합되어 있는 개인식별가능정보의 예로는, 회원제로 운영되는 온라인 쇼핑몰의 고객정보 중, 성명과 결합되어 보관되어 있는 전화번호, 주소, 이메일주소, 결제 관련 정보, 구매 이력 등이 있을 수 있다. 또한 개인식별정보와 쉽게 결합 가능한 개인식별가능정보로는 이미 개인의 성명 등의 정보를 가지고 있는 정보통신서비스 제공자에게 서비스 이용 과정에서 이메일 주소[23]나 전화번호[24] 등을 추가로 알려주는 경우 등이 이에 해당한다. 다만, 이와 같이 결합된 상태의 정보들은 개념상 당연히 개인정보에 해당하므로 개인식별정보와 분리하여 따로 취급할 실익은 없을 것이다.

(3) 개인식별정보와 결합되어 있지 않은 상태의 개인식별가능정보

개인을 식별할 수 있는 정보와의 결합이 이루어지지 않은 상태로서, 기술적으로는

---

23) 은행담당자가 특정 금융상품의 가입고객에게 이메일을 발송하면서 실수로 해당 금융상품에 가입한 고객 32,277명의 성명, 주민등록번호, 이메일 주소 등의 정보를 첨부파일로 발송해 이메일을 수령한 고객들이 다른 고객들의 정보를 알 수 있게 한 사안에서, 법원은 이메일 주소에 대해 "당해 정보만으로는 특정 개인을 알아볼 수 없을지라도 다른 정보와 용이하게 결합할 경우 당해 개인을 알아볼 수 있는 정보"에 해당한다고 판시한바 있다(서울중앙지방법원법 2007. 2. 8. 선고 2006가합 33062, 53332 판결).

24) 경찰공무원이 피고인에게 제보자 휴대폰 뒷자리 4자를 알려주어 개인정보 보호법 위반으로 기소된 사안에서, 법원은 "휴대전화번호 뒷자리 4자에 그 전화번호 사용자의 정체성이 담기는 현상이 점점 심화되고" 있음을 전제로, "설령 휴대전화번호 뒷자리 4자만으로는 그 전화번호 사용자를 식별하지 못한다 하더라도 그 뒷자리 번호 4자와 관련성이 있는 다른 정보(앞서 언급한 생일, 기념일, 집 전화번호, 가족 전화번호, 기존 통화내역 등)와 쉽게 결합하여 그 전화번호 사용자가 누구인지를 알아볼 수도 있다"고 판시하였다(대전지방법원 논산지원 2013. 8. 9. 선고 2013고단17 판결).

해당 개인식별가능정보를 실마리로 하여 다른 개인식별정보를 추적해내는 것이 기술적으로는 가능한[25] 정보를 의미한다. 예를 들어, 별도로 이용자의 개인정보를 수집 및 이용하지 않는 정보통신서비스 사업자가 뉴스레터 수신을 희망하는 이용자로부터 이메일 정보만을 수집하여 뉴스레터를 발송하는 서비스를 운영하는 경우 그 수집된 이메일 주소, 또는 이용자가 온라인 서비스에 로그인하지 않은 상태에서 검색한 기록 등의 행태정보 등이 이에 해당한다.[26]

결합되지 않은 상태의 개인식별가능정보를 개인정보로 볼 수 있는지에 대해서는 논란이 많다. 특히 개인정보의 활용을 핵심으로 하는 ICT 신산업과 관련하여, 개인정보에 대해 식별성을 인위적으로 제거 또는 감소하는 절차를 거쳐 동 유형과 같은 식별가능성 수준 및 보관 상태로 가공한 정보들이 빈번하게 활용되기 때문에, 개인정보의 보호를 강조하는 진영에서는 이러한 정보들도 모두 개인정보로서 빠짐없이 보호가 이루어져야 한다고 문제를 제기하기도 한다.

동 유형의 개인식별가능정보는 특정인과의 연결성을 유지하고 있는지 여부에 따라 다시 2가지로 분류할 수 있다. 신원을 알 수 없는 특정한 1인으로 정보들을 귀속시킬 수 있는 경우[27]와 그렇지 않은 경우이다. 전자의 경우 특정 개인을 식별할 수 있는 고리, 즉, 결합만 이루어지면 1인으로 귀속되는 정보의 집단이 모두 개인정보에 해당할 수 있는 잠재적 식별성을 갖추고 있다고 볼 수 있다.

표 3-2 1인으로 귀속되는 정보 및 1인으로 귀속되지 않는 정보의 구분

구분	1인으로 귀속되는 정보	1인으로 귀속되지 않는 정보
예시 · 설명	• ADID 등이 부여된 상태로 수집된 다양한 행태정보 • 여러 정보들 사이에서 특정인에 1인 대한 정보임을 구별할 수 있으나, 해당 인물이 누구인지 식별할 수 있는 정보는 결합되어 있지 않음	• 로그인하지 않은 상태에서 수집된 행태정보로서 ADID를 부여하는 등으로 별도로 관리되고 있지 않은 정보 • 다만, 사업자가 원한다면 일정한 processing을 거쳐 Single Out을 하는 것이 가능한 경우일 것을 전제함

---

25) 해당 개인식별가능정보를 다른 정보들과 분석 및 결합하여 종국적으로 개인을 식별할 수 있는 가능성조차 존재하지 않는 경우라고 한다면 아예 식별이 불가능한 정보로서 별도로 취급되어야 할 것이다.

26) GDPR상 추가적인 정보의 사용 없이는 더 이상 특정 정보주체를 식별할 수 없도록 가공된 이후 상기 '추가적인 정보'와 분리하여 보관하는 등의 가명처리(pseudonymisation)를 거친 정보도 일응 이 유형에 해당한다고 볼 수 있다(GDPR Article 4. definitions).

27) 이는 EU에서 활용되는 재식별 위험 관련 평가요소 중 Single out의 의미와 유사하다.

(4) 개인을 식별할 수 없는 정보(개인식별불가능정보)

마지막으로 개인을 식별할 수 없는 정보란, 개인식별정보와 결합될 수 있는 가능성조차 없는 정보를 의미한다. 예컨대 익명의 응답자에 대해 설문조사를 실시하는 과정에서 응답자의 신상에 관한 정보로는 연령대에 관한 정보만을 수령하는 경우 등이 이에 해당할 수 있다. 개인정보로 취급되지 않는 익명정보와 유사한 상태로 볼 수 있다.

3. 수집출처 기준 분류

가. 이용자로부터 수집한 정보

이용자로부터 수집한 정보로 대표적인 것은 이용자가 서비스 이용 개시 및 회원가입 과정에서 제공하는 개인정보가 있다. 또한 이용자가 입력한 검색어와 같이 서비스 이용 과정에서 제공하는 정보도 이 분류에 포함될 수 있다. 이용자로부터 수집한 정보의 경우, 이용자가 제공하지 않으면 알 수 없는 정보로서 이용자의 적극적인 행위를 통해 수집된다는 점에서, 이용자의 관점에서는 본인의 개인정보가 누군가에 의해 수집 및 이용되고 있다는 것을 비교적 쉽게 알 수 있다.

한편 본인뿐 아니라 제3자로부터 수집되는 개인정보도 존재한다. 예컨대 인터넷 상거래 서비스의 이용자가 제3자의 주소로 재화를 구매하는 경우, 또는 본인의 소셜 네트워크 서비스 계정에 제3자의 사진을 업로드하는 경우 등이 이에 해당한다. 규제 측면에서 본인으로부터 직접 수집한 정보와 제3자로부터 수집한 정보를 달리 취급하여야 할 당위가 있다고 보기는 어려우나, 후자의 경우 정보주체로부터 직접 개인정보 처리에 대한 동의를 받거나 처리 사실을 알리는 것이 어렵다는 차이가 있다. 개인정보보호법의 경우 정보주체의 요구가 있을 때 수집 출처 등을 알려주어야 하는 방안으로 규제의 공백을 보완하고 있다.[28]

나. 사업자가 생성한 정보

사업자가 본연의 업무 과정에서 필요에 의해 스스로 생성한 정보를 의미한다. 기존의 견해 중에서는 사업자가 생성한 정보와 생산한 정보를 구분하는 경우가 발견된다. 생성정보는 쿠키정보, 로그정보, 고객위치정보 등처럼 서비스과정에서 자동적으

---

28) 개인정보 보호법 제20조(정보주체 이외로부터 수집한 개인정보의 수집 출처 등 고지) 제1항 참조.

로 생성되어진 정보이며, 생산정보란 근무평가, 신용평가, 인사기록, 진료차트, 고객 성향 등과 같이 개인정보처리자가 만들어낸 개인정보를 말한다는 것이다.[29] 다만, 생성정보이든 생산정보이든 정보가 생성된 지배영역이 이용자가 아닌 사업자측에 있다는 점, 그에 따라서 이용자는 본인의 개인정보가 수집, 이용되고 있다는 점을 알기 어렵다는 점, 이용자의 행위를 관찰하고 이를 집적 또는 구조화하거나, 평가하는 것이라는 점에서는 동일하다고 할 수 있다.

다. 공개된 정보를 수집한 정보

공개된 정보의 경우, 타인이 본인의 의사에 반하여 임의로 공개한 정보는 제외하고 본인이 최초에 목적과 범위를 적극적으로 인지한 상태에서 공개한 정보만을 의미하기 때문에, 실상은 가항의 "이용자로부터 수집한 정보"에 포함될 수도 있다. 다만 해당 정보를 이용하는 자의 관점에서는, 이미 개인정보로서 통상적인 보호 필요성을 일부 상실한 정보를 접하게 되는 것이므로 개인정보의 취급에서 구분할 필요가 있다고 본다. 판례도 공개된 정보에 대하여는, 정보주체의 동의가 있었다고 객관적으로 인정되는 범위 내에서는 개인정보 처리에 대해 정보주체로부터 별도의 동의를 얻지 않아도 된다는 입장이다.[30]

4. 목적에 따른 분류

개인정보가 이용되는 목적을 기준으로 분류하여 보는 것 역시 가능하다. 사업자측의 이용 목적은 경우에 따라 다양하겠으나 단순화하여 볼 때, 내부적인 이용 목적과 외부에 노출시키거나 제공할 목적으로 구분할 수 있다. 예를 들어, 이용자에게 서비스를 제공하기 위해 수집한 이용자 계정 정보의 경우 전제에 속하며, 제3자 업체에게 맞춤형 광고를 의뢰하기 위한 목적으로 수집된 정보는 후자로 볼 수 있을 것이다. 개인정보가 외부로 제공되는 경우, 본인의 개인정보의 유통에 대한 통제권 내지는 알 권리 등은 약화될 수밖에 없다. 따라서 외부 제공 목적인 개인정보에 대하여는 규제의 필요성이 보다 크다고 할 수 있으나 내부적로만 활용되는 경우 규제의 필요성은 낮다고 할 것이다.

---

29) 이창범, 앞의 책, 22면.
30) 대법원 2016. 8. 17. 선고 2014다235080 판결.

IV. 개인정보 규제유형과 차등적 해석 가능성

1. 개인정보 규제에 대한 접근방법

개인정보보호에 관한 법령들을 해석 및 적용함에 있어서는 보호와 이용의 가치가 함께 충분히 고려되는 적절한 균형을 도모하여야 하며, 해외의 개인정보보호 법령들도 공통적으로 보호와 이용의 균형을 도모하고 있다.[31] 개인정보자기결정권 역시 한계가 없이 무한정 보장되는 권리가 아니므로, 개인정보자기결정권을 보장 및 보호하기 위한 법률상의 장치는 타인의 기본권과 조화를 이룰 수 있는 범위 내에서만 합헌적일 수 있으며, 그 판단을 위하여서는 두 기본권 주체의 침해되는 법익의 내용 및 정도 등을 형량하는 것이 필요하다. 이러한 기본적인 원칙은 GDPR에서도 마찬가지로 언급되고 있다. GDPR은 개인정보의 보호에 대한 권리는 절대적인 권리가 아니며, 비례성의 원칙에 따라 다른 기본권과 균형을 이루어져야한다는 점을 명시하면서, 함께 균형을 이루어야 할 권리로서 사업을 수행할 자유(freedom to conduct a business) 역시 언급하고 있다.[32]

대법원 역시 "개인정보에 관한 인격권 보호에 의하여 얻을 수 있는 이익과 그 정보처리 행위로 인하여 얻을 수 있는 이익 즉 정보처리자의 '알 권리'와 이를 기반으로 한 정보수용자의 '알 권리' 및 표현의 자유, 정보처리자의 영업의 자유, 사회 전체의 경제적 효율성 등의 가치를 구체적으로 비교 형량해 어느 쪽 이익이 더 우월한 것으로 평가할 수 있는지에 따라 그 정보처리 행위의 최종적인 위법성 여부를 판단하여야"한다고 판시하였다.[33]

나아가, 위와 같은 법익 형량의 과정에서 반드시 고려하여야 할 측면이 데이터에 대해 기업이 갖는 권리이다. 이는 특히 사업자가 생성한 정보와 관련이 깊은데, 근래 IoT, 빅데이터, AI 등 정보기술 발전이 촉진됨에 따라 데이터는 기업의 경쟁력의 원천이라는 점을 배경으로 최근 EU, 일본 등에서 '데이터'의 소유(ownership) 및 통제권을 보장하고자 하는 입법 작업 및 연구가 시작되었다.[34] 일본에서는 부정경쟁방

---

31) 이인호, "「개인정보 보호법」상의 '개인정보' 개념에 대한 해석론", 『정보법학』 제19권 제1호. 2015, 66면.
32) GDPR whereas (4) 참조.
33) 대법원 2016. 8. 17. 선고 2014다235080 판결.

지법을 개정하여 영업비밀에 이르지 않는 데이터에 대하여도 별도로 보호를 위한 규율을 도입하였다.[35]

이와 같이, 개인정보의 보호와 이용의 관점이 서로 충돌하고, 개인의 개인정보자기결정권과 사업자의 자율과 창의가 서로 충돌하는 상황에서는 개인정보에 대한 보호뿐 아니라 사업자의 영업의 자유나 영업비밀 또는 재산권적 가치 있는 보유 정보에 대한 보호가 충분히 고려되어야 하며, 정보통신망법의 각 규율에 대한 해석 및 적용 역시 이러한 균형 잡힌 시각에 기초하여 행해져야 한다.[36]

2. 개인정보 관련 규제별 적용범위의 차등화

개인정보 개념에 대한 차등화된 해석이 논리적인 일관성을 갖기 위해서는, 개인정보자기결정권과 영업의 자유가 충돌하는 각 규제별로 합리적인 이익형량이 담보되도록 하는 전체적인 방향성 내지는 기준이 필요하다. 이를 위해서는 분석 대상인 개인정보 관련 규제별로 개인정보자기결정권의 보호 필요성이 가장 긴요한 것은 무엇이고, 반대로 영업의 자유에 무게를 두어야 할 필요성이 높은 것은 무엇인지 분석하여 보는 시도가 필요하다.

먼저 개인정보에 대한 보호조치의 경우, 일응 개인정보자기결정권의 보호필요성이 가장 높은 수준으로 요구되며, 그에 따라 규제의 대상이 되는 정보의 범위도 가장 넓을 것으로 생각된다. 그 다음은 이용자의 개인정보 처리에 대해 동의를 얻을 의무이다. 동의의 획득은 적법한 처리 근거에 대한 사업자의 가장 적극적인 입증활동이기도 하다. 이 때문에 "동의 획득"은 보다 엄밀하게는 "적법한 처리근거의 요구 및 확인"을 의미한다고도 할 수 있다. 동의 획득 요건을 통해, 이용자로서는 자신의

---

34) 국내에서는 다음 2개의 논문이 데이터 소유권 문제를 다루고 있다. 이동진, 데이터 소유권(Data Ownership), 개념과 그 실익『정보법학』제22권 제3호, 2018, 최경진, 데이터와 사법상의 권리, 그리고 데이터 소유권(Data Ownership),『정보법학』제23권 제1호, 2019.4. 전자는 전통적인 민법의 관점에서 데이터 오너십 개념의 도입에 부정적이며 오히려 개념의 도입은 데이터독점을 강화할 우려가 있다는 입장이다. 후자는 전통적인 소유권이 아닌 데이터에 대한 사용(이를 위한 접근을 포함), 수익, 처분(채권적 처분) 권능이라는 관점에서 '데이터에 대한 지배권'이라는 의미로 데이터오너십 개념을 도입하자고 한다.
35) 2019. 7. 1. 시행된 일본의 부정경쟁방지법은 '한정제공데이터'라는 개념을 신설하면서 영업비밀에 이르지 않는 기업 내에 축적된 정보를 부정취득행위로부터 보호하는 새로운 규율을 도입했다.
36) 이와 같은 이익형량의 필요성에 대해 강조한 논문으로는 채성희, "개인정보자기결정권과 잊혀진 헌법재판소 결정들을 위한 변명",『정보법학』제20권 제3호, 2016 참조.

개인정보가 본인의 의도와 상관없이 제3자에게 입수되지 않는다는 보장을 확보하게 되며, 법리상으로는 동의의 범위 내에서 개인정보의 침해에 대한 일종의 양해가 이루어지게 된다.[37] 이용자로부터 동의를 얻는 절차가 사업자에게도 추가적으로 큰 부담이 되지 않는다는 점에서 영업의 자유보다는 개인정보자기결정권에 무게를 둘 수 있을 것으로 생각된다.

개인정보의 파기의무의 경우, 행정안전부의 개인정보보호법령 및 지침 고시 해설 자료에서는 그 취지에 대해 "개인정보를 수집한 목적이 달성된 경우에도 계속해서 보유할 경우 개인정보의 유출과 오용 가능성이 높아지므로 더 이상 개인정보가 불필요하게 된 때에는 이를 파기하도록 함으로써 개인정보를 안전하게 보호하려는 것"이라고 설명한다.[38] 그러나 사업자가 개인정보를 계속하여 보유한다는 것만으로 이용자에게 어떠한 피해가 발생하지는 않는 반면, 파기의무를 부담하는 사업자로서는 사업에 관한 정보자산으로서 재산적 가치가 있는 정보들을 개인정보로서 파기하여야 한다거나, 목적 달성이라는 불명확한 요건에 좌우되는 파기의무를 부담하면서 구체적인 피해를 발생시키지 않고서도 의무를 미이행한 것만으로 형사처벌을 받을 수 있다는 점 등을 볼 때, 사업자의 영업의 자유에 대한 제한 측면이 더욱 더 비중 있게 고려될 필요가 있다.

나아가 열람·제공과 이용내역 통지의 경우 개인정보 처리 내역에 대한 정보를 제공한다는 취지만을 본다면, 개인정보자기결정권 행사의 전제로서 핵심적인 보호 수단에 해당할 수 있다.[39] 다만 법은 이미 일반적인 개인정보 처리 현황을 개인정보 처리방침을 통해 공개하도록 하고 있을 뿐만 아니라, 사업자가 열람·제공과 이용내역 통지를 통해 알려야 하는 개인정보 처리 내역은 법령상 전혀 구체화되어 있지 않고, 합리적으로 경계가 설정되어 있다고도 보기 어렵다. 예컨대 이용자가 정보통신망법 제30조 제2항 제2호에 근거하여 정보통신서비스 제공자에게 '본인의 개인정보를 이용한 현황'을 제공해 줄 것을 요구할 경우, 과연 어느 정도 구체적인 이용 내역까지 알려야 하는지 명확치 않으며 이에 대한 판단과 미이행으로 인한 책임은 오로지 사업자에게 맡겨져 있다. 더구나 요청이 있을 경우에 한해 응답하여야 하는 열람

---

37) 동의의 예외사유에 해당하는 경우는, 계약 이행 등을 위해 이용자의 묵시적 동의의사가 인정된다거나, 또는 법령상 요구되는 개인정보 처리로서 이용자의 의사와는 당초부터 무관한 것으로 설명하거나 국회 입법을 통해 국민의 의사가 이미 반영된 것으로 볼 수 있다.
38) 행정안전부 등, 위의 책, 120면.
39) 열람제공 관련 상세 내용은 개인정보이동권과 관련해 후술한다.

제공요구권과는 달리 이용내역 통지제도의 경우 일정 규모 이상의 정보통신서비스 제공자에게 전체 이용자에 대하여 주기적으로 통지를 이행하도록 하는 것으로서 사업자의 부담은 더욱 클 수밖에 없다.

V. 개인정보이동권의 대상에 관한 검토

1. 서론

신용정보법 개정안에 새로 도입하려는 제도가 소위 "마이데이터(My Data)"이다. 내 데이터를 내가 사용하다는 의미로서 동법에는 "개인신용정보이동권"으로 구체화되어 있다. 이는 GDPR 제20조에 규정된 개인정보이동권(Right to Data Portability) 개념에서 유래된 것으로 정보주체가 본인의 정보를 보유한 기관에게 그 정보를 제3자 또는 자신에게 이동시키도록 요구할 수 있는 권리이다.[40]

마이데이터는 기본적으로 동의절차를 거쳐 정보처리자에게 위임하였던 개인정보의 처리 권한을 개인이 다시 회수한다는 개념이다. 또한 소수의 거대 기업이 독점해 온 개인정보를 고객의 요청에 따라 제3자에게 이전함으로써 데이터 기반의 다양한 비즈니스를 촉발하게 되는 것는 물론 다양한 데이터 간 결합으로 쉬워져 데이터 산업이 성장할 가능성이 있다.[41]

GDPR은 위 데이터이동권의 대상이 되는 개인데이터의 범위와 관련 (1) 정보주체의 동의 혹은 계약에 근거해서 처리되는 개인데이터여야 하고, (2) 자동화된 수단에

---

40) 예를 들어 개인신용평가와 관련해서 보면 개인이 해당기관에게 본인의 사회보험료, 통신료 납부실적을 신용정보회사, 금융회사에 제공하도록 요구하여 신용평가상 가점을 수취할 수 있다. 또한 내 거래정보를 본인 신용정보 관리업자에게 이전하도록 하여 내 금융정보를 통합적으로 한 번에 조회하고 소비행태나 위험성향 등에 대한 분석을 바탕으로 맞춤형 금융상품 추천이나 자문서비스를 받을 수 있다.

41) 신용정보법 개정안은 마이데이터산업으로 본인신용정보관리업을 신용정보조회업과는 별도로 신설하고 있다. 이 업의 고유업무는 본인 신용정보 통합조회서비스 제공인데 이는 1) 정보주체의 권리행사에 기반하여 2) 본인 정보를 보유한 금융회사 등으로부터 신용정보를 전산상으로 제공받아 3) 본인에게 통합조회 서비스를 제공하는 업(業)으로 정의하고 있다. (김병욱 의원 발의(2018.11)"신용정보법 개정안" 안 제2조제9호의2·제9호의3 신설, 제4조제1항·제2항, 제11조제4항, 제11조의2 제5항, 제22조의8부터 제22조의10).

의해 처리되는 개인데이터여야 하며, (3) 정보주체가 "제공한"(has provided) 데이터에 한정하고 있다.[42] 신용정보법 개정안에서도 민감정보나 개인정보를 기초로 금융기관 등이 추가적으로 생성·가공한 2차 정보 등은 의무제공 대상에서 제외하고 있다. 다만, 추가적으로 생성·가공한 2차 정보의 범위를 어디까지 할 것인지는 여전히 논란이 될 수 있다. 이와 관련 지금까지의 논의를 토대로 정보통신망법상 개인정보 열람권의 해석을 통해 신용정보법상 개인정보이동권의 범위에 대해 검토해 보고자 한다.

2. 정보통신망법상 이용자의 열람제공요구권 행사에 대한 조치의무

사업자가 보유하는 개인정보 항목과 이용 및 제3자 제공 현황 등을 알리도록 하는 이용자 열람제공요구권의 경우 개인정보 개념에 더하여 행위의무의 내용마저 명확하지 않게 규정되어 있다.[43] 이로 인하여, 법령의 해석에 있어 열람 및 제공의 대상인 개인정보의 범위를 무한정 확장하는 경우 사업자에게 많은 노력과 비용을 소모할 것을 강요하는 것이 될 수 있다.

이용자 열람제공요구권이 알 권리 보장 측면에서도 그 자체로서도 이용자의 권리를 보호하는 측면을 가진다는 것은 분명하나, 정보의 처리 현황을 아는 것에 머무르지 않는다. 결국 이용자가 구체적으로 정정 요구 내지는 동의 철회 등의 적극적인 권리를 행사할 수 있도록 하기 위한 전제 조건으로서의 성격이 강하다고 할 것이다.[44] 따라서 이용자 열람제공요구권의 대상이 되는 개인정보의 범위를 검토함에 있어서는, 이용자가 스스로 개인정보 자기결정권을 행사하기 위하여 충분한 정보를 파악할 수 있도록 하는 것이 취지이며, 이와 실질적인 관련성이 없는 정보에 대해서까

---

42) GDPR Article 20 Right to data portability 1 참조.
43) 정보통신망 이용촉진 및 정보보호 등에 관한 법률 제30조(이용자의 권리 등)
　② 이용자는 정보통신서비스 제공자등에 대하여 본인에 관한 다음 각 호의 어느 하나의 사항에 대한 열람이나 제공을 요구할 수 있고 오류가 있는 경우에는 그 정정을 요구할 수 있다.
　1. 정보통신서비스 제공자등이 가지고 있는 이용자의 개인정보
　2. 정보통신서비스 제공자등이 이용자의 개인정보를 이용하거나 제3자에게 제공한 현황
　3. 정보통신서비스 제공자등에게 개인정보 수집·이용·제공 등의 동의를 한 현황
　④ 정보통신서비스 제공자등은 제2항에 따라 열람 또는 제공을 요구받으면 지체 없이 필요한 조치를 하여야 한다.
44) 권영준, "개인정보 자기결정권과 동의 제도에 관한 고찰", 2015 『Naver Privacy White Paper』, 2015, 100면.

지 열람제공요구의 대상으로 볼 실익은 없다. 아래에서는 개인식별정보와 결합되지 않은 상태의 개인식별가능정보, 내부적 목적으로만 이용되는 사업자 생성정보에 대해서 검토해 보고자 한다.

가. 개인식별정보와 결합되지 않은 상태의 개인식별가능정보

개인식별정보 또는 개인식별정보와 결합되어 있는 개인식별가능정보의 경우에는 개인정보로서 이용자 열람권의 대상이 된다는 점, 반대로 개인을 식별할 수 없는 정보의 경우에는 열람제공요구의 대상이 될 수 없다는 점이 비교적 명확하다. 문제는 "개인식별정보와 결합되지 않은 상태의 개인식별가능정보"가 열람제공요구의 대상이 되는지 여부이다.

먼저 1인으로 귀속되는 정보에 해당하여 신원을 알 수 없는 특정한 1인으로 정보들을 귀속시킬 수 있을 정도로만 식별가능성이 유지되어 있는 경우, 추가적인 결합 등의 조치를 함으로써 정보의 보관 상태를 변경하지 않는 한 사업자로서도 이미 해당 정보만으로는 개인이 누구인지를 특정할 수 없게 된다. 예컨대 다양한 행태정보가 광고식별자와 같은 고유값이 부여된 상태로 개별적인 목적에 따라 수집되어 분산된 형태로 저장되어 있을 수 있다. 이때, 정보통신서비스 제공자조차도 각각의 행태정보가 어느 이용자에게 귀속되는지 확인하기 위하여서는, 별도로 보유하고 있는 개인식별정보와 결합된 광고식별자 정보를 추가로 확인하여야 하며, 이를 특정 이용자 1인에 대한 정보 보유 내역과 같은 형태로 완성하기 위하여서는 개별 행태정보 모두에 대해 위와 같은 작업을 거쳐야 한다. 이런 정보에 경우에는 어떤 정보가 이용자가 열람제공요구권을 행사한 이용자에 대한 정보인지 구별할 수 없으므로 열람 대상에서 제외되어야 한다고 봄이 타당하다.

또한 특정한 1인으로 귀속시키는 것조차 어렵도록 흩어져 있는 정보의 경우에도 동일하게 적용된다. 예를 들어, SNS 서비스에 업로드된 사진·영상 등의 컨텐츠에 대해 이용자가 자신이 등장하는 화면은 개인정보에 해당하니 이를 모두 파악하여 정리해줄 것을 요구하는 경우가 있을 수 있다. 만약 이와 같은 요청을 사업자가 모두 응해야 한다면 이는 사업자에게 과도한 부담이 된다.

GDPR 제11조 또한 개인정보처리자가 그 정보처리 과정에서 개인의 식별을 필요로 하지 않는 경우에는 동법을 준수하기 위한 목적에서 개인을 식별하기 위해 추가적인 정보 처리를 거칠 의무는 없다는 기본 원칙을 제시하고 있다.[45]

일본의 개인정보의 보호에 관한 법률에도 정보통신망법상의 열람제공요구권과 유사한 이용자의 개시청구권이 규정되어 있는데, 법령에서 직접적으로 개시의 대상을 개인정보가 아닌 "당해 본인이 식별되는" 보유개인데이터라고 한정적으로 정하고 있다. '보유개인데이터'라는 개념은 개인정보와는 구별되는 것으로, "개인정보데이터베이스" 및 "개인데이터"의 정의에 비추어 볼 때, 개인정보처리자가 직접 운영하는 개인정보를 검색할 수 있는 시스템에서 검색을 통해 추출 가능한 정보를 전제로 한다. 일본 개인정보보호위원회는 Q&A 자료를 통해 '사내에서 취급하는 개인정보가 특정의 개인정보를 검색할 수 없는 상태로 보관되어 있다면 개인정보에 해당하지 않아 개시의무의 대상이 되지 않는다'는 입장이다.[46)

나. 내부적 목적으로만 이용되는 사업자 생성정보

사업자가 스스로 생성한 정보가 제3자에게 제공되지 않고 내부적인 관리나 이용자에 대한 서비스 제공의 목적으로만 이용된다면, 해당 정보는 사업자의 지배 영역에서만 생성되고 이용되는 정보로서 이용자의 열람제공요구권의 범위에서 제외될수 있다. 그러한 정보가 생성된다는 사실은 서비스 이용 과정에서 당연히 예상 가능한 것일뿐더러, 사업자가 해당 개인과 직접적인 관련 없이 업무처리만을 위한 목적으로 생성한 정보[47)인데, 이도 개인정보에 해당한다고 보아 제공대상으로 하면 사업자의 영업의 자유를 과도하게 제한하는 결과가 될 수 있다.

또한 사업자가 생성한 정보의 경우 사업자의 영업비밀과 직결된 정보가 있을 수있어, 이러한 정보들을 이용자 열람요구제공권 행사에 의해 외부에 유출할 것을 법적으로 강제하는 것은 부당하다.[48) 이와 같이 보는 이상, 내부적 목적으로만 이용되는 생성정보를 열람제공요구권의 대상 범위에서 제외한다고 하여 개인정보 자기결정권이 실질적으로 침해될 우려는 없을 것이다.

---

45) GDPR Article 11 Processing which does not require identification.
46) 日本 個人情報保護委員会, 「個人情報の保護に関する法律についてのガイドライン」及び「個人データの漏えい等の事案が発生した場合等の対応について」に関するQ&A(2017), p.41.
47) 예컨대 온라인 쇼핑몰을 운영하는 사업자가 각 주문마다 일련번호를 부여하여 관리하는 경우가 이에 해당한다.
48) "분석데이터는 정보주체의 동의를 받아 수집된 정보를 기초하여 그에 대한 분석 정보이므로, 이에 대한 정보주체의 소유권귀속 문제에 대해서도 생각해 보아야 할 것이다. 상황에 따라서는 이를 영업비밀의 범위로 보아 개인정보 처리자의 독립된 생산물로 판단할 수 있는 여지도 있을 수" 있다고 지적하며 관련 제도의 공백을 지적한 연구로는 고유흠, "빅데이터와 개인정보보호", 『이슈와 동향』 21권, 2014, 71면 참조.

다. IP 주소와 쿠키 정보의 경우

IP 주소, 쿠키, 검색기록 등은 전통적인 시각에서는 개인정보에는 해당하지 않을 수 있다. IP 주소는 사람이 아닌 특정한 기계에 할당된 정보이고, 쿠키는 이용자에게 서비스를 제공하기 위한 기술에 불과하며, 검색기록의 경우 개인의 특징을 포함하거나 추론할 수는 있지만 그 자체로서 특정인과의 고유의 연결성을 갖는 정보도 아니다. 다만, 쿠키나 IP는 이용자가 관심을 보인 콘텐츠 내역 등 행태정보를 이용한 맞춤형 광고를 위한 목적으로도 활용되면서 온라인 환경에서 특정인을 알아보기 위한 동일한 식별자 기능을 한다. 이에 임시로 할당되는 유동 IP마저도 개인정보에 해당한다는 유럽최고재판소 판결이 있었으며,[49] GDPR은 개인정보의 정의에 "online identifier"를 포함하면서 그 예시로서 IP 주소, 쿠키를 직접 언급하기에 이르렀다.[50] 미국도 어린이 온라인 프라이버시보호법에서 IP 주소와 쿠키를 개인정보에 포함하고 있다.[51] 방통위의 온라인 개인정보 처리 가이드라인은 IP 주소나 쿠키를 열람제공대상으로 언급하고 있다.

다만, IP 주소와 쿠키가 개인정보에 해당할 수 있다고 보는 경우에도 열람제공권의 대상이 되는지에 대해서는 추가적인 검토가 필요하다. IP 주소는 단독으로 보관된 상태에서는 이용자 개인을 식별할 수 없다.[52] 기본적으로 IP 주소는 '결합되어 있지 않은 개인식별가능정보'의 지위에 있지만 동시에 '결합되어 있지 않은 개인식별가능정보'를 개인식별정보와 매칭하는 수단이 된다는 점에서 특징이 있다. 예컨대 로그인하지 않은 이용자의 검색기록 등은 오직 사용자가 파악하고 있는 계정 소지자의 IP 주소 등과 매칭될 경우에만 이용자의 다른 신원 정보와 연결될 수 있다. 만일 사업자가 그와 같은 매칭을 통한 식별 작업을 행할 의도나 계획이 없이 다른 식별정보와 분리된 상태에서 비실명 이용자들의 이용기록과 IP 주소를 처리하는 경우라면, 해당 정보는 앞서 전개한 해석론상 '결합되어 있지 않은 개인식별가능정보'의 지위에 있다. 이에 따라 볼 때, 이용자의 IP 주소는 개인식별정보와 분리되어 있는 이상

---

49) Patrick Breyer v Bundesrepublik Deutschland, C-82/14(2016), ECLI:EU:C:2016:930.

50) GDPR Article 4 Definitions (1).

51) 15 U.S.C. 6501-6505 Children's Online Privacy Protection Act of 1998, §312.2 Definitions.

52) 물론 IP 주소가 범죄 수사 등의 목적으로 온라인상의 게시글 또는 활동내역으로부터 해당 인물을 추적해내기 위해 빈번하게 사용되는 수단이기는 하나, 이는 인터넷 서비스를 제공하는 통신사가 서버에 남긴 기록을 조합하여야만 가능하며, 이때 확인되는 것 역시 특정 인물이 아닌 사용된 컴퓨터가 무엇인지에 한한다는 점 등을 고려하면 여러 단계의 추적이 필요한 IP 주소를 바로 개인식별정보라고 보기는 어렵다.

열람 대상에서 제외되는 것이 타당하다.

쿠키의 경우, 정보를 저장하고 불러오는 기술을 지칭하는 것이기 때문에 IP 주소와 달리 그 내용이 단일하지 않다. 이용자가 쿠키가 심겨져 있는 웹사이트에 방문할 경우 쿠키의 설계 목적에 따라 쇼핑 정보, 관심사 등의 행태정보에서부터 나아가서는 지역, 이메일 주소, 신용카드번호, 이름 등 사업자가 수집하고자 하는 매우 다양한 정보가 저장될 수 있다. 물론 해당 정보는 사업자측이 아닌 이용자 컴퓨터의 하드디스크 내에 저장되며, 쿠키의 내용 중 value값은 대부분 암호화되어 있기 때문에 저장된 상태의 정보만으로는 내용을 이해할 수조차 없는 경우가 대부분이다. 그러나 물리적으로 사업자의 영역에 보관되지는 않더라도 이용자의 이용 기록 내지는 활동 기록을 읽어내고, 필요시에 불러내어 확인할 수 있도록 설계된 것이므로 사업자가 수집하여 이용하는 정보라고 볼 수 있다. 이와 같이 쿠키에는 개인식별정보와 개인식별가능정보가 모두 포함되어 있을 수 있다. 이 중 개인식별가능정보로서 개인식별정보와 결합되어 있지 않은 것은 앞서 IP 주소와 동일한 결론이 적용된다.

3. 개인정보이동권의 대상

기술한 바와 같이 금융위원회의 마이데이터 도입방안에는 개인신용정보이동권의 대상에 관하여 민감정보나 개인정보를 기초로 금융기관 등이 추가적으로 생성·가공한 2차 정보 등은 의무제공 대상에서 제외하고 있다.[53]

첫째, 개인정보의 범위와 관련 민감정보를 명시적으로 제외하고 있는 신용정보법과 달리 GDPR은 민감정보를 특별히 언급하지 않고 있다. GDPR 제9조 제2항에서 민감정보의 경우 원칙적으로 처리가 금지되지만 (a) 정보주체가 '명시적 동의'(explicit consent)를 한 경우 (b) 고용관계 등에서 정보처리 자나 정보주체의 의무이행 및 권리행사를 위해 필요한 경우 (c) 정보주체나 다른 개인(자연인)의 중대한 이익 보호를 위해 필요한 경우 등의 10가지의 예외가 허용되어 있다. 즉, 민감정보의 경우에도 정보주체의 동의하에 또는 정보주체와의 계약에 근거해서 처리되는 정보에 대해서는 이동권을 주장할 수 있다.

---

[53] 전자의 예로는 피보험자의 병력 및 사고이력 등을 포함하는 보험금 지급정보가 있고 후자의 예로는 CB사의 개인신용평점, 금융회사가 산정한 자체 개인신용평가(CSS) 결과 등이 있다(금융위원회, 금융분야 마이데이터 산업 도입방안, 2018. 7).

둘째, GDPR은 "자동화된 수단에 의해"(by automated means) 처리되는 개인데이터에 대해서만 이동권을 주장할 수 있다. 신용정보법 개정안에서도 컴퓨터 등 정보처리장치로 처리된 신용정보일 것을 요구하고 있는 양자는 차이가 없다.

셋째, 개정안에 따르면 제공대상 정보는 신용정보제공·이용자등 사이에서 처리된 신용정보로서 1) 신용정보제공·이용자등이 신용정보주체로부터 수집한 정보, 2) 신용정보주체가 신용정보제공·이용자등에게 제공한 정보, 3) 신용정보주체와 신용정보제공·이용자등 간의 권리·의무 관계에서 생성된 정보 중의 하나로서 신용정보제공·이용자등이 개인신용정보를 기초로 별도로 생성하거나 가공한 신용정보가 아닐 것이라고 되어 있다(안 제33조의 2). GDPR의 경우에도 정보주체가 개인정보처리자에게 "제공한"(has provided) 개인데이터에 한정된다.

여기서 '제공한'의 의미가 문제될 수 있다. 제29조 작업반의 가이드라인에 의하면, 여기에는 두 가지 유형의 데이터가 포함된다. 즉, (ⅰ) 정보주체가 온라인에서 적극적으로 입력해서 '제공해주었던' 입력데이터(예컨대, 이메일주소, 이름, 나이 등)가 당연히 포함되며, 그 외에도 (ⅱ) 온라인에서 정보주체의 활동에 의해 생성된 행태데이터(예컨대, 로그기록, 트래픽데이터, 검색이력, 웹페이지이용기록, 혹은 웨어러블 기기와 같은 스마트계측기에 의해 확인되는 심장박동수와 같은 미가공 데이터)도 여기에 포함된다.[54] 그렇지만 개인정보처리자가 위 입력데이터와 행태데이터를 활용해서 추론해낸 파생데이터(inferred and derived data)는 '정보주체가 제공한' 데이터에 포함되지 않는다.[55] 다만, 이러한 EU 작업반의 견해는 식별가능한 정보주체와의 연결에 대한 고려 없이 모든 생성데이터를 개인정보이동권의 대상으로 하고 있다는 점에서 비판의 소지가 있다.

결국 개인정보를 기초로 금융기관 등이 추가적으로 생성·가공한 2차 정보를 제외하는 경우 이를 어디까지 볼 것인가가 문제이다. 앞선 논의를 토대로 보면 개인식별정보와 결합되어 있는 상태의 개인식별가능정보는 추가 생성, 가공정보가 아니기 때문에 제공대상 정보로 하되, 개인식별정보와 결합되지 않은 상태의 개인식별가능정보 즉, 1인으로 귀속되는 정보에 해당하여 신원을 알 수 없는 특정한 1인으로 정

---

54) Article 29 Working Party, Guidelines on the right to data portability,(wp242rev.01), 2017, pp. 9-10. 앞서 언급한 사업자 생성정보가 온라인에서 정보주체의 활동에 의해 생성된 행태데이터라고 할 수 있다.
55) 위 가이드라인, p. 10. 앞서 언급한 사업자 생산정보가 추론해낸 파생데이터(inferred and derived data)라고 할 수 있다.

보들을 귀속시킬 수 있을 정도로만 식별가능성이 유지되어 있는 경우, 특정한 1인으로 귀속시키는 것조차 어렵도록 흩어져 있는 정보의 경우에는 제공대상에서 제외하는 것이 타당하다. 다음 식별가능한 정보주체와 연결되어 있는 쿠키정보, 로그정보, 고객위치정보, IP 통신사실확인자료 등과 같은 사업자 생성정보는 제공대상 데이터가 되나, 근무평가, 신용평가, 인사기록, 진료차트, 비디오대여기록, 고객성향 등과 같이 개인정보처리자가 만들어내고 이를 내부적으로 활용하는 한 제공대상 데이터가 아니라고 보아야 할 것이다.

VI. 결론

이상과 같이 개인정보에 관한 규제 유형별로 보호범위를 차등화할 수 있는 해석방안에 대해 살펴보았다. 정보의 활용이 곧 기업과 국가의 경쟁력으로 연결되는 오늘날, 개인정보의 개념이 추상적이고 모호하다는 등 개념정의상의 문제점에 천착하여서는 안 될 것으로 생각된다. 그와 같은 문제의식을 명확히 갖고, 개인정보 관련 법령상의 각종 규제를 합리화함으로써 보호와 이용을 동시에 꾀할 수 있는 적극적인 해석 방안을 마련하는 것이 필요하다. 특히 개인정보 관련 법령의 해석에 있어서 개인정보의 보호 측면이 강조됨으로써, 그로 인해 제한을 받는 사업자의 창의, 영업비밀, 영업의 자유 등은 상대적으로 경시되고 있는 것은 물론, 현실적인 법 적용 및 준수 가능성마저 확보하기 어려운 해석이 일부 제시되고 있다는 점에 주목하여 보다 합리적인 방안을 제시하고자 하는 노력이 필요하다.

특히, 신용정보법 개정안상 개인신용정보이동권의 대상으로 민감정보와 개인정보를 기초로 금융기관 등이 추가적으로 생성·가공한 2차 정보 등은 의무제공 대상에서 제외하고 있다. 다만, EU GDPR이나 개인정보열람요구권의 사례를 참조하면 민감정보를 특별히 제외할 이유가 없으며, 2차 정보의 경우에도 개인식별정보와 결합되어 있는 상태의 개인식별가능정보는 추가 생성, 가공정보가 아니기 때문에 제공대상 정보로 하되, 개인식별정보와 결합되지 않은 상태의 개인식별가능정보 즉, 1인으로 귀속되는 정보에 해당하여 신원을 알 수 없는 특정한 1인으로 정보들을 귀속시킬 수 있을 정도로만 식별가능성이 유지되어 있는 경우, 특정한 1인으로 귀속시키는 것조차 어렵도록 흩어져 있는 정보의 경우에는 제공대상에서 제외하는 것이 타당하다. 또한 근무평가, 신용평가, 인사기록, 진료차트, 비디오대여기록, 고객성향 등과 같이 개인정보처리자가 만들어낸 정보의 경우에는 이를 내부적으로 활용하는 한 제공대상이 아니라고 보아야 할 것이다.

개인정보 관련 규제의 적용 범위를 합리화하려는 시도가 축적되고 이가 입법과 정부의 해석에 반영되어, 서비스 제공자와 이용자 양측의 권리가 합당하게 수호되고 사회 전체의 비용 내지 불편이 줄어들 뿐 아니라, 향후 ICT 신산업 시대에 걸맞는 규제환경을 갖출 수 있게 될 것을 기대한다.

참고문헌

[국내문헌]

고유흠, "빅데이터와 개인정보보호", 『이슈와 동향』 21권, 2014.

고학수/최경진, 『개인정보의 비식별화 처리가 개인정보 보호에 미치는 영향에 관한 연구』, 개인정보보호위원회 2015. 4.

권영준, "개인정보 자기결정권과 동의 제도에 관한 고찰", 2015 『Naver Privacy White Paper』, 2015.

금융위원회, 금융분야 마이데이터 산업 도입방안, 2018. 7.

김병욱 의원 대표발의, "신용정보의 이용 및 보호에 관한 법률 일부개정 법률안 (2018.11.15.).

김학태, "법률해석의 한계 – 판례에서 나타난 법해석방법론에 대한 비판적 고찰", 『외법논집』 제22집, 2006.

심헌섭, "법철학적 법학방법론 – 철학과 합리적 법학방법", 『서울대학교 법학 제24권 제1호, 2003.

이동진, 데이터 소유권(Data Ownership), 개념과 그 실익 『정보법학』제22권 제3호, 2018.

이성엽, 새로운 기술환경하에서 개인정보의 보호와 이용의 조화를 위한 개인정보 보호 규제 합리화 방안, 『법제연구』 제46호, 한국법제연구원, 2014. 7

이성엽, 한국의 데이터주도 혁신에 대한 법의 대응과 진화, 『경제규제와 법』 제11권 제2호, 서울대 공익산업법센터, 2018. 11.

이인호, "「개인정보 보호법」상의 '개인정보' 개념에 대한 해석론", 『정보법학』 제19권 제1호, 2015.

이창범, 『개인정보보호법』, 법문사, 2012.

인재근 의원 대표발의, "개인정보 보호법 일부개정법률안", (2018. 11. 15.).

채성희, "개인정보자기결정권과 잊혀진 헌법재판소 결정들을 위한 변명", 『정보법학』 제20권 제3호, 2016.

최경진, 데이터와 사법상의 권리, 그리고 데이터 소유권(Data Ownership), 『정보법학』 제23권 제1호, 2019. 4.

한국인터넷법학회, 『개인정보 보호와 적정 활용의 조화를 위한 제도 도입 연구』,2009.

행정안전부, 『개인정보 비식별조치 가이드라인』, 2016.

행정안전부, 『개인정보보호 법령 및 지침 고시 해설』, 2016.

[국외문헌]

Article 29 Working Party, Guidelines on the right to data portability(wp242rev.01), 2017.

Charles Fried, "Privacy", 77 『Yale Law Journal』 475 (1968).

Dorothy J. Glancy, THE INVENTION OF THE RIGHT TO PRIVACY, 『ARIZONA LAW REVIEW』, VOLUME 21 1979 NUMBER 1,

EU Directive 95/46/EC, 1995.

EU, REGULATION (EU) 2016, General Data Protection Regulation, 2016.

Samuel D. Warren; Louis D. Brandeis, 『Harvard Law Review』, Vol. 4, No. 5. (Dec. 15, 1890).

The Article Working Party, Opinion 4/2007 on the Concept of Personal Data (2007).

The Article Working Party, Opinion 5/2014 on Anonymization Techniques(2014).

日本 個人情報保護委員会, 個人情報の保護に関する法律ついてガイドラン(通則編)(2017. 3.).

日本 個人情報保護委員会,「個人情報の保護に関する法律についてのガイド ライン」及び 「個人データの漏えい等の事案が発生した場合等の対応について」に関するQ＆A(2017).

日本 総務省, 電気通信事業における個人情報保護に関するガイドライン(2017).

마이데이터 사업의 법적 성격과 진입규제
– 시장창설적 규제 정책의 적용가능성

계 인 국

고려대학교 행정전문대학원

마이데이터 사업의 법적 성격과 진입규제
- 시장창설적 규제 정책의 적용가능성*

고려대 행정전문대학원 교수 계인국

I. 서론

"마이데이터(My Data)"라는 비유적 표제는 정보주체가 그의 데이터에 대한 통제권과 결정권을 가지고 그 제공과 활용을 직접 그리고 적극적으로 관리하고 결정하는 모습을 보여준다.[1] 일단 마이데이터의 출발점은 정보주체가 본인에게 또는 제3자에게 그의 개인정보를 전송해줄 것을 요청하는 권리를 법적으로 보장하는 것이라 할 수 있다. 개인정보 이동권 또는 전송요구권 등과 같은 제목의 권리가 법적으로 보장되면 이에 따라 정보주체가 자신의 데이터를 조회, 저장하기 시작하여 차츰 제3자에게 전송을 요구하게 되고 본인의 관리 및 통제 하에 정보주체의 대리자가 데이터를 분석하여 맞춤형 서비스를 제공하게 된다는 것이다. 이렇게 정보주체를 대리하여 데이터를 요청받고 이를 처리하여 필요한 서비스를 제공하는 사업이 이른바 "마이데이터 사업"이다.

그러나 개인정보 이동권을 그저 법적으로 보장해주기만 하는 것으로는 수많은 기

---

* 이 글은 고려법학 제106호 (2022. 9.) 게재예정인 논문 "마이데이터 사업에서의 시장창설적 규제 - 규제법 모델에 의한 개인정보 이동권의 실현 -"을 수정한 것임을 밝혀둔다.

1) 이성엽/계인국, "보건의료 데이터 활용의 법적 쟁점과 과제", 공법연구 제50집 제2호 (2021), 163면.

관 및 업종 간에 융통되는 다양한 형태의 데이터를 간단히 저장 또는 전송하고 이를 토대로 마이데이터 사업을 활성화시키는 데 한계가 있다. 데이터 표준화의 문제는 물론, 전송이 허용되는 데이터의 범위나 종류가 영역에 따라 달리 판단될 수도 있고 기간과 그 갱신의 문제, 타 기관 및 사업자 데이터로의 접속이나 요금의 문제, 데이터의 저장능력 및 전송과정에서의 암호화 등 마이데이터 사업을 일정 궤도에 올리기 위해서는 여러 법적, 제도적 기반을 구축할 필요가 있는 것이다.

대개 법적 권리의 보장과 제도적 기반의 구축은 규제로 이어지게 된다. 다만 기존 개인정보 보호법제가 정보주체의 인적 관련 정보를 타인이 무단히 이용함을 금지하고 법률의 규정이나 정보주체의 동의를 통해 이용할 수 있도록 하는 등의 규제를 두었다면, 마이데이터 사업은 개인정보 이동권의 보장에서 출발하여 해당 영역과 타 영역 간의 데이터 표준화, 개인정보보호와 보안 이슈 등의 제도적 기반을 통해 새로운 데이터 시장을 비로소 창설하는 규제로 이해할 수 있다.[2]

이러한 시장창설적(=형성적) 규제는 법치국가 원리의 현대적 발전단계에서 나타나는 국가형상인 보장국가(Gewährleistungsstaat)와 보장국가를 특징짓는 "국가와 사회의 분업적 공동선실현(arbeitsteilige Gemeinwihlverwirklichung)"이라는 이념을 표방하는 규제법 정책에서 비롯된다.[3] 마이데이터 사업의 시행과 활성화를 위한 제도 형성과 규제는 국가주도적·국가후견적 데이터 유통공간을 표방하는 것이 결코 아니다. 오히려 마이데이터 사업은 민간에 의해 서비스가 창출되고 제공되며 이를 공적으로 보장하는 모습을 잘 보여주고 있다. 다시 말해 정보주체는 능동적이고 실질적으로 그의 정보자기결정권을 행사하고 마이데이터 사업자는 데이터 활용을 통해 다양한 서비스를 산출해내어 데이터 시장을 활성화시키지만 이러한 시장을 애초에 처음 형성하며 그 안에서 추구되는 공익을 시장원리와 결합시켜 충분한 수준을 지속적

---

2) 이미 존재하는 시장에서의 경쟁을 보호하는 것이 아니라 시장을 비로소 형성하고 공동선 목적과의 결합 가운데 경쟁을 지속적으로 보장하는 시장창설적 규제는 바로 규제법(Regulierungsrecht)상의 규제 개념이다. 이러한 규제개념을 설명한 대표적 문헌으로는, *M. Fehling*, Regulierung als Staatsaufgabe im Gewährleistungsstaat Deutschland－Zu den Konturen eines Regulierungsverwaltungsrechts, in: *H. Hill* (Hrsg.), Die Zukunft des öffentlichen Sektors, S. 91 (99); *M. Ruffert*, Regulierung im System des Verwaltungsrechts － Grundstrukturen des Privatisierungsfolgenrechts der Post und Telekommunikation, AöR 124 (1999), S. 237 (246); *O. Lepsius*, Ziele der Regulierung, in: *Fehling/Ruffert* (Hrsg.), Regulierungsrecht, § 19, Rn. 1; 계인국, 망규제법상 규제목적의 결합과 그 의의, 67면 (93면).
3) 보장국가의 핵심적 테제인 국가와 사회의 분업적 공동선실현이 가지는 의미에 대해서는, 계인국, "보장행정의 작용형식으로서 규제" 공법연구 제41집 제4호 (2013), 158면 이하.

으로 보장하도록 하는 규제가 필요한 것이다.[4]

이러한 기본적 관점을 발전시키기 위하여 이하에서는 (i) 마이데이터의 이념과 기존 데이터법제를 비교하여 (ii) 마이데이터의 법적 성격을 통해 시장창설적 규제의 적용가능성을 타진하고 (iii) 특히 진입규제의 문제를 중심으로 논의를 구체화하여 본다.

Ⅱ. 마이데이터 사업의 법적 성격

1. 데이터법의 기본 구도

가. 데이터법

데이터(Data)는 현실 세계에서 수집되고 측정된 사실, 수치 등의 자료로, 데이터매체가 확정하고 정보 및 지식의 토대로 기능할 수 있는 기호, 상징[5] 및 소통체계의 의미를 가진다.[6] 데이터법이란 이 데이터를 규율하는 법영역 전반에 대한 표현이며 특히 데이터의 이용과 보호, 그리고 데이터 인프라 보안을 주된 내용으로 한다. 또한 데이터법은 헌법상 개인의 정보자기결정권과 사생활의 비밀과 자유를 구체화하는 법이므로 공법적 규율이 주를 이루고 있으나 동시에 민사법 및 형사법적 성격이 나타나기도 한다.

나. 개인정보의 이용과 보호

헌법상 개인의 정보자기결정권은 인적 정보의 이용 및 처리와 관련하여 스스로 결정할 수 있음을 보호한다. 이는 원칙적으로 "누가 무엇을 언제 그리고 어떤 경유로 이에 대해 아는지"를 스스로 확정할 수 있는 개인의 권한을 내용으로 한다.[7] 여

---

4) 주지하다시피, 형성되는 시장에서 공익목적과 시장원리가 유기적으로 결합되는 모습은 보장국가론을 기초로 하는 규제법의 전형적인 모습이다.

5) *M. Albers*, Umgang mit personenbezogenen Informationen und Daten, in: *Hoffmann−Riem/Schmidt−Aßmann/Voßkuhle* (Hrsg.), GVwR II, § 22, Rn. 11.

6) *T. Vesting*, Die Bedeutung von Information und Kommunikation für die verwaltungsrecht− liche Systembildung, in: *Hoffmann−Riem/Schmidt−Aßmann/Voßkuhle* (Hrsg.), GVwR II, § 21, Rn. 11.

기서 개인의 정보자기결정권의 보호영역이 인적 정보의 처리, 즉 "인적관련성(Personenbezogenheit)"에 의한다는 것을 알 수 있는데, 인적관련성이란 어떤 정보가 '특정 또는 특정할 수 있는(식별 또는 식별가능한)' 개인과 관계되는 경우 나타난다. 중요한 것은 개인의 정보자기결정권은 본래 인적 정보의 이용 및 처리와 관련하여 스스로 결정할 수 있는 헌법상의 권리이므로 단순히 인적 정보의 누설에 대한 보호를 넘어 그 외의 이용에 대한 원칙적 자기결정을 의미한다는 것이다. 개인은 정보에 대한 결정권을 보유하며 제3자가 이를 이용하기 위해 헌법에 합치되는 법률상 수권이 필요하며 비례의 원칙을 준수하여 이용하여야 한다.

2. 개인의 정보자기결정권과 실질화

가. 금지원칙

금지원칙(Verbotsprinzip)이란 개인정보 보호법제에서 타인이 임의로 인적 관련 정보를 이용함이 원칙적으로 금지된다는 것을 말한다. 본래 금지원칙은 개인정보의 처리단계와 공적 결정을 분리시켜 어떤 공적 결정이 내려지는지와 무관하게 개인정보를 보호대상으로 하고 데이터 이용의 한계를 법률상 구현하여 국가권력의 정보처리 결정권한을 제한 및 분할하는 역할을 수행하였다.[8] 그러나 금지원칙은 이내 일반의 제3자에 대해서도 개인정보 이용의 합법성을 문제 삼게 되는데, 법치국가원리나 권력분립의 원칙[9] 및 관할권[10] 등에 의해 어느 정도 예측이 되는 국가권력의 경우와 달리 일반의 제3자에 대해서 특히 개인정보 이용의 합법성을 예측할 기준 내지 가능성이 마련될 필요가 있었기 때문이다. 이러한 합법성의 수단으로 널리 사용된 것이 바로 동의제도이다. 즉 동의는 종래 금지원칙에 기반한 개인정보보호법제에서 정보의 수집, 처리 및 이용을 위한 조건이며, 동의를 통해 개인정보처리의 형식적 합법성을 인정하게 된다.

---

7) *T. Weichert*, in: *Däubler/Klebe/Wedde/ders.*, *Bundesdatenschutzgesetz*, 3.Aufl., Einl., Rn. 16.; 계인국, "인터넷 검색엔진과 정보보호 — 인적관련 정보의 인적관련 정보의 처리와 정보자기 결정권 및 "IT-기본권" —", 법제연구 제46호, 161면.

8) *M. Albers*, Umgang mit personenbezogenen Informationen und Daten, in: *Hoffmann-Riem/Schmidt-Aßmann/Voßkuhle* (Hrsg.), GVwR II, § 22, Rn. 88.

9) 계인국, "빅데이터 시대 전자정부에서의 개인정보보호", 안암법학 제50호, 214면 이하.

10) *C. Petersen*, Einheitlicher Ansprechpartner und Datenschutz, LKV 2010, S. 344 (346).

나. 실질적 합법화 수단

금지원칙하에서 동의는 정보주체가 자신의 인격형상이 미래 어느 시점에 특정되고 이용되지 않도록, 미리 사전에 동의한 정보만을 수집, 처리 및 이용되도록 하여 예상하지 못하였던 정보 결합을 최소한으로 줄인다는 데에 의의가 있다. 그러나 동의는 어디까지나 형식적으로 정보이용을 합법화시킬 뿐이지 정보이용자로 하여금 개인의 이용목적 등에 대해 적극적이고 주관적인 설정을 하는 것을 내용으로 하지 않는다. 이에 따라 동의 이외에도 데이터 이용을 실질적으로 합법화시킬 수 있는 수단들이 추가적으로 요청되고 또한 강구되어왔는데, 대표적으로 목적구속의 원칙이 목적동일성을 요구하던 것에서 목적합치가능성(=양립가능성)으로 변화되고, 다시 정보주체가 정보처리목적을 스스로 정하도록 하는 주관적 목적확정이 제안되었던 예를 들 수 있다.[11] 이러한 실질화 경향은 개인의 정보자기결정권이 입법자가 정해놓은 프레임 안에서만 인정된다는 것을 넘어 적극적으로 그의 데이터를 이용하고 전송을 요구할 것을 결정하고 관리할 수 있다는 데에 미친다. 바로 여기에서 개인의 정보자기결정권과 개인정보 이동권의 발전방향이 마주치게 된다.

3. 개인정보 이동권

가. 법률상 개념

유럽연합 데이터보호기본령(General Data Protection Regulation: GDPR) 제20조를 통해 본격적으로 실정법에 등장한 개인정보 이동권(Right to data Portability)은, 개인정보주체가 정보처리자에게 제공했던 자신에 관한 개인정보를 구조적이고, 통상적으로 사용되며 기계적 판독이 가능한 형식으로 전송받을 수 있는 권리이며 또한 이러한 개인정보를 다른 정보처리자에게 방해받지 않고 전송할 수 있는 권리로 정의되어 있다.

현행법에서 나타나는 개인정보 이동권으로는 먼저 「신용정보의 이용 및 보호에 관한 법률」(이하, 신용정보법) 제33조의2 제1항은 "개인인 신용정보주체는 신용정보 제공·이용자등에 대하여 그가 보유하고 있는 본인에 관한 개인신용정보를…전송하여 줄 것을 요구할 수 있다"고 규정하고 있다. 여기에서 본인에 관한 개인신용정보

---

11) 계인국, "빅데이터 시대 전자정부에서의 개인정보보호", 안암법학 제50호, 228면 이하.

를 전송받게 되는 대상에 대해 동조항 각호는 신용정보주체 본인과 본인신용정보관리회사, 대통령령으로 정하는 신용정보제공·이용자, 개인신용평가회사 등으로 정하고 있다. 한편 개인정보 보호법 개정안 제35조의2 제1항은 "개인정보처리자에게 그가 처리하는 자신의 개인정보를…전송할 것을 요구할 수 있다"고 규정하고 있으며 마찬가지로 전송받을 있는 자로 정보주체 본인, 개인정보관리 전문기관, 안전조치의 무나 시설 및 기술 기준을 충족하는 자로 규정하고 있다.

EU GDPR이나 신용정보법, 개인정보 보호법 개정안 등에서 나타난 개인정보 이동권의 법률상 개념은 다시 정보주체가 전송을 받을 권리와 정보주체 이외에 다른 정보처리자에게 전송할 권리로 나누어진다는 것을 알 수 있다. 대개 전자를 다운로드권, 후자를 전송요구권으로 표현하며 각각 독자적인 의미를 지니고 있다.

나. 내용

(1) 다운로드권(본인전송요구권)

개인정보 보호법 제35조는 이미 정보주체가 자신의 개인정보에 대한 열람을 해당 개인정보처리자에게 요구할 수 있는 개인정보 열람청구권을 인정하고 있으며[12] 개인정보 보호법 시행령 제41조 제2항은 개인정보 열람의 방법에 대해 서면, 전화, 전자우편, 인터넷 등 정보주체가 쉽게 활용할 수 있는 방법으로 함을 정하고 있다. 그러나 다운로드권은 디지털 문서화된 개인정보를 컴퓨터 등 정보처리장치로 처리 가능하고 통상적으로 이용되는 구조화된 형식으로 전송받는 것을 요구하는 권리이다.[13] 따라서 한편으로는 "개인정보 열람권의 디지털 버전"[14]이지만 그보다 더 나아가 열람보다 더욱 적극적인 측면, 즉 자신의 개인정보를 통상적으로 이용되는 구조화된 형식으로 이동시켜 직접 처리할 수 있도록 한다는 의미도 아울러 가지고 있다.

(2) 전송요구권

전송요구권은 정보주체가 정보처리자에게 자신의 개인정보를 제3자에게 전송할 것을 요구할 수 있는 권리이다. 제3자에게 개인정보를 제공하는 모습은 기존의 제3자 제공동의와 외형상 유사하나, 제3자 제공동의가 제공받는 자와 이용목적 및 범위 등을 사업자가 정하여 정보주체에게 동의를 구하는 형식적 성격을 가지는 반면, 전

---

12) 마찬가지로 신용정보법 역시 신용정보의 열람청구권를 신용정보법 제38조에 규정하고 있다.
13) 개인정보 보호법 개정안 제35조의2 제1항 및 제2항. 특히 제2항 제3호. 이러한 내용을 미루어 볼 때, 동 개정안은 EU GDPR 제20조를 모범으로 한 것으로 보인다.
14) 고환경, "마이데이터 법제도 기반 마련", 배일권 외, 마이데이터의 시대가 온다, 129면.

송요구권은 정보주체가 전송 여부, 전송받는 자, 대상 정보와 전송목적, 기간 등을 정하여 전송을 요구하는 주관적 확정 및 실질적 정당화방안이라는 점에서 분명한 차이가 있다.

전송요구권은 개인정보 이동권에서 핵심적인 내용을 점하고 있으며 개인정보를 다른 사업자에게 이동시킴으로 인하여 데이터 시장에서의 경쟁활성화를 지향할 수도 있다. 반면 전송요구권을 통하여 더 나은 서비스를 제공하는 사업자에게 개인정보가 편중될 우려가 존재하며 이러한 서비스 제공의 우월성은 정보주체의 요구를 이행할 수 있는 정도의 인적·물적 투자에 비례한다는 점에서 오히려 정보집중성과 고착현상을 가져와 마이데이터 사업추진의 공익 목적인 데이터 유통 활성화와 소비자 후생을 저해할 수 있다. 여기에서 마이데이터 사업 규제가 경쟁의 창설과 지속적인 보장을 통해 동시에 공익 목적을 달성하는 목적간의 결합 필요성이 이미 발견된다.[15]

다. 의의

(1) 정보주체의 권리 실질화

데이터법에서 이용과 보호의 불균형이 발생한 문제와 함께 정보처리기술의 발전으로 인해 정보관리에 있어 비대칭성이 점차 커지는 문제는 정보주체의 통제권을 약화시키고 형식화시키는 데에 일조하고 있다. 개인정보 이동권은 기관 또는 기업의 데이터를 정보주체의 선택권을 근거로 하여 전송을 요구하거나 타 정보처리자에게 직접 전송할 것을 요구한다. 이로써 정보주체는 강화된 개인정보의 관리 및 통제권을 보유하게 되고 그에 상응하여 정보주체의 결정권을 실질적으로 보장받게 된다. 앞서 살펴본 바와 같이 개인의 정보자기결정권에 기초한 정보처리는 형식적 합법화 수단으로서 동의를 넘어 지속적으로 실질적 합법화 방안을 강구하여 왔다.

개인정보 이동권의 의미 역시 개인정보 자기결정권의 실질화의 경향 가운데 이해할 수 있다. 개인정보 이동권은 정보주체가 정보처리자에게 제공한 정보를 보다 적극적이고 실질적으로 통제 및 관리할 수 있도록 개인의 정보자기결정권이 실질화 및 주관화된 결과로 볼 수 있다. 주지하다시피 개인의 정보자기결정권의 본래 이상적 모습은 바로 정보주체가 어떤 정보를 누가 어떤 경로로 어떻게 처리하는지를 정보주체가 직접 결정한다는 것이므로 실질화·주관화된 권리로서 개인정보 이동권은 정보주체의 자기결정권을 더욱 신장시키는 데 기여하게 된다.

---

15) 규제법상 목적결합에 대해서는 이하, 4 (2) 참조.

(2) 데이터 소유관점의 전환

정보주체가 그의 관리 및 통제권을 보다 강화하려는 방안으로 한동안 논의되었던 것은 데이터 소유권의 문제이다. 데이터 소유권의 논의는 데이터의 이용을 활성화하기 위하여 데이터의 경제적 자산 가치를 법적으로 보장하고 유통의 법적 근거를 마련하자는 정책적 함의에서 비롯된 것이긴 하지만, 적어도 현재의 법리상으로는 데이터가 소유권의 대상으로서 민법 제98조의 "유체물 및 전기 기타 관리할 수 있는 자연력"에 해당되지 않으며 배타적 지배가능성과 현존성 및 독립성이 부정된다는 점을 쉽게 넘어서지 못한다. 또한 소유권 법리에 따르는 경우 일견 정보주체의 통제권을 통해 데이터 이용이 활성화될 것으로 생각될 수도 있으나 정반대의 상황, 다시 말해 소유권에 기한 방해배제청구 등 소유권에 기한 보호논리에 의해 예측하지 못한 사후적 분쟁이 발생하는 등 오히려 이용저해를 불러올 수도 있다. 결국 현재로서는 데이터 소유권이라는 표현은 데이터에 대한 법적 지위에 대한 정책적 또는 편의상의 개념,[16] 그리고 관련된 법적 문제 상황까지 모두 망라하는 표제어로 봄이 적절해 보인다.

오히려 주목해야 할 점은 "데이터 소유권"이라는 표현 그 자체나 데이터를 이용하기 위해 정보주체 등에게 데이터의 소유권 법리를 무리하게 인정하려는 것보다는 이 논의를 촉발시킨 문제의식, 즉, 데이터 활용 및 공유의 패러다임을 개인중심으로 전환한다는 의도와 방향성이다. 개인정보 이동권은 정보주체에게 정보결정권을 실질화시키고 실제적인 관리 및 통제를 가능하게 한다는 점에서 관점의 전환을 통한 문제해결에 기여한다.

(3) 시장에 의한 자기결정권의 보장

본래 금지원칙이 국가권력의 정보처리 결정권한을 제한 및 분할하는 역할을 수행하는 것임에도 불구하고 개인정보보호의 법과 정책은 오히려 금지원칙을 민간 영역에 더 엄격하게 적용시켜왔고 반면 공적 영역에서는 입법자가 광범위한 공익 내지 필요성을 두어 개인정보의 이용을 정당화하였으며 불분명한 경우에도 국가기관의 개인정보 처리에 대한 정당성을 넓게 인정하는 경향을 보이기도 했다. 즉 기존의 개인정보 보호의 법정책은 공적 영역보다는 민간 영역, 특히 시장이 개인의 정보자기결정권을 침해하거나 무력화 내지 형해화시킬 소지가 있는 우선적 위협요인으로 이해하였다는 문제를 가지고 있었다.

그러나 개인정보 이동권은 이미 그 개념에서부터 데이터 시장에서의 경쟁을 형성

---

16) 권영준, 데이터 귀속·보호·거래에 관한 법리 체계와 방향, 이성엽 편, 데이터와 법, 70면 이하.

및 촉진한다는 의미를 내포하고 있으며 마이데이터 사업의 성패는 결국 다양한 사업자의 참여와 이에 의한 시장형성이 관건이 된다. 바로 이 지점에서, 마이데이터 사업규제에 대한 일련의 원칙 내지 방향성이 나타나기 시작한다. 민간 영역, 특히 시장은 종래에도 그리고 여전히 잠재적인 침해요인이지만 이에 머무르지 않고 적극적으로 시장기능에 의해 오히려 개인의 정보자기결정권을 실질화할 수 있으므로 마이데이터 사업에서의 규제는 데이터 시장의 창설 및 활성화와 시장기능의 보호, 그리고 이를 통해 동시에 개인정보 자기결정권을 보장하는 방향으로 기획되어야 한다는 것이다. 시장에 의해 개인정보 자기결정권이 실질화되고 또한 더욱 효과적으로 보장된다는 것은 이하에서 제시되는 마이데이터 사업의 시장창설적 규제에서 다시 언급된다.

4. 마이데이터 사업의 현황

가. 도입

데이터 이동에 대한 제도는 이미 과거에 이동전화의 번호이동성제도나 계좌이동서비스를 통해 나타난 바 있었다. 번호이동의 경우 기존 전화번호를 유지하면서 이동통신 사업자와 서비스를 변경하도록 하는 서비스이며 계좌이동서비스는 자동이체출금계좌를 타 은행으로 변경하면서 기존 계좌의 자동이체 항목을 옮겨주는 서비스이다.17) 금융과 통신에서 나타난 데이터 이동의 경험은 최근의 데이터 이동권 논의에서 개인신용정보 전송요구권으로 이어졌다. 2016년 6월 정부의 "지능정보사회 중장기 종합대책"에서 데이터 산업 활성화 전략에서 마이데이터 제도가 논의된 이후금융분야를 중심으로 하여 마이데이터 산업 도입계획이 발표되었다.

나. 법제화

법제화 현황을 대략적으로 살펴보면 먼저 신용정보법 제33조의2에 개인신용정보 전송요구권이 신설되었고 금융분야의 마이데이터 산업으로서 신용정보법 제2조 제9의2호에 본인신용정보관리업을 두었다. 신용정보법상 전송요구권은 본인, 본인신용정보관리회사, 개인신용평가회사, 기타 대통령령으로 정하는 자에게 개인신용정보를 전송할 것을 요구할 수 있도록 하고 있다. 이어 전자정부법은 제43조의2에 정보주체 본인에 관

---

17) 정원준, "데이터 이동권 도입의 실익과 입법적 방안 모색", 성균관법학 제32권 제2호 (2020), 73면 이하; 최정민/조영은, 개인정보 이동권과 마이데이터 산업 관련 연구, 경제규제와 법 제13권 제2호 (2020), 98면 이하.

한 행정정보의 제공요구권 규정을 신설하였다. 이에 따르면 정보주체는 본인이나 본인이 지정하는 자로서 본인정보를 이용하여 업무를 처리하려는 행정기관등이나 은행, 그 밖에 대통령령으로 정하는 개인, 법인, 단체에게 제공할 것을 요구할 수 있다.

또한 데이터 산업진흥 및 이용촉진에 관한 기본법(이하, 데이터산업법) 제2조에서는 데이터사업자와 데이터사업자 중 특히 데이터분석제공사업자를 정의하였는데 마이데이터 사업자가 여기에 해당된다고 볼 수 있다. 이어서 제16조에서 데이터분석제공사업자에게 신고의무를 두고 있다. 또한 동법 제15조는 정부가 데이터의 생산, 거래 및 활용 촉진을 위하여 데이터를 컴퓨터 등 정보처리장치가 처리할 수 있는 형태로 본인 또는 제3자에게 원활하게 이동시킬 수 있는 제도적 기반을 구축하도록 노력할 것을 아울러 규정하고 있다.

다. 영역특수/포괄 규제

(1) 영역특수성의 고려

법제화 현황에서 나타나는 바와 같이 개인정보 이동권의 보장과 마이데이터 사업의 구축은 영역별로 진행되고 있다. 먼저 공적 영역과 민간 영역을 분리하였으며 다시 금융, 의료, 통신, 교육 등 세부 영역에서 데이터의 전송 범위 등을 영역특수성에 따라 판단하고자 하는 것이다. 특히 초기 단계에서는 정보주체의 데이터를 표준화된 API(Application Programming Interface)[18]로 제공받기 위해 데이터가 이미 어느 정도 정형화된 모델을 갖추고 이들 데이터의 저장과 전송이 가능하며 또한 이를 통한 서비스의 산출이 가시적으로 예측되는 분야를 정할 필요가 있었다.[19] 금융 분야의 경우 이미 각 금융회사나 신용정보기관에서 금융데이터를 저장, 관리하고 또한 교환하면서 어느 정도 정형화된 모델을 보유하고 있었기 때문에[20] 마이데이터 사업이 선도적으로 추진될 수 있었다.

---

18) API는 마이데이터 사업자와 정보제공자가 개인정보를 송수신하기 위해 전송규격 및 절차를 미리 표준화 및 정의한 것이다. 금융위원회/금융보안원, "금융분야 마이데이터 기술 가이드라인, 2021, 5면.
19) "정보가 원활하게 이동되기 위해서는 정보 제공자와 수신자간에 전송 정보의 대상과 형태에 대한 합의, 즉 "표준화"가 필수적", 관계부처 합동, "마이데이터 데이터 표준화 방안", 2021. 9. 28.
20) 비교적 정형화된 금융데이터도 금융위원회, 신용정보원, 금융보안원, 각종 금융 관련 협회, 기업체가 참여하는 TF를 통해 2년 가량 표준화작업을 진행하여왔으며 세부적인 내용은 계속 진행 중에 있다. 특히 전 분야 확산을 위한 데이터 표준화 작업은 마이데이터 사업 구축 및 활성화를 위한 가장 중요한 과제라 할 수 있다.

(2) 영역포괄 규제로의 전개

사실 영역특수성을 고려하는 규제, 즉 영역특수 규제(sektorspezifische Regulierung; 전문규제)는 전형적이고 일반적인 규제정책이라 할 수 있다. 영역특수 규제를 통해 사후적으로 통일적 규제정책이 발견되고 동일한 법리를 적용할 수 있게 되는 경우에 영역특수 규제는 점차 영역포괄 규제(sektorübergreifende Regulierung)으로 나아간다.[21] 마이데이터 산업은 정보주체가 그의 데이터를 자유롭게 이용하고 전송할 수 있게 한다는 이념 하에서 장기적으로는 영역포괄 규제로 발전되어야 하며 정책적으로도 전 분야 확산을 준비하고 있다.[22] 이를 위하여 개인정보에 대한 일반법적 지위를 가지는 개인정보 보호법이나 데이터산업법에 마이데이터 사업에 대한 규정을 두게 된다.

제도적 차원에서도 데이터 표준화는 중요한 의미를 갖게 되는바, 전송되는 데이터의 범위나 종류에 대해 영역특수성이 어느 정도로 인정되어야 할 것인지에 따라 정형성/비정형성, 용이성, 구체성의 판단이 달라질 것이기 때문이다. 데이터 표준화는 우선 각 영역에서 시행하면서 데이터 표준화 거버넌스를 구축하여 장기적으로 진전될 것이다.[23] 데이터 표준화 진전 정도에 따라 전 분야 확산이 본격화될 때에는 영역포괄적 규제가 시행되어야 한다. 이 단계에서는 특히 영역특수성을 고려하여 설계된 마이데이터 사업자 진입규제에 있어 일련의 변화가 나타날 것으로 예측된다.

III. 마이데이터 사업 규제

1. 개인정보 이동권의 이원적 목적

정보주체가 정보처리자에게 이미 제공한 개인정보가 충분한 이동성을 가지지 못하는 경우 해당 정보처리자에게 고착되는 문제가 발생한다. 개인정보 이동권은 정보주체가 개인정보의 이동을 요구할 수 있는 방안이 되며 이를 통해 정보주체의 관리

---

21) 영역포괄적 규제에 대해서는 특히, *J. Masing*, Soll das Recht der Regulierungsverwaltung übergreifen geregelt werden?, Verhandlungen des 66 DJT, Bd. I, Gutachten D 참조.
22) 4차산업혁명위원회, 마이데이터 발전 종합대책, 2021.
23) 관계부처 합동, "마이데이터 데이터 표준화 방안", 2021. 9. 28. 5면.

권과 통제권을 실질적으로 보장하여준다는 의미를 가진다. 그러나 실제로는 개인정보의 이동가능성을 권리로서 부여해준다고 하여도 특정 정보처리자의 정보처리능력과 우수한 서비스가 시장우월적 내지 지배적인 지위를 누리는 경우 오히려 이동가능성은 이러한 지위를 더욱 공고히 하는 결과를 가져올 수도 있고 그만큼 정보주체의 고착현상도 더욱 강화될 위험이 있다.

따라서 개인정보 이동권의 실현은 정보주체에게 실질적 권리를 부여하는 동시에 다른 한편으로는 정보처리자 간에 유효경쟁을 활성화시켜야 하는 문제를 해소해야만 한다. EU GDPR 제20조의 개인정보 이동권이 도입되던 당시 이미 개인정보 이동권의 이원적 목적이 반영되어 있었다. 즉 개인정보 이동권은 정보주체의 정보자기결정권의 실질화라는 목적은 물론 개인정보의 이동을 통해 각종 온라인 서비스 사업자 간의 유효경쟁(funktionsfähiges Wettbewerb)을 형성한다[24]는 목적을 가지고 있다.[25] 이는 이하에서 언급하는 규제법의 목적결합 구조에 부합될 수 있는 모습을 띠고 있다.

2. 규제법적 측면에서의 분석

가. 시장창설적 규제

(1) 의의

독일과 유럽연합에서 점차 일반적으로 통용되고 확대되고 있는 이른바 규제법(Regulierungsrecht)은 국가와 사회의 분업적인 공동선 실현을 보장하기 위한 공법적 규제모델이다. 규제법은 본래 국가독점 영역을 개방하여 경쟁과 시장을 새로이 창설하는 시장창설적(＝형성적) 규제를 주된 내용으로 하였다. 즉, 애초에 처음으로 시장과 경쟁을 창설하고 이를 보호할 뿐만 아니라 동시에 경쟁 외적인 영역 특수적 공동선을 시장원리에 의해 달성되도록 병렬적으로 연결시키는 모습을 보인다.[26] 이는 민간의 이윤추구행위에 내재되어 있는 공동선 실현 잠재력을 신뢰하며 이러한 구조를 제도화하여 공공임무가 분업적으로 실현될 수 있도록 진흥하려는 것이다. 본래 통

---

24) Article 29 DATA PROTECTION WORKING PARTY (WP 29), Guidelines on the Right to Data Portability, p. 4.
25) 이러한 점에서 개인정보 이동권의 경쟁법적 측면을 강조하는 견해로는, 고환경/손경민/주성환, 정보이동권과 마이데이터 사업, BFL 제93호 (2019), 27면.
26) 독일을 중심으로 하여 발전된 규제법(Regulierungsrecht)의 특성과 시장창설적 규제에 대한 국내 논의로는, 계인국, "보장행정의 작용형식으로서 규제", 공법연구 제41집 제4호 (2013), 155면 이하; "규제개혁과 행정법", 공법연구 제44집 제1호 (2015), 645면 이하; "디지털 플랫폼 서비스 규제의 공법적 모델", 고려법학 제104호 (2022), 54면 이하 등.

신, 에너지, 철도 등 네트워크 산업을 중심으로 하였으나 그 영역을 점차 확대하고 있으며 규제법의 배경이 되는 보장국가(Gewährleistungsstaat) 이론은 일반 행정법상 질서행정－급부행정에 이어 법치국가의 발전단계에서 나타나는 제3의 행정유형으로 승인되어가고 있다.[27]

이에 따라 규제법은 자연적 (국가)독점시장의 개방 등 민영화 결과법으로서의 모습을 넘어 공공임무의 이행을 위한 시장의 형성이나 공법상 권리의 실현을 위한 활용으로 그 범위를 넓혀가고 있다. 결국 규제법은 현대 국가에서 공익을 국가와 민간이 분업적·협력적으로 실현하는 메커니즘이라고 평가할 수 있다. 그리고 마이데이터 규제는 시장창설적 규제의 근간이 되는 보장국가 이론의 주제어인 "국가와 사회의 분업적 공동선 실현"을 통해 구현되기에 적절한 모습을 보이고 있다.

(2) 마이데이터 시장의 창설과 규제

앞서 설명한 개인정보 보호법제에서의 금지원칙은 개인정보의 이용을 제한하는 소위 "개인정보 규제"로 인식되어왔다. 그러나 개인정보 이동권에 근거한 마이데이터 사업은 이러한 기존의 개인정보 이용가능성에 있어 중요한 전환계기를 가져오게 한다. 금지원칙에 의한 개인정보이용의 제한을 개인정보 규제라고 보는 관점에 따라 이를 규제법적으로 재해석하면 정보주체에게 정보를 제공 또는 전송하는 기관, 기업 등이 참여할 시장을 형성하는 이른바 시장창설적(＝형성적) 규제의 모습을 띠게 된다. 시장의 창설과 경쟁의 형성 및 개방을 위해 먼저 법적 권리로서 개인정보 이동권의 내용이 입법되면 이 법적 근거에 따라서 각 개인이 마이데이터 사업을 시작할 수 있게 된다.

규제당국은 또한 마이데이터 사업의 시행을 위한 세부적 지침을 마련하고 사업을 시작할 수 있는 지원방안을 마련하게 된다. 예를 들어 금융위원회는 마이데이터 시행을 위해 "금융분야 마이데이터 서비스 가이드라인"을 마련하여 신용정보법상의 제반 규정을 해석하고 개인신용정보의 전송에서의 기본원칙, 전송방식과 유형, 전송절차, 본인인증의 요건과 절차, 보안관련 준수사항 등을 제시하였다.[28] 또한 마이데이터 사업의 진흥을 위한 각종 지원제도를 추진하여 마이데이터 생태계를 조성하고 확산할 수 있도록 하기도 한다.[29]

---

27) 이러한 점에서도 규제법 및 규제법에서의 규제 의미는 포괄적 내용을 담는 정책적 의미의 규제나 경쟁법상 규제와 구별된다.
28) 금융위원회/한국신용정보원, 금융분야 마이데이터 서비스 가이드라인(2021. 7.).
29) 예를 들어 마이데이터 실증서비스 지원사업이나 비즈니스 모델 발굴 사업, 교육 사업 등이 있다.

(3) 시장창설적 규제와 보장책임

마이데이터 사업이 시장에서 일정 궤도에 오르게 되면 마이데이터 사업과 이를 통한 해당 산업에서의 유효경쟁, 개인의 데이터 활용 및 관리, 정보비대칭성 개선을 통한 소비자 권익 보호, 해당 산업에서의 데이터 효용성 강화는 국가가 주도하는 것이 아니라 각 사업자, 즉 민간에 의해 이행되고 달성된다. 이 단계에서는 더 이상 국가의 직접적인 제도설계나 이행을 요하지 않게 되므로 시장의 유효경쟁을 저해하지 않는 한도에서 자연스럽게 사업 출범 당시의 규제가 완화 및 개선된다. 동시에 변화하는 시장 상황과 요구에 상응하도록 제도의 개선을 추진하게 되는데 이제는 국가가 일방적으로 마이데이터 제도를 구축하는 것이 아니라 시장원리와 공익을 조율하는 역할을 수행해야 한다. 시장창설적 규제는 이제 지속적인 유효경쟁의 보장과 각 영역에서 제기되는 공익목적의 이행을 감독하는 기능을 주로 수행하며 마이데이터 시장이 유효적절하게 작동할 것에 대한 최종적 책임, 즉 보장책임(Gewährleistungsverantwortung)을 부담하는 것이다.

나. 마이데이터 사업에서의 목적결합

(1) 규제법상 목적결합

규제법상의 규제는 유효경쟁을 창설한다는 경쟁적 목적과 함께 해당 영역에서 기대되고 추구하는 특정의 공익적 목적을 함께 둔다. 이를 실현하기 위해 규제법에서 경쟁적 목적과 공익적 목적은 규제목적이자 동시에 서로를 실현시키는 수단으로 결합되는 이른바 목적결합을 이루고 있다. 규제법의 입법적 특징인 목적결합은 사적 영역의 고유한 합리성과 공익 실현의 조화라는 보장국가 이론에 기반하는 한편 기존의 경쟁법상 규제와 차이를 명확히 보여준다. 또한 규제법은 결합되어 있는 규제목적을 반복적으로 규제수단이 원용하도록 입법하고 있어 규제목적을 단지 선언적 또는 강령적인 차원에 그치지 않고 규제수단의 직접적이고 구속적인 지침으로 삼고 있다.

(2) 마이데이터 규제에의 적용가능성

개인정보 이동권과 이에 기초한 마이데이터 사업에서 규제법 모델, 특히 목적결합은 개인정보 이동권의 이원적 성격에 부합한다. 먼저 정보주체의 정보자기결정권을 실질화하는 개인정보 이동권은 헌법상 기본권인 개인의 정보자기결정권에서 유래하며 이를 통해 개인정보의 이동을 보장하고 동시에 개인정보 보호라는 공익적 차원을 고려하여야 한다. 그러나 이러한 공익적 목적을 달성하는 방식은 국가에 의한 이행이 아니라 시장원리에 의해, 다시 말해 유효경쟁의 창설 및 보호와 지속을 통해 가능한 것이다.

뿐만 아니라 마이데이터 사업의 각 영역에서 특수한 공익목적이 나타난다. 즉 일반적으로 인정되는 개인정보 보호나 정보주체의 통제권 강화 뿐만 아니라 금융과 보건의료, 통신, 교육 등 개별 영역에서 정보주체의 개인정보를 전송하여 활용함에 있어 요구되는 특수한 공익목적이 다시 시장에서의 경쟁목적과 조화를 이뤄야 한다. 공익목적만을 위하여 시장원리를 도외시하여서도 안 되고 그렇다고 시장원리에 공익적 목적의 이행을 전적으로 방임해둘 수도 없기 때문이다. 그러므로 마이데이터 사업 규제는 먼저 경쟁의 보호와 공익이 결합된 규제목적을 선언하되, 그저 선언 내지 노력의무에 그치는 것이 아니라 개별 규제수단이 반복적으로 규제목적을 지향하도록 법적 구조를 정비할 필요가 있다.

규제법 이론이 일반적으로 통용되는 독일의 경우 시장원리와 같은 사회 영역 고유의 논리가 특정한 공익목적과 결합되는 목적결합의 입법을 다수 찾아볼 수 있다. 그러나 충분한 필요에도 불구하고 이론적 근거를 구비하여 목적결합의 입법구조까지 이른 예를 현행법에서 발견하기는 아직 어려운 실정이다. 다만 현행법의 해석을 통해 정책적인 진행방향 및 향후 입법적 개선방안을 발견할 수는 있다.

비록 매우 모호하지만 데이터산업법은 국가와 지방자치단체의 책무조항을 두고 있는데, 예를 들어 제3조 제3항은 "국가와 지방자치단체는 민간부문의 창의정신을 존중하고 시장중심의 의사형성이 가능하도록 노력하여야 한다"고 규정하고 있으며 제15조 역시 "정부는 데이터의 생산, 거래 및 활용 촉진을 위하여 데이터를 컴퓨터 등 정보처리장치가 처리할 수 있는 형태로 본인 또는 제3자에게 원활하게 이동시킬 수 있는 제도적 기반을 구축하도록 노력하여야 한다"고 하여 마이데이터 사업을 비롯한 데이터산업의 시장중심적 성격을 강조하는 한편 동시에 제17조에서는 제도의 구축과 공익적 목적을 선언하고 있으므로 데이터산업에 대한 규제 역시 이러한 방향에 부합되어야 할 것을 추론해볼 수는 있다.

물론 현행 데이터산업법은 기본법적 지위라는 것을 감안하더라도 모호한 책무조항과 노력의무를 지나치게 남발하고 있다는 인상을 지울 수 없다. 결국 현행법의 규정을 통해 향후 마이데이터 규제에서 시장의 창설과 보호, 그리고 공익목적을 상호결합시키는 방향을 제안하는 것일 뿐, 책무조항과 노력의무 등을 규제목적 및 수단의 직접적인 법적 근거로 삼는 것이 그다지 바람직하지는 않다. 여기에서는 일단 개인정보 이동권의 이원적 성격, 시장창설적 규제의 논리, 그리고 데이터산업법의 책무규정 또는 노력규정에서 엿보이는 입법자의 의도를 감안하여 마이데이터 규제의 목적과 목적결합에 의한 상호작용을 입법적으로 보완하는 것을 제안하는 정도에 그칠 수밖에 없다.

(3) 목적 간 균형의 요청

한편, 목적결합의 구조를 고려함에 따라 마이데이터 사업 규제에 있어 구체적인 문제 역시 발견할 수 있다. 앞서 마이데이터 사업의 추진은 일단 영역적 접근을 시도하고 있으며 장기적으로 영역포괄적 방향으로 나아간다는 것을 살펴보았다. 이렇게 영역별로 나타나는 공익목적이 개인정보 이동에 미치는 영향력을 해당 영역의 기관이나 사업자와 완전히 같은 정도로 부여할 수 있을 것인지의 문제이다. 예를 들어 금융이나 의료 영역은 종래 강력한 공익목적에 따른 규제를 받아왔는데, 금융"마이데이터 사업"이나 의료"마이데이터 사업"을 곧바로 "금융기관"이나 "의료기관"의 행위와 동일시할 수 있을 것인가의 문제이다.

뿐만 아니라 데이터가 지니는 속성상, 데이터 흐름이 마이데이터 사업을 통해 가속화될 경우 정보주체의 전송요구 등을 금융, 의료, 통신의 영역에 각각 구속시키는 것이 적절한가의 문제도 제기해볼 수 있다. 영역특수성에 따른 공익적 목적이 지나치게 부각될 경우 자칫 경쟁상태가 왜곡되는 문제가 발생할 수 있는 것이다.

위의 예를 들어 설명하자면 "금융기관"에 상응하는 물적 요건을 갖춘 금융"마이데이터 사업자"만이 요건을 충족하여 시장에 진입하게 되면 정보주체가 이에 고착되어 경쟁저해상황이 발생하고 결국 능동적이고 실질적인 정보자기결정권의 행사 역시 형해화되기 때문이다. 이 문제를 이하의 진입규제에서 마이데이터 사업자에게 요구되는 각종 물적 요건의 적절성 문제와 향후 유지필요성을 통해 다시금 자세히 살펴본다.

3. 마이데이터 사업의 진입규제

가. 진입규제

(1) 의의

진입규제는 사업자 또는 행위자로 하여금 시장이나 직군 또는 특정 영역으로의 접근 자체를 제한하는 것으로 시간적 의미에서 사전규제에 해당하며 또한 국민의 기본권을 강력하게 제한하는 수단이라는 점에서 제도의 설계나 운용에 있어 진입규제로 달성하려는 공익 목적과 제한되는 권리 및 이익에 대한 세심한 형량이 필요하다. 해당 시장으로의 진입을 제한하기 위한 목적이 정당해야 함은 물론이며 진입규제가 해당 목적의 실현을 용이하게 하고 기여 및 촉진함에 부적합하지 않은지 판단되어야 한다.

특히 진입규제는 사전적이고 강력한 기본권의 제한을 예정하고 있으므로 당사자에게 덜 제한적인, 다시 말해 진입규제 외의 사후적 규제 등의 다른 수단으로 동일하거나 더 나은 결과를 가져올 수 있다면 진입규제의 시행을 재고하여야 한다. 특히 객관적 조건에 의해 진입을 제한하는 수준의 진입규제는 "월등하게 중요한 공익의 명백하고 확실한 위험을 방지하는 경우에 비로소 정당화"될 수 있다.[30]

(2) 진입규제의 법리

진입규제는 경제규제의 관점에서는 과다경쟁의 방지나 시장질서의 교란 등을 방지하는 수단으로 이해되어왔다. 그러나 규제를 정책적 의미로, 다시 말해 매우 넓은 의미로 이해하는 경우 진입규제는 위험방지 등 일정한 공익목적의 달성을 위하여 국가가 사전적으로 실시하는 법적 통제수단을 총칭하게 된다. 국가가 사전적으로 당사자의 참여 자체를 제한한다는 데에서 매우 강력한 규제수단인 진입규제는 자유권적 기본권의 행사에 대한 제한과 그 제한요건의 법정화, 요건 충족 시 제한의 해제라는 행정법에서 넓은 의미의 허가(Genehmigung)의 법리로 설명될 수 있다.

허가 중에서도 가장 전형적인 유형은 강학상 허가로도 표현되는 통제허가(Kontrollerlaubnis; 허가유보부 사전적 금지)이다. 통제허가는, 본래 허용되는 행위이며 또한 사회적으로 의미있는 행위에 대해 행정법적 사전심사를 위해 법률에 금지되는 요건을 정해놓는 것이 원칙이다.[31] 이러한 점에서 통제허가는 헌법상 자유권적 기본권 행사의 제한으로 평가된다. 기본권의 제한은 법률에 의하여야 하며 또한 비례의 원칙을 준수해야 하므로, 진입규제는 법률에 그 제한요건을 두게 되며 원칙적으로 그 요건을 충족하는 경우에는 허가를 발령하여 제한을 해제하여야 한다.

---

30) 인용된 문장은 독일 연방헌법재판소의 "약국판결"(BVerfGE 7, 377)에서 제안된 직업의 자유의 제한이론인 이른바 단계이론(Stufentheorie)의 설명 중, 객관적 조건에 의한 직업선택의 제한의 정당성을 설명하는 문구이다. 진입규제는 특히 헌법상 직업의 자유와 관련하여 주관적 또는 객관적 조건에 의해 직업선택이 제한되는, 일종의 상향된 제한수준으로 나타난다.

31) 그러므로 통제허가의 본래적 모습은 소위 네거티브 규제에 맞닿아있다고 할 수 있으며, 허가제의 운용에 있어 유의해야 할 점이기도 하다.

한편 통제허가와 주로 대조되어 온 행위형식으로 특허(Konzession)를 들 수 있다. 특허 개념이 처음 등장하였을 때에 이는 국가의 배타적 권리를 통해 특정한 경제행위에서의 독점을 선언하는 것, 즉 본래 당사자가 그의 자유권에 근거하여 가지는 것 이상의 권리를 창설하는 것을 의미했고 그렇기에 특허는 국가의 법적 권력의 수여 여부를 정하는 재량행위로 이해되었다. 그러나 현대 기본권 이론에서 기본권이 단지 자연적 자유권으로만 이해한다거나, 특허로써 국가의 법적 권력을 수여하는 데에 기본권 구속성이 문제되지 않는다는 이해 등은 오늘날 더 이상 일반적으로 통용되지 않으며, 행정청의 형성권한과 특별한 국가의 법적 권력의 연관을 통해 허가와 특허를 구별하는 것은 지속적으로 설득력을 잃어가고 있다.[32] 이에 따라 강학상 허가와 특허를 기속행위와 재량행위라는 기준을 통해 일률적으로 구분하려는 것 역시 오늘날 큰 의미가 없다.[33]

대개 허가의 법리에 따라 형성된 진입규제는 규제전략의 측면에서 볼 때 본질적으로는 진입장벽으로서 기능함이 분명하나 해당 사업영역에 있어서 사업자가 최소한 갖추어야 할 주관적 및 객관적 조건을 사전에 법적으로 정해둠으로써 다른 한편 사업자에게 명확한 예측가능성을 제공하며 또한 해당 영역에 관련된 사업자 및 일반 국민의 권익을 보호하는 역할을 수행하기도 한다. 또한 진입규제는 사전적으로 일정한 권리 행사 방식을 제한하여 진입 이후의 행위규제에 대해서도 가이드라인의 역할을 수행하기도 한다. 나아가 사전적으로 부과되는 각종 의무는 입법자가 사전에 예측하지 못한 긍정적/부정적 상황에 대한 보완책으로 작동할 수도 있다.[34]

나. 마이데이터 사업에서의 논의

마이데이터 사업은 정보주체에게 다운로드권과 전송요구권을 인정하여 종래 금지 또는 강력한 규제하에 놓여있던 정보처리자 간의 정보 이동을 폭넓게 허용한다. 이러한 마이데이터 사업은 종래 금지원칙에 기초한 개인정보 보호법제의 기조를 유지하면서 동시에 그 동안 제한되어 있던 개인정보 이동에 대한 정보주체의 자기결정권

---

32) M. Martini, Der Markt als Instrument hoheitlicher Verteilungslenkung, S. 40 ff.; C. Bumke, Verwaltungsakte, in: Hoffmann−Riem/Schmidt−Aßmann/Voßkuhle (Hrsg.), GVwR II, § 35, Rn. 91 ff.; M. Ruffert, in: Erichsen/Ehlers (Hrsg.), Allgemeines Verwaltungsrecht, § 21, Rn. 56.
33) 같은 견해로, 이원우, 경제규제법론, 448면 이하.
34) 같은 견해로, 김태호, "과학기술혁신과 시장진입규제: 신산업 분야 규제개선 논의의 비판적 수용론을 겸하여", 경제규제와 법, 제10권 제2호 (2017), 348면 (350면).

을 회복 및 강화하는 것이기도 하다. 개인정보 이동권에 근거한 다운로드권 및 전송요구권의 행사는 개인의 정보자기결정권으로부터 유래, 허용되는 행위이며 사회적 해악을 미치는 것은 아니라고 볼 것이기에, 이러한 점에서 전통적 의미에서의 특허 또는 예외적 승인을 진입규제 수단으로 둘 이유는 없다. 나아가 재량권을 인정하거나 부관을 허용하기 위해 이를 강학상 특허로 하여야 한다는 것도 오늘날 행정법 일반이론에 비추어 타당하지 않다.

개인정보 이동권의 도입을 통해 회복 및 허용되는 행위에 대한 사전적, 사후적 통제조치가 고려되는데 그 중에서도 특히 사전적인 국가개입으로는 전통적인 허가의 법리에 기초한 진입규제가 예정되고 있다. 이 경우에 충분히 고려되어야 할 것은 첫째, 본래 정보주체에게 실질적 권리를 부여하는 동시에 다른 한편으로는 정보처리자 간에 유효경쟁을 활성화시킨다는 개인정보 이동권의 이념에 허가의 법리가 부합되는가이다. 두 번째는 관련 법령에서 나타나는 유사한 데이터 사업자에게 동일한 강도의 진입규제가 나타나는가이다.

다. 진입규제 현황과 분석

(1) 데이터산업법: 신고의무

데이터산업법 제16조는 데이터거래사업자와 데이터분석제공사업자에게 신고의무를 두고 있으며 이에 따라 신고한 사업자에 대해서는 필요한 재정적·기술적 지원 등을 할 수 있음도 규정하고 있다. 여기에서 데이터분석제공사업자란 법 제2조제8호의 정의에 의하면 "데이터사업자 중 데이터를 수집·결합·가공하여 통합·분석한 정보를 제공하는 행위를 업으로 하는 자"로 마이데이터 사업자가 여기에 해당하며 신용정보법상의 본인신용정보관리회사가 그 예로 들어질 수 있다. 데이터산업법은 데이터의 생산, 거래 및 활용 촉진에 관하여 필요한 사항을 정함으로써 데이터로부터 경제적 가치를 창출하고 데이터산업 발전의 기반을 조성한다는 입법목적을 표방하고 있으나 더 나아가 데이터의 보호나 전문인력 양성, 국제협력(제4조) 및 이를 위한 국가데이터정책위원회의 설립근거(제6조)를 두고 있다는 점에서 데이터정책 전반에 대한 기본법으로 지위를 가진다.

데이터산업법 제16조가 마이데이터 사업자에 대한 진입규제로 신고의무를 두고 있음을 유의할 필요가 있다. 데이터산업법상 신고의무는 진입규제인 동시에 기술적, 재정적 지원 대상으로 한다는 의미를 가지고 있으므로 개별법에서 영역별로 요구되는 공익목적을 위해 보다 강화된 진입규제를 정함이 불가능한 것은 아니라 하여도, 데이터 관련 법제에서 특히 데이터의 활용을 규율하는 경우 데이터산업법과의 정합성을 유지할 필요는 여전히 중요한 의미가 있다. 그러나 이하에서 보는 바와 같이 개인정보 보호법과 그 외 개별법 영역에서는 영역특수성에 의거하여 강학상 허가나 심지어 특허를 진입규제수단으로 두고 있다.

(2) 개인정보보호법 개정안: 지정의 의미

개인정보 보호법 개정안은 일정한 요건을 충족하는 경우에 개인정보처리자가 처리하는 자신의 개인정보를 자신, 다른 개인정보처리자 또는 제35조의3제1항에 따른 개인정보관리 전문기관에게로 전송할 것을 개인정보처리자에 대하여 요구할 수 있다는 개인정보의 전송 요구 근거규정을 신설하였다. 이에 따라 개정안 제35조의3은 정보주체의 권리행사를 효과적으로 지원하고 개인정보를 통합·관리하기 위하여 보호위원회 및 관계 중앙행정기관의 장이 안전성 확보조치 수준, 기술적·재정적 능력 등을 고려하여 개인정보관리 전문기관를 지정할 수 있음을 규정하고 있다. 여기에서 지정은 보호위원회 및 관계 중앙행정기관의 장에게 주어진 재량의 여지를 감안하여 강학상 특허로 이해되고 있다.

개인정보관리 전문기관의 진입규제에 있어 지정, 다시 말해 전통적 의미에서 특허에 가까운 수단을 투입한 것 자체는 일면 수긍할 수 있는 면이 없지만은 않다. 마이데이터 사업을 통해 정보주체의 전송요구권이 행사되고 여기에서 취득한 정보주체의 개인정보를 통합관리하고 다시 처리하여 각종 서비스를 제공하는 데에 있어 개인정보 보호와 정보보안을 위한 일정한 요건을 요구하고 다시 이에 대해 재량의 여지를 둘 필요가 있다고 생각되기 때문이다. 그러나 앞서 살펴본 바와 같이 재량행위성을 인정하기 위하여 강학상 특허, 즉 사회적으로 허용되지 않은 행위에 대한 예외적인 승인을 수단으로 삼을 이유는 없다. 개인정보 이동권에 근거한 다운로드권 및 전송요구권의 행사는 개인의 정보자기결정권으로부터 유래하는, 사회적으로 허용되고 기대되는 행위이지 사회적 해악을 방지하기 위해 예외적으로만 인정되는 것이 아니다. 뿐만 아니라 개인정보 보호법 개정안의 위 규정은 한편 데이터산업법에 신설될 예정이었으나 개인정보 보호법 개정안 제35조의2에 반영된 것이란 점을 되새겨볼 필요도 있다. 비록 개인정보 보호법이 데이터 보호법제라는 점을 감안하더라도 신고의무만을 부과하고 있는 데이터산업법과 비교하였을 때, 이를 사회적으로 허용되지 않는 행위에 대한 보호수단으로서 특허라고 새기는 것이 적절한 것인지 따져볼 필요가 있다.

오히려 여기에서의 지정은 개인정보 보호위원회 및 관계 중앙행정기관의 장이 개인정보 보호의 제반 요건이나 수준을 사전적으로 심사하기 위하여 제한하여두는 허가에 가깝게 해석하되 예외적으로 재량권이 인정되는 경우로 보아야 한다. 또한 이 경우 요건을 충족한다면 가급적 이를 지정하도록 함이 수권목적에 합치되는 재량권의 행사라고 보아야 한다. 그러나 언제 수권목적에 합치되는 재량권의 행사인지 논란이 될 수 있고 경우에 따라 사실상 특허제와 같이 운영될 가능성이 높으므로 이를 방지하기 위하여 입법기술적으로 평가규칙(Bewertungsregel)을 대안으로 제시해볼 수 있다.

평가규칙은 재량권을 행사하는 경우 특정한 이해에 대해 우위를 인정하도록 하는 것으로, 다시 말해 법문에 미리 정해둔 특정한 구성요건을 충족하는 경우에는 법문의 규정에 따라 지정을 하거나 하지 말아야 하며 예외적 혹은 비전형적인 경우에만 재량권을 행사할 수 있도록 하여 재량권을 입법자가 우위에 두는 이해 아래 구속시키고 그 범위 안으로 재량권이 한정되는 것이다.[35) 개인정보 보호법 개정안 제35조의3 제2항 각호는 개인정보관리 전문기관의 지정요건의 대강을 정해두고 있으며 동조 제6항에서 세부적인 기준 등을 대통령령에 위임하고 있다. 개인정보 보호법의 취지상으로는 개정안 제35조의3 제2항 제2호의 안전성 확보조치 수준의 판단에 입법자가 우위를 둔다고 해석할 수 있다.[36) 이 경우 안전성 확보조치 수준이 대통령령 등으로 정한 바에 부합될 경우 원칙적으로 지정을 하여야 하고 개정안 제35조의3 제2항 제1호 및 제3호의 경우는 예외적이고 비전형적인 사례로서 심히 문제가 되는 경우에만 재량권의 행사를 인정하게 된다.

평가규칙의 활용은 먼저 지정을 특허가 아닌 허가로 이해하면서도 재량권을 인정하고, 재량권의 행사를 제한하여 사실상 특허로 활용되는 것을 방지하며, 지정제도가 추구하는 본질적인 공익목적을 명확히 하며, 다시 이를 통해 재량권 행사의 방향성을 제시한다는 장점이 있다. 개인정보 보호법 개정안과 마이데이터 사업의 특수성이란 측면에 국한하여 보면 기술수준 및 전문성, 안정적 운영을 위한 재정능력에 대

---

35) 평가규칙은 대개 당위규정(Soll–규정)형식에서 입법자가 우위를 인정하는 특정이해와 이에 따른 재량권 행사를 보여준다. 이에 대한 설명과 예시로는 계인국, "산지전용허가의 법적 쟁점과 개선 방안", 토지공법연구 제77집 (2017. 2.), 115면(134면 이하) 참조.

36) 보다 적절한 입법방식은 입법자가 우위를 인정하는 요건을 제1항에서 미리 선언하는 것("…개인정보를 안전하게 관리할 수 있는 안전성 확보조치를 마련하여 개인정보관리 전문기관의 지정을 받아야 한다")이나, 더 나아가 당위규정 형식으로 규정하는 것도 생각해볼 수 있다.

한 재량권을 축소시켜 최소한의 진입규제요건으로 두게 되고 이로써 다양한 사업자가 시장에 진입하여 경쟁이 강화된다. 또한 마이데이터 시장에서 경쟁은 다시 사업자로 하여금 기술수준이나 재정능력 건전성을 제고하도록 하는 역할을 수행하고 이를 갖추지 못한 사업자를 시장에서 배제하도록 한다는 의미도 있다.

(3) 금융 마이데이터: 허가제

금융분야에서 마이데이터 사업은 신용정보의 이동에서 발생할 수 있는 각종 문제들을 이유로 하여 진입규제 수단으로 허가를 규정하고 있다(신용정보법 제4조 2항). 신용정보법은 먼저 마이데이터 사업으로 본인신용정보관리업을, 마이데이터 사업자로서 본인신용정보관리회사를 정의하고 있다. 신용정보법 제2조 제9의2호에서는 개인인 신용정보주체의 신용관리를 지원하기 위하여 신용정보를 일정한 방식으로 통합하여 제공하는 본인신용관리업을 정의하고 이를 다시 동조 제9의3에서 금융위원회로부터 허가를 받은 본인신용정보관리회사가 하도록 규정하였다.

본인신용정보관리업 허가절차에 대해서는 신용정보법 시행령과 시행규칙 및 금융위원회 고시인 신용정보업감독규정에서 정하고 있다. 본인신용정보관리업 허가신청에 앞서 예비허가를 신청할 수도 있으나 허가요건을 완비한 경우에는 예비허가를 생략하고 바로 허가를 신청할 수도 있다. 금융위원회는 예비허가 여부를 신청을 받은 후 2개월 이내에 결정하여야 하며 본 허가의 경우 3개월 이내(예비허가를 받은 경우에는 1개월 이내)에 결정하여야 한다. 예비 및 본 허가여부의 결과와 이유는 지체 없이 신청인에게 문서로 통지하여야 하고, 흠결이 있을 때에는 보완을 요구할 수 있다. 허가를 발령하면서 금융위원회는 조건을 붙일 수 있으며 금융감독원장으로 하여금 조건의 이행여부를 확인하도록 하여야 한다. 본인신용정보관리업의 허가 요건에 대해서는 신용정보법 제6조에서 인력 및 물적 시설 요건, 자본금 요건, 사업계획요건, 대주주 적격요건, 임원요건, 전문성 요건 등으로 규정하고 있다. 이에 대한 세부적인 내용은 신용정보법 시행령과 시행규칙 및 금융위원회 고시 신용정보업감독규정에서 정하고 있다.

금융사업의 경우 본래 허가받은 업무만을 영위할 수 있으며 이에 따라 겸영 업무에 대해 강력한 제한이 인정되고 있다. 만약 금융 마이데이터 사업에 대해서도 이러한 방향성을 견지함이 타당하다면 통제허가를 통한 진입규제를 채택함을 현 상황을 일단 수긍할 수도 있다. 그러나 서두에서도 언급한 바와 같이 금융사업과 금융 마이데이터 사업이 동일한 것인가의 문제가 제기될 수 있다. 금융 마이데이터 사업은 본인의 신용정보를 분석 및 처리하여 개인 맞춤형 금융서비스를 제공받을 수 있도록 하여 데이터 효용성은 물론 소비자 선택자치권과 후생을 증진시키는 것이다. 그런데 이러한 서비스가 단지 금융상품의 판매 및 계약체결과 이어진다는 것으로 곧장 금융상품 및 이와 관련된 행위규제의 대상으로 되는 것인지에 대해서는 의문이 남는다. 마이데이터 사업 특성상 금융데이터의 제공을 주로 한다는 점에서 다양한 금융업 분야와 관계되지만 이들 모든 업종을 전면적으로 수행하는 사업자가 아니라는 점을 고려해야 한다. 이러한 점이 고려되지 않는 경우 마이데이터 사업자가 실제로 금융업 자체를 수행하지 않는 경우에도 관련 금융규제를 전면적으로 받게 된다는 문제가 발생한다. 뿐만 아니라 개인정보 이동권이 지향하는 유효경쟁의 보장과 관련하여도 문제가 될 수 있다. 즉, 본인신용정보관리업에 해당하는 업무를 법 개정 이전에 영위하던 회사와 신규 진입회사와의 관계에 있어서 금융회사가 아닌 신규 금융 마이데이터 사업자가 시장에 진입하기 위해 금융회사의 요건을 갖출 것을 요구받게 되어 결국 기존 사업자에게 정보주체가 고착되고 유효경쟁을 실현하기 어렵게 될 것이기 때문이다.

뿐만 아니라 관련 법령이 정하는 진입규제에서는 금융분야 마이데이터 진입규제와 같은 강도의 규제를 찾아보기 힘들다. 이미 살펴본 데이터산업법은 신고의무를 두고 있으며 해석상 이는 자기완결적 신고로 봄이 타당하다. 마찬가지로 개인정보보호법은 개인정보처리자에 대한 별도의 진입규제를 두고 있지 않다. 영역특수성에 따른 진입규제의 예로 들 수 있는 「위치정보의 보호 및 이용 등에 관한 법률」상 위치정보사업자는 신용정보법과 마찬가지로 물적 시설이라든지 기술적·관리적 조치 등을 요구받고 있음에도 등록의무를 두고 있을 뿐이다.[37]

(4) 보건의료 마이데이터: 허가? 신고?

2021년 보건복지부는 동의를 기반으로 하는 데이터 제공 및 직접 활용이 가능한 "마이 헬스웨이" 플랫폼을 운용하고 있다. 마이 헬스웨이 플랫폼을 통해 정보주체는

---

37) [위치정보의 보호 및 이용 등에 관한 법률]

　제5조 ① 개인위치정보를 대상으로 하는 위치정보사업을 하려는 자는 상호, 주된 사무소의 소재지, 위치정보사업의 종류 및 내용, 위치정보시스템을 포함한 사업용 주요 설비 등에 대하여 다음 각 호의 사항을 갖추어 방송통신위원회에 등록하여야 한다.

　1. 법인일 것

　2. 사업목적을 달성하기에 필요한 물적 시설을 갖출 것

　3. 개인위치정보의 보호와 개인위치정보주체 및 제26조제1항 각 호의 어느 하나에 해당하는 자의 권리 보호를 위한 기술적·관리적 조치를 할 것

개인의 보건의료 관련 데이터를 조회 및 저장할 수 있고 또한 공공기관이나 의료기간 및 민간사업자에 대해 데이터를 요청하면 플랫폼은 데이터 활용기관을 통해 사용자를 인증하여 동의 결과를 전달한다. 이렇게 전달된 인증 및 동의 결과에 의해 요청된 의료데이터는 정보주체 또는 사업자에게 전송되어 다양한 서비스를 제공받을 수 있게 된다. 그런데 보건의료 데이터는 대개 민감정보에 해당한다는 점에서[38] 다른 데이터에 비해 특별한 보호필요성이 인정되어 왔고 이에 따라 강화된 물리적·기술적·관리적 대책을 요청받아왔다. 이러한 경향은 보건의료 마이데이터 사업에도 이어지게 되어 마이데이터 활용기관을 대상으로 하는 활용규칙의 신설, 정보보호 및 보안 체계의 구축, 활용기관 사전심사제도를 도입하려는 방안이 제시되고 있는데,[39] 특히 진입규제와 관련하여서는 활용기관 사전심사제도가 문제된다.

마이데이터 사업을 추진하는 모든 영역이 그러하듯 보건의료 역시 영역특수성을 강조하게 되면서 금융 마이데이터와 마찬가지로 허가 또는 신고제를 운용할 가능성이 높다. 즉 활용기관 사전심사제도를 통해 활용기관의 자격과 서비스 유형을 제한하고 이를 위한 심사요건을 강화하는 것이다. 활용기관 사전심사요건으로는 보안관련 요건, 자본금 요건, 사업계획 요건, 전문성 요건이 고려되고 있으며 각 요건 기준의 수준에 따라 진입규제의 수준 역시 다르게 제안되고 있다. 보건복지부의 정책안은 이하 도식의 3가지 방안을 제시하고 있다([그림 4-1] 참조).

보건의료 마이데이터의 경우 아직 현행법령이 마련되지 않은 채 여러 방안이 제시되는 단계에 있다. 그러나 이미 금융 마이데이터 사업에서 진입규제 수단으로 허가제를 채택하고 있다는 점, 보건의료 데이터의 민감성으로 인해 데이터 이동에 대해 이미 여러 관련 법령을 통해 규제가 이뤄지고 있다는 점, 금융데이터에 비해 표준화나 정형화 수준이 매우 미진하다는 점, 활용기관에 대한 신뢰가 충분하지 않다는 점 등을 감안할 때 사전적 심사를 강화하기 위해 허가제를 도입할 것으로 예측된다. 그러나 이 경우 금융 마이데이터 사업에서 나타난 장단점이 보건의료 마이데이터 분야에서도 유사하게 등장하게 될 것이다.

---

38) 다만 민감정보로서 보건의료 데이터의 영역을 지나치게 경계적으로만 이해하는 경우 이 문제는 기존 개인정보 보호법제에서는 물론 마이데이터에 있어서도 난제를 가져오게 된다. 보건의료데이터의 경계적 이해방식과 콘텍스트적 이해방식에 대해서는, 이성엽/계인국, "보건의료 데이터 활용의 법적 쟁점과 과제", 공법연구 제50집 제2호 (2021), 156면 이하 참조.

39) 보건복지부, "보건의료 마이데이터, 건전한 생태계 조성을 위한 정책 추진 방향 모색", 2022. 3. 4. 15면.

그림 4-1 활용기관 사전심사 세부기준(안)[40]

그림 4-1 활용기관 사전심사 세부기준(안)[40]

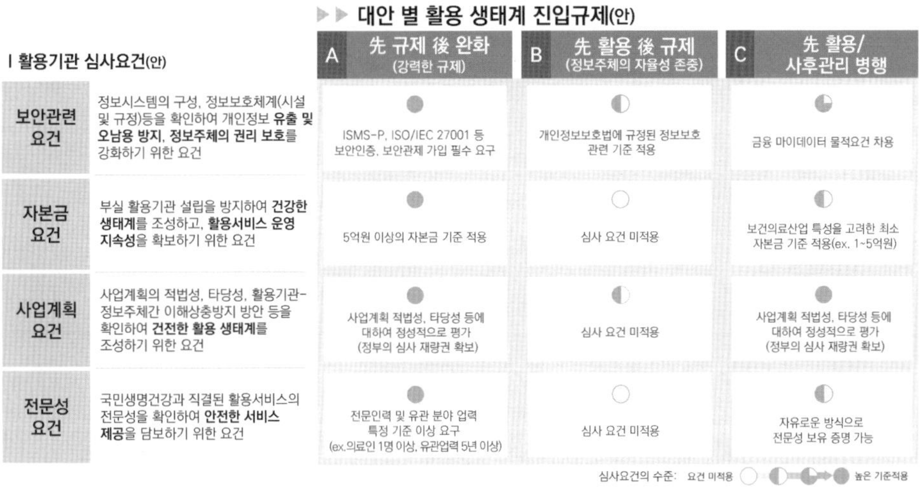

Ⅳ. 평가 및 개선방안

개인정보 보호법을 중심으로 하여 형성되고 시행되어온 데이터법제는 개인의 정보자기결정권을 보호하기 위하여 금지원칙을 기반으로 한 동의 제도를 구축하였고 이에 따라 개인의 정보가 정보주체의 동의에 따라 이용 및 처리될 수 있도록 하는 데에 기여하였다. 그러나 형식적 합법성을 인정하는 동의 제도의 한계는 그간 꾸준히 제기되어왔으며 오히려 동의가 개인의 자기결정권을 형해화시키는 수단으로 악용되기도 하였다. 동시에 금지원칙으로 인해 정보주체조차도 실질적으로 자신의 데이터를 전송받고 또한 다른 정보처리자에게 전송하는 가능성이 차단되어 있었다. 데이터의 유통 내지 데이터 그 자체가 하나의 생존배려(Daseinsvorsorge)로 인정되기까지 하는 현대 사회에서 정보주체의 권리를 실질화함으로써 데이터의 이용을 활성화시키고 동시에 개인정보 역시 보호하려는 방안은 계속적으로 논의되어왔고 마침내 개인정보 이동권의 실정화에까지 이르게 된 것이다. 특히 실질적인 이동권의 보장을

---

40) 보건복지부, "보건의료 마이데이터, 건전한 생태계 조성을 위한 정책 추진 방향 모색", 2022. 3. 4. 21면.

위해 유효경쟁의 형성과 진흥을 내재하고 있는 개인정보 이동권은 시장을 형성하여 민간에 의한 데이터 이동서비스가 창출 및 제공되며 이를 공적으로 보장하려는 모습을 보여준다. 이러한 모습은 보장국가 이론 및 이를 바탕으로 하여 시장창설적 규제를 내용으로 하고 목적결합의 구조를 통해 유효경쟁 목적과 공동선 목적을 상호적으로 추구하는 규제법 모델에 정확히 부합한다. 현재 개인정보 이동권을 실정법상 개념으로 수용하고 있는 가운데 매우 추상적으로만 데이터 시장의 형성을 암시하고 있는 각종 규정들을 전반적으로 개선하여 목적결합의 입법형식을 취하는 것은 이른바 마이데이터 시장의 법적 성격과 규제목적, 규제필요성, 규제목적과 수단의 정합성 등을 위해 반드시 요구된다 하겠다.

데이터의 자유로운 이동을 보장하고 시장을 형성하여 민간에 의해 서비스가 창출되고 제공되며 이를 공적으로 보장하는 마이데이터의 본래의 취지에 비추어 볼 때 현 상황에서 제안되는 바와 같이 높은 수준의 허가 요건이나 허가제 자체는 합리적으로 완화될 필요가 있다. 시설요건이나 전문성 요건 등에 대해서는 향후 데이터 표준화나 호환기준 등의 구축 이후에는 등록이나 인증 및 자기완결적 신고 등의 수단을 이용하는 방안을 생각해볼 수 있다. 즉, 마이데이터 사업 초기에 법령해석의 문제나 사회적 신뢰의 고려, 진입규제 요건에 대한 실증적 판단 등을 고려하여 허가제를 운용한다고 하더라도 규제일몰제나 사후 규제 평가 등을 통해 진입요건의 개선을 꾀해볼 수도 있다. 추후에 마이데이터 사업의 전분야 확산이 이뤄지는 경우에는 기존의 영역특수적으로 진행되었던 진입규제가 중복규제가 될 수 있으므로 영역 간 상호인정제를 도입하는 것을 고려해볼 수 있다.[41] 상호인정제는 데이터 표준화와 정형성의 확보, 근거법령에 대한 해석지침이나 사례의 축적 등을 통해 영역포괄적으로 통용되는 기준을 확보할 것을 전제로 하며 결과적으로 데이터산업법이나 개인정보보호법과 같은 일반법에 의하게 될 것이다. 이 경우 개별법에서 유지되는 영역특수성의 논리가 중복규제가 되지 않도록 법령 상호 간의 정합성이 강조되어야 한다.

---

41) 김현경, "마이데이터, 전 산업 확장을 위한 법제도 고려사항", 배일권 외, 마이데이터의 시대가 온다, 186면.

참고문헌

[국내문헌]

계인국, "보장행정의 작용형식으로서 규제" 공법연구 제41집 제4호 (2013)

계인국, "인터넷 검색엔진과 정보보호 – 인적관련 정보의 인적관련 정보의 처리와 정보자기결정권 및 "IT–기본권" –", 법제연구 제46호 (2014)

계인국, "빅데이터 시대 전자정부에서의 개인정보보호", 안암법학 제50호, 214면 (2016)

계인국, "산지전용허가의 법적 쟁점과 개선방안", 토지공법연구 제77집 (2017. 2.),

고환경, "마이데이터 법제도 기반 마련", 배일권 외, 마이데이터의 시대가 온다

고환경/손경민/주성환, 정보이동권과 마이데이터 사업, BFL 제93호 (2019)

관계부처 합동, "마이데이터 데이터 표준화 방안" (2021. 9. 28.)

권영준, 데이터 귀속·보호·거래에 관한 법리 체계와 방향, 이성엽 편, 데이터와 법, 70면

금융위원회/금융보안원, "금융분야 마이데이터 기술 가이드라인" (2021)

금융위원회/한국신용정보원, "금융분야 마이데이터 서비스 가이드라인" (2021. 7)

김태호. "과학기술혁신과 시장진입규제: 신산업 분야 규제개선 논의의 비판적 수용론을 겸하여", 경제규제와 법, 제10권 제2호 (2017)

김현경, "마이데이터, 전 산업 확장을 위한 법제도 고려사항", 배일권 외, 마이데이터의 시대가 온다

4차산업혁명위원회, "마이데이터 발전 종합대책" (2021)

이성엽/계인국, "보건의료 데이터 활용의 법적 쟁점과 과제", 공법연구 제50집 제2호 (2021)

이원우, 경제규제법론, 홍문사 (2010).

정원준, "데이터 이동권 도입의 실익과 입법적 방안 모색", 성균관법학 제32권 제2호 (2020)

최정민/조영은, 개인정보 이동권과 마이데이터 산업 관련 연구, 경제규제와 법 제13권 제2호

[국외문헌]

M. Martini, Der Markt als Instrument hoheitlicher Verteilungslenkung, S. 40 ff.; C. Bumke, Verwaltungsakte, in: Hoffmann–Riem/Schmidt–Aßmann/Voßkuhle (Hrsg.), GVwR II, § 35, Rn. 91 ff.; M. Ruffert, in: Erichsen/Ehlers (Hrsg.), Allgemeines Verwaltungsrecht, § 21, Rn. 56

C. Petersen, Einheitlicher Ansprechpartner und Datenschutz, LKV 2010, S. 344 (346).

J. Masing, Soll das Recht der Regulierungsverwaltung übergreifen geregelt werden?, Verhandlungen des 66 DJT, Bd. I, Gutachten D

M. Albers, Umgang mit personenbezogenen Informationen und Daten, in: Hoffmann—Riem/ Schmidt—Aßmann/Voßkuhle (Hrsg.), GVwR II, § 22, Rn. 88.

M. Albers, Umgang mit personenbezogenen Informationen und Daten, in: Hoffmann—Riem/Schmidt—Aßmann/Voßkuhle (Hrsg.), GVwR II, § 22, Rn. 11.

M. Fehling, Regulierung als Staatsaufgabe im Gewährleistungsstaat Deutschland — Zu den Konturen eines Regulierungsverwaltungsrechts, in: H. Hill (Hrsg.), Die Zukunft des öffentlichen Sektors, S. 91 (99);

M. Ruffert, Regulierung im System des Verwaltungsrechts — Grundstrukturen des Privatisierungsfolgenrechts der Post und Telekommunikation, AöR 124 (1999), S. 237 (246);

O. Lepsius, Ziele der Regulierung, in: Fehling/Ruffert (Hrsg.), Regulierungsrecht, § 19, Rn. 1

T. Vesting, Die Bedeutung von Information und Kommunikation für die verwaltungsrechtliche Systembildung, in: Hoffmann—Riem/Schmidt—Aßmann/Voßkuhle (Hrsg.), GVwR II, § 21, Rn. 11.

T. Weichert, in: Däubler/Klebe/Wedde/ders., Bundesdatenschutzgesetz, 3.Aufl., Einl., Rn. 16.

제5장

마이데이터와 데이터 가치평가

정 용 찬

정보통신정책연구원 데이터분석예측센터

마이데이터와 데이터 가치평가*

정보통신정책연구원 데이터분석예측센터장 **정용찬**

Ⅰ. 데이터 경제와 데이터 가치평가

 영국의 시사경제지 Economist는 데이터를 "햇볕처럼 어디에나 존재하고 모든 것의 기초"로 표현했다. 온라인화, 디지털화가 일찍부터 진행된 제조업과 유통업, 금융업, 보건의료 분야는 데이터가 핵심경쟁력이 된지 오래이며, 농업이나 어업 같은 전통산업도 스마트팜이나 스마트양식장의 등장으로 데이터가 없어서는 안 될 핵심 요소로 활용되고 있다.[1] 데이터가 분석과 가공을 통해 정보와 지식으로 변환되면 더 큰 부가가치를 창출하기 때문에 산업혁명 시대의 석탄이나 원유처럼 4차 산업혁명 시대를 이끌 새로운 형태의 '자산'으로 간주되고 있다.[2] 기업뿐 아니라 정부와 공공

---

* 이 글은 2022년 상반기 한국데이터법정책학회 정기 학술대회(2022. 5. 20)에서 발표한 "디지털 전환과 데이터 가치 측정"의 내용을 수정, 보완하였음.

1) 정용찬(2021). "데이터 플랫폼 경쟁과 대응 전략". 글로벌 디지털 거버넌스 포럼(2021. 11. 11). 1면.

2) 데이터 산업진흥 및 이용촉진에 관한 기본법은 데이터를 "다양한 부가가치 창출을 위하여 관찰, 실험, 조사, 수집 등으로 취득하거나 정보시스템 및 「소프트웨어 진흥법」 제2조제1호에 따른 소프트웨어 등을 통하여 생성된 것으로서 광(光) 또는 전자적 방식으로 처리될 수 있는 자료 또는 정보"로 정의. 데이터자산을 "데이터생산자가 인적 또는 물적으로 상당한 투자와 노력으로 생성한 경제적 가치를 가지는 데이터"로 정의하며 데이터 자산은 보호되어야 한다고 규정(제12조 데이터자산의 보호).

기관도 좋은 데이터를 확보하기 위해 애쓰고 있으며 데이터 자산의 공유와 활용도가 국가경쟁력의 척도가 되고 있다.

데이터가 가치 있는 자산이라는 사실은 마이크로소프트와 구글의 인수합병 사례에서 확인할 수 있다.[3] ITA Software는 미국 항공권의 세부 거래 데이터를 수집하는 대형 항공사 예약 네트워크다. Farecast는 ITA Software에서 데이터를 구입하고 항공료를 예측하기 위한 분석을 수행하는 회사다. 마이크로소프트는 2006년 1억 1천만 달러에 Farecast를 인수했고 구글은 2년 후 ITA Software를 7억 달러에 인수했는데 데이터가 분석 기능보다 더 가치 있음을 암시하는 거래 사례다. 의료분야도 예외는 아니다. 제약회사인 GSK는 2018년 7월에 신약 개발을 위해 23andme가 보유한 약 500만 명의 유전자 데이터를 사용하는 조건으로 3억 달러를 투자한 사례도 있다.[4]

미국 정부의 작물재배 현황과 날씨 정보, 토양 데이터를 활용하여 농부들에게 정보를 제공한 벤처기업(Climate Corp)을 몬산토가 2013년 9억 3천만 달러에 인수한 거래도 데이터 자산의 중요성을 확인시킨 대표적 사례다.[5] 국내에서도 산업은행이 2020년 말 처음으로 한국신용데이터에 데이터와 애플리케이션을 담보로 50억 원을 대출했다. 산업은행이 데이터 산업을 지원하기 위해 '데이터 기반 혁신기업 특별자금'을 출시한 지 1년 만에 대출금액은 천억 원을 돌파했다.[6]

데이터의 활용을 통해 산업 발전을 촉진시키는 이른바 '데이터 경제' 체제에서 데이터 가치평가는 매우 중요하다. 즉 '자산'인 데이터의 가치 측정이야말로 데이터 경제의 출발이며 데이터 거래와 유통의 근간이기 때문이다. 기업의 인수, 합병 사례와 데이터를 담보로 한 대출 사례에서 보듯이 '데이터 자산'에 대한 가치평가는 필수 과정이다. 데이터 기반 기업의 인수, 합병이나 데이터 담보 대출뿐 아니라 현물 출자, 투자 유치, 데이터의 처분에 따른 세무, 데이터 관련 법률 소송 등에 이르기까지 데이터 가치평가의 중요성은 강조되고 있다.

그러나 데이터 가치평가는 어려운 과제임에 틀림없다. 기업을 대상으로 한 데이터

---

3) Li, Wendy C. Y., Makoto, Nirei and Kazufumi, Yamana(2019). "Value of Data: There's No Such Thing as a Free Lunch in the Digital Economy". Research Institute of Economy, Trade and Industry. p. 4.

4) https://time.com/5349896/23andme－glaxo－smith－kline (2022. 8. 8. 최종 접속).

5) 정용찬(2017). "4차 산업혁명 시대의 데이터 경제 활성화 전략". KISDI Premium Report 17－06. 정보통신정책연구원. 원 출처는 The World Bank(2014). Open Data for Economic Growth.

6) https://economist.co.kr/2021/12/17/finance/bank/20211217134248895.html (2022. 8. 8. 최종 접속).

거래 과정의 애로사항 조사에서 응답자들이 쓸만한 양질의 데이터 부족(52.1%)에 이어 구매 데이터의 불합리한 가격 책정(37.0%)을 두 번째로 꼽은 것도 데이터 가치평가의 어려움을 대변한다.[7]

최근 정부는 데이터 경제 시대에 데이터 거래와 유통의 중요성을 인식하여 데이터 산업진흥 및 이용촉진에 관한 기본법을 제정하고 데이터 가치평가 촉진을 위해 가치평가 기법 및 평가 체계 수립과 데이터 가치평가기관과 관련된 조문을 마련했다. 신용정보법도 개인신용정보 전송요구권을 신설하여 마이데이터의 제도적 기반을 마련하였다. 마이데이터는 정보주체의 권리 강화는 물론 데이터 산업 발전을 통한 소비자 효용 증대라는 점에서 중요한 의의를 지닌다. 마이데이터는 데이터의 이동과 거래를 기반으로 하는 속성때문에 데이터 가치평가를 필연적으로 수반한다. 이 글에서는 데이터 가치평가 방법론을 소개하고 마이데이터 관점에서 데이터 가치평가와 관련된 쟁점을 살펴보고자 한다.

Ⅱ. 데이터 가치평가 방법론

1. 데이터 산업과 데이터 가치평가

데이터 산업은 '데이터의 생산, 수집, 처리, 분석, 유통, 활용 등을 통해 가치를 창출하는 상품과 서비스를 생산·제공하는 산업'으로 정의한다.[8] 데이터산업은 데이터와 관련한 제품을 판매하거나 기술을 제공하는 데이터 처리 및 관리 솔루션 개발·공급업, DB설계, DB시스템 구축, 데이터웨어하우스(DW), Data Lake 구축 등 데이터베이스를 구축하거나 데이터 관련 컨설팅 서비스를 제공하는 데이터 구축 및 컨설팅 서비스업, 데이터를 판매하거나 이를 기반으로 정보제공 및 분석서비스를 제공하는 데이터 판매 및 제공 서비스업으로 구분한다.

데이터 판매 및 제공 서비스업은 데이터와 DB를 원천 데이터나 분석과 활용이 가능한 상태로 가공하여 판매하거나 중개한다. 즉 데이터 수집과 정제 과정에서 데

---

7) 한국데이터산업진흥원(2021). "2021년 데이터산업현황조사 결과보고서". 102면.
8) 한국데이터산업진흥원(2021). 11면.

이터의 활용 가치를 높이기 위한 활동(데이터큐레이션, 데이터신디케이션 등) 등 수요 맞춤형 데이터 판매는 물론 데이터를 가공하고 분석하여 결과를 온라인 또는 오프라인으로 제공하는 비즈니스를 말한다. 데이터 판매 및 제공 서비스업은 데이터 제공에 따른 이용료와 수수료 등 직접 매출 형태와 데이터는 무료로 제공하는 대신에 광고료로 대신하는 간접 매출로 수익이 발생한다.

한국표준산업분류에서 데이터 판매 및 제공 서비스업은 정보통신업(J) 중 정보서비스업(63)에 해당되는 포털 및 기타 인터넷 정보 매개 서비스업(J63120), 뉴스 제공업(J63910), 데이터베이스 및 온라인정보제공업(J63991), 그 외 기타 정보서비스업(J63999)으로 구성된다.

표 5-1 데이터산업분류와 한국표준산업분류[9]

데이터산업분류		한국표준산업분류
대분류	매출 발생 구조	
데이터 처리 및 관리 솔루션 개발 · 공급업	라이선스, 개발, 커스터마이징, 유지보수를 통해 매출 발생	J58221 시스템 소프트웨어 개발 및 공급업 J58222 응용소프트웨어 개발 및 공급업
데이터 구축 및 컨설팅 서비스업	데이터베이스 구축, 개발, 유지보수, 운영관리, 컨설팅을 통해 매출 발생	J62021 컴퓨터시스템 통합 자문 및 구축 서비스업 J62090 기타 정보기술 및 컴퓨터운영 관련 서비스업 J63111 자료 처리업
데이터 판매 및 제공 서비스업	데이터 이용료, 수수료 등의 직접매출과 광고료 등의 간접매출로 수익 발생	J63120 포털 및 기타 인터넷 정보 매개 서비스업 J63910 뉴스 제공업 J63991 데이터베이스 및 온라인정보제공업 J63999 그 외 기타 정보서비스업

데이터 가치평가는 데이터를 바라보는 관점에 따라 자산으로서의 데이터 평가방식과 상품으로서의 데이터 평가방식으로 분류할 수 있다.[10] 시장에서 거래되는 상품

---

9) 한국데이터산업진흥원(2021). 11면의 [표 1-3]과 12면의 [표 1-4]를 재구성.
10) 김수진, 이정현, 박천웅(2021). "데이터거래 활성화를 위한 데이터상품가치 평가모델 연구". 「한국콘텐츠학회논문지」 Vol. 21 No. 12. 2021. 35면.

으로서의 가치는 통상 가격으로 표현된다. 가격이란 거래과정에서 판매자와 구매자 간의 합의된 금액을 의미한다. 가치란 거래과정에서 지불되는 실제 가격이 아니라 자산에 내재하는 본연의 값어치로 통상적으로는 특정한 가정 아래에서 도출되는 가상적인 가격을 의미한다. 가격은 재화의 교환가치를 반영하므로 데이터 가치 평가에서 데이터 가격은 가장 기본이 되는 지표이자 기준이지만 데이터와 같은 정보재의 거래 사례는 충분히 축적되어 있지 않다는 단점이 있다.[11]

표 5-2 가격과 가치의 정의[12]

구분	정의
가격	특정 상황에서 특정 구매자나 판매자가 재화와 서비스에 대해 실제로 지불하거나 지불할 의사가 있는 금액
가치	실제 가격이 아니라 교환과정에서 지불되거나, 보유자산의 경제적 이득을 측정할 때 가장 빈도가 높게 나타나는 추정치. 측정된 교환가치는 특정한 가정 하에서 도출된 가상적인 가격
(공정) 시장 가치	불특정 다수 간의 공정한 거래에서 반드시 거래될 것으로 예상되는 가격의 추정치를 지칭하는 것으로 적절한 마케팅 기간이 주어질 뿐만 아니라 평가일 현재 이해관계가 없는 판매자와 구매자간의 추정 교환가격. 이때 구매자와 판매자는 해당 재화나 서비스에 대해 관련 지식이 있고 사려 깊으며, 어떠한 강제적인 압박도 없이 자유의지로 행동하는 사람을 말함

무형자산인 정보재의 특성을 지니고 있는 데이터 가치를 평가하기 위해서는 다양한 가치 요소를 반영해야 한다. 데이터 가치를 구성하는 요소로는 독점성, 시의성, 정확성, 완비성, 일치성, 사용제약성 등이 있다. 이는 통계의 품질을 구성하는 요소와 크게 다르지 않다. UN이 발표한 통계품질보장 프레임웍에 따르면 통계 품질은 크게 기관(Institution), 과정(Process), 산출물(Output)로 구분하는데 산출물 관점의 품질 요소로는 정확성과 신뢰성(accuracy, reliability), 시의성과 시간엄수(timeliness, punctuality), 관련성과 일관성(relevance, coherence), 접근성과 상호운용성(accessibility, Interoperability)으로 구성한다.[13] 우리나라 통계청도 정확성(accuracy),

11) 이준배, 한은영, 이영종(2020). "AI 산업 발전을 위한 오픈 데이터 가치평가 및 활성화 방안". 정보통신정책연구원. 70면.
12) 한국기업기술가치평가협회(2015). "기업 기술가치 평가기준과 글로벌 스탠다드". 15-16면.
13) 정용찬, 신지형, 최지은, 오윤석, 유선실, 이호, 김규성, 윤건, 김유진(2018). "정책지원 강화를 위

시의성과 정시성(timeliness, punctuality), 비교성과 일관성(comparability, coherence), 접근성과 명확성(accessibility, clarity)의 5가지 차원으로 통계 품질을 정의하고 있다.[14] 데이터를 가공하여 축약한 정보가 통계이므로 좋은 데이터의 구성요소와 좋은 통계의 품질 요소는 유사하다고 볼 수 있다.

표 5-3 데이터 가치 요소[15]

구분	정의
독점성(exclusiveness)	유일할수록 가치가 높음
시의성(timeliness)	최신 데이터일수록 가치가 높음
정확성(accuracy)	현실을 정확히 나타내는 데이터가 가치 높음
완비성(completeness)	모든 구성요소(변수)를 빠짐없이 갖출수록 가치 높음
일치성(consistency)	다른 데이터와 어긋나지 않을 때 가치 높음
사용제약성(usage restrictions)	사용에 제약이 적을수록 가치 높음
상호운용성(interoperability)	다른 데이터와의 연계가 잘 될수록 가치 높음
리스크(liabilities and risk)	데이터의 사용에 위험 요인이 적을수록 가치 높음

2. 데이터 자산 가치평가 방법

국제재무보고기준(IFRS) 및 국제가치평가기준위원회(IVSC)의 기준에 따르면 데이터베이스는 무형자산이 갖추어야 할 조건, 즉 식별가능성, 자원에 대한 통제, 미래 경제적 효익의 존재라는 세 가지 조건을 만족할 때 가치평가의 대상으로 고려한다.[16] 무형자산의 경제적 가치평가와 관련된 선행연구는 비용기반 접근법, 수익기반

한 국가통계 관리체계 개선 심층연구". 통계청. 186면. 원 출처는 UN(2018). UN Statistics Quality Assurance Framework. p.23.

14) https://kostat.go.kr/portal/korea/kor_pi/8/1/index.action (2022. 8. 10 최종 접속)

15) Rea, Nick and Sutton, Adam(2019). "Putting a Value on Data". PWC. p. 5의 Figure 4(Data value drivers)를 표로 재구성.

16) 성태웅, 변정은, 박현우(2016). "데이터베이스 자산 가치평가 모형과 수명주기 결정". 「한국콘텐츠학회논문지」. Vol. 16 No. 3. 678면. K-IFRS(한국형 국제재무보고기준)도 무형자산이 되기 위한 세 가지 조건 중에서 하나라도 충족하지 않으면 자산의 취득이 아닌 비용으로 인식하므로 가치평가의 대상이 되지 못함.

접근법, 시장기반 접근법으로 구분할 수 있다.[17) 비용기반 접근법은 데이터 생산에 투입된 비용을 기반으로 가치를 측정하는 방법이며, 수익기반 접근법은 데이터로부터 창출되는 수익을 현재가치로 평가하는 방법이며, 시장기반 접근법은 현재 시장에서 거래되는 평가 대상과 유사한 상품이나 서비스의 거래 가격으로부터 가치를 평가하는 방법이다. 김동성 외(2017)는 공공부문 데이터의 가치평가를 무형자산의 가치평가 방법론을 활용하여 소상공인 신용보증 데이터를 사례로 제시한 바 있다.

표 5-4 신용보증재단중앙회의 데이터 가치 평가 방안[18)

구분	정의	측정 산식
비용기반 접근법	가치평가 대상을 동일하게 재생산 하거나, 유사한 효용 획득이 가능한 대체 자산의 보유에 필요한 비용을 산정하여 가치 평가	데이터 건수×건당 비용×진부화 할인율
수익기반 접근법	가치평가 대상을 보유함으로써 향후 발생되는 경제적인 수익의 흐름을 현재가치로 산출	총사고감소액의 현재가치×데이터 기여도
시장기반 접근법	평가대상과 유사한 제품이나 서비스의 거래 가격을 비교·검토하여 가치 평가	유사기업의 현재가치×유사기업대비 데이터시장가치/유사기업수

OECD도 데이터의 국경 간 이동과 데이터 가치 측정에 대한 다양한 연구를 진행 중이다. 데이터 가치 측정을 위한 대안으로 데이터 저장 및 관리 지출 규모 측정, 데이터로부터 명확한 가치를 창출하는 기업의 경제적 가치 측정, 데이터 기반 기업 (data-driven firms)의 시장 가치 측정 등을 제시하고 있다.[19) 데이터 저장, 관리에 대한 지출 규모 측정은 국민계정의 공급사용표(supply-use table)를 활용하여 데이터의 저장과 관리에 지출한 규모를 측정하는 방법이다. 두 번째 대안은 데이터와 데이터베이스를 직접 판매하는 기업이 창출하는 수익 규모를 측정하는 방법이며, 세 번째 대안은 구글이나 아마존 등과 같이 핵심 비즈니스가 대규모 데이터를 수집, 저

---

17) 김동성, 김종우, 이홍주, 강만수(2017). "공공부문 데이터의 경제적 가치평가 연구". 「지식경영연구」 제18권 제1호. 68면.
18) 김동성, 김종우, 이홍주, 강만수(2017). 71-75면의 내용을 표로 요약.
19) OECD(2020). "Perspectives on the value of data and data flows". OECD Digital Economy Papers. No. 299. Dec. 2020. p. 6.

장, 호스팅, 분석인 뉴욕증권거래소와 나스닥에 등록된 기업의 시가총액을 측정하는 방법이다.

무형자산 중에서 데이터와 가장 유사한 자산으로 데이터베이스가 있다. 데이터베이스는 여러 사람이 공유해서 사용할 목적으로 통합하여 관리되는 데이터의 집합을 말하는데 자료항목의 중복을 없애고 자료를 구조화하여 저장함으로써 자료 검색과 갱신의 효율을 높인다.[20] 데이터베이스는 국제회계기준으로 기술 관련 무형자산으로 분류한다. 데이터베이스는 무형자산으로 분류되지만 기술과 다른 특징을 지니고 있다. 무형자산 대부분은 시간이 지나면 가치가 감소하지만 데이터베이스는 시간이 경과하면서 시계열데이터가 축적될수록 가치가 증가한다. 또한 양이 증가하면 가치가 증가하고, 수요자가 원하는 범위만큼 추출하여 제공 가능하다는 특징이 있다.[21] 특히 서로 다른 분야의 데이터가 결합될 경우 그 가치가 훨씬 커진다는 점에서 데이터 자산에 적용할 수 있다는 장점이 있다.

표 5-5 데이터베이스 자산의 특징[22]

구분	특징
시간적 가치	• 토지를 제외한 유형자산의 대부분은 시간의 경과에 따라 가치가 감소하는 것과 달리 데이터베이스는 기간이 경과할수록 정보가 축적, 갱신되면서 그 가치가 더 증가
양적 가치	• 신뢰할 수 있으며 타당성을 보유하고 있는 데이터의 경우 그 양이 증가함에 따라 가치가 증가
분할 및 결합 가치	• 데이터베이스는 수요자가 원하는 범위만큼(양, 시간, 주기 등) 추출하여 제공 가능 • 연관 데이터의 결합을 통해 데이터베이스의 가치가 증가 • 데이터베이스 자산을 통한 다양한 형태의 비즈니스 모델 적용 가능

---

20) https://terms.naver.com/entry.naver?docId=1082446&cid=40942&categoryId=32840 (2022. 8. 10. 최종 접속).
21) 강주현, 변정은(2019). "데이터베이스 자산의 가치평가가치평가를 위한 가치동인 분석 연구". 「한국IT서비스학회지」. 제18권 제1호. 2019. 3. 118면.
22) 강주현, 변정은(2019). 117-119면의 내용을 표로 정리.

3. 데이터 상품 가치평가 방법

데이터의 가치(valuation)는 데이터를 활용해 미래에 기대하는 편익을 현재의 값으로 환산한 것이며, 가격(price)은 이를 투입된 비용에 의해 화폐 단위 금액으로 환산한 것을 말한다.[23] 수익화 관점에서 기업의 데이터자산을 유통 가능한 데이터세트나 데이터서비스 형태로 상품화한 가치를 평가하는 방법이 상품으로서의 데이터 가치평가 방법이다.[24]

데이터상품의 가치평가방법은 원가 기준 접근법(cost-based approaches), 시장 기준 접근법(market-based approaches), 소득 기준 접근법(income-based approaches), 이익 화폐화(benefit monetization), 영향 기준 접근법(impact-based approaches)으로 분류한다.[25] 원가 기준 접근법은 데이터 생산에 투입된 원가를, 시장 기준 접근법은 시장에서 거래되는 유사 상품의 가격을 기준으로 평가하는 방법이다. 소득 기준 접근법은 데이터로부터 도출될 수 있는 생산성 향상과 미래 현금 흐름을 추정하는 방법으로 개방된 정부 데이터의 재정적 편익을 평가하는 데 주로 적용되었다. 이익 화폐화는 인구 센서스와 같은 특정 데이터의 편익을 계산하는 데 주로 사용되는데 뉴질랜드와 영국 통계청이 이 방법을 적용한 바 있다. 영향 기준 접근법은 경제적, 사회적 결과에 대한 데이터의 영향이나 품질이 낮은 데이터로 인한 정책의 비효율을 비용 관점에서 평가하는 방법이다.

데이터베이스 가치평가에서 데이터베이스 자산의 시장가격 결정은 통상적으로 원가, 고객, 경쟁의 3가지 요소를 고려하는데, 이를 활용하면 원가 기준, 경쟁사 기준, 고객시각(가치) 기준의 가격책정 모델을 제시할 수 있다.[26] 원가 기준 가격 모델은 데이터베이스 생산에 투입된 원가를 계산하기 때문에 비교적 가격 산정이 명확하다는 장점이 있는 반면 데이터베이스가 가지는 무형의 가치를 책정하기 어렵다는 특징이 있다. 경쟁사 기준 가격 모델은 경쟁 업체의 가격을 기준으로 삼기 때문에 시장에서의 가격 경쟁력을 확보하기 쉬우나 가격 변동에 취약한 특징이 있다. 가치 기준

---

23) 한국데이터산업진흥원(2020). "데이터 거래 지원 가이드라인. 1권 데이터기격정책 종합안내서". 14면. 여기에서는 데이터의 가치는 사용자의 활용에 중점을 둔 사용가치(value in use)이며, 데이터의 가격은 판매자와 사용자가 시장의 물가, 인플레이션, 투입 비용을 포함해 합의한 교환가치(value in exchange)를 의미하는 것으로 정의한다.

24) 김수진, 이정현, 박천웅(2021). 35면.

25) Slotin, Jenna(2018). "What Do We know about the Value of Data". Global Partnership for Sustainable Development Data. pp. 4-7.

26) 성태웅, 변정은, 박현우(2016). 681면.

의 가격책정 모델은 고객 관점의 가격을 책정하므로 거래 활성화에는 가장 부합하지만 원가 반영이 미흡하여 마진 확보에 어려움이 있을 수 있다.

표 5-6 데이터베이스 가격 모델별 장단점 비교[27]

모델	장점	단점
원가 기준 가격	원가 중심으로 가격을 책정하기 때문에 쉽게 마진폭을 결정할 수 있음	보이지 않는 무형의 가치를 반영하지 않아 보다 높은 마진을 얻을 기회를 잃을 가능성이 높음
경쟁사 기준 가격	경쟁 업체에 대한 가격 경쟁력을 확보할 수 있음	지속적인 경쟁력을 확보하기 어려우며 가격 변동이 심할 가능성이 매우 높음
가치 기준 가격	고객 중심으로 가격을 책정하여 가장 잘 팔릴 수 있는 가격으로 접근 가능함	제조 원가가 무시당할 가능성이 높고 적정한 마진폭을 확보하기 어려움

프랑스, 독일, 중국 등은 실제 데이터 거래를 위해 데이터 상품의 평가방법을 제시하고 있다. 프랑스 민간 기업인 DAWEX는 글로벌 데이터 마켓플레이스 플랫폼을 운영하고 있으며 체크리스트 형태의 가치평가모델을 적용하고 있다. 중국 정부가 주도하는 구이양 빅데이터거래소는 가치 평가 후 판매자와 거래소간 가격협상을 통해 최종 가격을 산정하는 모델을, 싱가폴의 datastreamX는 데이터공급업체가 데이터판매가격 결정 시 참고할 수 있는 가치평가요소를 제안했다.[28] 한국데이터산업진흥원도 다양한 평가방법을 제시하고 있는데 [그림 5-1]은 가치 기준 가격 모델을 적용한 데이터 가치평가지표로 추상적 개념의 가치평가 차원을 실제 데이터 상품에 적용하여 평가지표로서의 활용성을 검증하고 구체화했다는 점에서 의의가 있다.

가치 기준 가격책정(Value-Based Pricing)은 비용이나 시세를 기준으로 가격을 결정하는 전통적인 방식이 아니라 구매자가 인지하는 평가·수요·가치를 바탕으로 데이터 가격을 결정하는 방법으로, 구매자가 기꺼이 지불하고자 하는 금액(Willingness To Pay)을 기준으로 가격을 책정하기 때문에 구매자 입장에서는 합리적이지만 구매자가 인지하는 가치가 주관적이어서 일관되게 적용하기 어렵다는 단점이 있다.[29] 이

---

27) 성태웅, 변정은, 박현우(2016). 681면의 표 1을 인용.
28) 김수진, 이정현, 박천웅(2021). 36-37면.
29) 한국데이터산업진흥원(2020). 23면.

밖에 2019년 출범한 국내 최초의 민간 데이터 거래소인 한국데이터거래소도 데이터 가격평가 실무를 담당하고 있으며 산업은행도 부가가치 창출 기여도를 고려해 데이터 자산의 가치를 객관적으로 평가할 수 있는 데이터 가치평가 모델을 자체 개발하여 데이터 자산 담보 대출에 활용하고 있다.

___

그림 5-1 정형 데이터상품 가치평가 지표[30]

4. 데이터 가치평가의 난이도

데이터는 구매자가 가공과 분석을 수행하기 이전에는 데이터가 산출하는 가치를 예측할 수 없는 경험재이기 때문에 가치평가가 어렵다.[31] 데이터 가치평가는 데이터 자산의 성격으로 인해 다양한 어려움이 존재한다. 데이터는 속성, 유형, 가공 정도 등에 따라 가치가 달라지는 특성이 있으며 특히 분야에 따라 가치평가의 난이도가 달라진다. 제조, 유통, 금융, 보건 등 분야별로 데이터의 특성이 다르고 개인정보보

___

30) 한국데이터산업진흥원(2020). 25면의 [그림 1-6] 인용. 여기서 제시한 평가지표는 한국데이터산업진흥원이 운영하는 데이터스토어의 43개 데이터와 안심구역의 정형데이터세트(47개)를 대상으로 적용했다.
31) https://www.svds.com/valuing-data-is-hard/ (2022. 9. 14. 최종 접속).

호 등 데이터의 민감성 여부에 따라 달라지며 해당 분야의 데이터 생산, 유통, 처리
와 관련한 개별법이 존재하는 등 고려할 요소가 달라지는 특성이 있다.

표 5-7 데이터 종류의 다양성

구분	종류
생산 주체	공공데이터, 민간데이터
속성	개인데이터, 비개인(사물) 데이터
형태	숫자, 문자, 기호, 음성, 음향, 사진, 영상
유형	정형데이터(structured data), 반정형데이터(semi-structured data), 비정형데이터(unstructured data)
가공 정도	원데이터, 데이터베이스, 가공데이터(지수, 등급), 보고서
분야	제조, 유통, 금융, 보건, 의료, 통신, 행정, 교육

또한 데이터는 제공 형태와 방식이 다양하므로 이에 따라 가치평가가 달라질 수
있다. 즉 원천 데이터와 이를 가공한 데이터, 이를 기초로 작성한 보고서 등 데이터
가공 형태에 따라 가치 평가 방법이 달라질 수 있으며, 제공 방법도 파일 형태, API
방식, 서비스 이용 방식 등이 가능하므로 이에 따른 가격 정책이 달라질 수 있다. 수
요 측면에서도 신규 서비스 기획, 기존 서비스 경쟁력 강화, 마케팅 기획, 데이터 재
상품화 등에 따라 가치평가가 달라진다.[32]

데이터 수요와 공급 형태의 다양성으로 인해 데이터 거래 계약도 라이선스 계약과
양도 계약으로 구분할 수 있다. 라이선스 계약일 경우 데이터에 대한 권리는 판매자
가 가지며 구매자는 계약 범위 내에서 이용허락을 받게 된다. 양도 계약의 경우 데이
터 판매자는 양도한 권리 범위에 대해서 더 이상 권리를 행사할 수 없게 된다. 소프
트웨어의 경우에도 라이선스 계약과 양도 계약 방식으로 거래가 이루어지고 있다.

---

32) 정용찬(2021). "데이터 유통산업의 현황과 전망". 「코스콤 리포트」. 2021. 6. 25. INFOGRAPHIC
　　[데이터 유통산업 관련자료 한 눈에 보기] https://newsroom.koscom.co.kr/27042 (2022. 8. 11.
　　최종 접속).

표 5-8 데이터 수요와 제공 형태의 다양성

구분	종류
데이터 가공 형태	원 데이터, 가공 데이터, 보고서, 데이터 분석 모델
데이터 제공 방법	파일 상품, API 상품, 서비스 상품
데이터 수요	서비스 경쟁력 강화, 신규 서비스 기획, 마케팅 기획, 데이터 재상품화

III. 데이터 가치평가와 마이데이터

마이데이터(MyData)란 정보 주체를 중심으로 산재된 개인데이터를 한 곳에 모아 개인이 직접 열람·저장하는 등 통합·관리하고, 이를 활용하여 개인을 위한 맞춤형 서비스를 제공하는 것을 말한다.[33] 2019년부터 의료·금융·공공 등 다양한 분야에서 데이터 보유기관과 활용기관이 컨소시엄 형태로 참여할 수 있는 민간 마이데이터 서비스 공모·실증 사업이 추진되었으며 2022년에는 '금융＋헬스케어', '공공＋고용' 등 서로 다른 분야의 데이터를 융합한 새로운 서비스 발굴이 진행 중이다.[34]

마이데이터서비스는 서비스를 원하는 이용자가 마이데이터사업자에게 개인신용정보 전송을 요구하면 다양한 정보제공자의 개인신용정보를 취합하여 이용자에게 마이데이터서비스를 제공하는 과정으로 이루어진다. 마이데이터종합포털은 정보제공자와 마이데이터사업자의 서비스를 등록, 관리하여 정보제공자와 마이데이터사업자 간의 업무 연계를 지원하고 이용자에게는 전송요구 조회 등의 서비스를 제공한다.

세부적으로는 마이데이터 참여기관을 등록하고 인증하며, 종합포털과 참여기관 간의 접근토큰을 발급·관리하며, 참여기관과 논의하여 정보 제공항목 정의 및 API 규격을 표준화하고, 마이데이터 보안과 인증 업무, 개인신용정보 전송 요구내역 통합조회 서비스를 제공한다.[35] 이밖에 API전송내역을 활용하여 각종 산업통계·지표

---

33) 과학기술정보통신부(2021.3.19 보도자료). "마이데이터 혁신서비스 확산 가속화로 디지털뉴딜의 국민체감 성과 창출". 1면.
34) 과학기술정보통신부(2022.5.19 보도자료). "국내 마이데이터 산업 활성화를 위한 2022년도 신규 실증과제 선정". 1면."
35) https://www.mydatacenter.or.kr:3441/myd/intro/sub2.do (2022.8.10. 최종 접속).

등을 제공하며 마이데이터 생태계 및 참여 기관에 대한 소개와 주요소식 안내 및 각
종 문의, 분쟁사항의 접수·처리를 지원한다.

마이데이터의 관점에서 데이터 가치평가를 다룬 연구는 많지 않은 상황이다. 데이
터거래에 관한 논의가 본격화된 2018년 1월부터 2021년 10월까지의 뉴스를 LDA 토
픽모델링 기법을 적용하여 사회적 논의가 형성한 잠재적 주제를 분석한 논문에서도
금융권의 마이데이터 서비스 시행과 전략, 데이터 관련 법안 및 사업자허가, 정부의
데이터 관련 정책과 안전한 데이터 활용이 핵심 주제로 도출되어 데이터 가치평가는
크게 이슈화가 되지 않은 것으로 나타났다.[36] 데이터 가치평가 측면에서 마이데이터
의 주요 이슈로는 마이데이터 사업자 간 비용 산정, 데이터 주체인 소비자에 대한 보
상체계, 현행 법령의 마이데이터 가치평가 관련 조문 보완 등을 들 수 있다.

그림 5-2 마이데이터서비스 구성 및 절차[37]

1. 마이데이터 비용 산정

마이데이터서비스를 제공하는 과정에서 정보제공자와 마이데이터사업자는 마이데
이터종합포털의 다양한 서비스를 이용하게 되는데 이 과정에서 비용 산정 이슈가 발

---

36) 조지연, 이봉규(2022). "국내 마이데이터 태동과 데이터 거래에 관한 잠재적 주제 분석". Journal
   of Digital Convergence Vol. 20. No. 3. 225면.
37) 금융위원회 금융보안원(2021). "금융 분야 마이데이터 기술 가이드라인". 30면의 그림 인용.

생한다. 현재 마이데이터 센터 운영비(30억원)는 정보제공업체와 마이데이터사업자가 각각 절반씩(15억원) 부담하게 되어 있다. 이 기준에 따르면 은행이나 보험사와 같은 대기업은 마이데이터사업자이면서 정보제공업체이므로 마이데이터센터 운영비를 이중으로 부담해야 한다.[38]

핀테크 사업자와 같이 영세업체의 경우 초기 단계에서는 수익이 보장되기 어려우므로 마이데이터 센터 운영비는 부담이 크다. 기존에는 API 방식이 아닌 정보제공업체의 홈페이지 정보를 긁어오는 스크래핑 방식을 썼기 때문에 비용 부담이 적었다. 특히 본허가를 받은 마이데이터사업자가 대기업이든 영세업체이든 무관하게 운영비를 균등 분담하는 현재의 방식은 영세업체의 부담이 크므로 개선이 필요하다.

현재 비용 배분 문제는 1년간 운영한 후 재조정할 예정이며, 수익자 부담 원칙에 따라 데이터를 많이 활용하는 사업자가 비용을 더 내는 방향으로 개선을 고려 중이다.[39] 정확한 비용 산정이 가능하려면 정보제공업체가 제공하는 데이터의 가치평가, 마이데이터사업자의 데이터 사용량과 마이데이터서비스로 창출된 수익 등의 정보 축적과 분석이 필요하다.

표 5-9 마이데이터사업자 비용 부담

구분	기관	비용
정보 제공업체	은행, 증권, 보험, 카드사	마이데이터 센터 운영비(15억원) 부담
마이데이터 사업자	은행, 보험, 금투, 카드, 저축은행, CB, 상호금융, 핀테크 · IT 등	본허가를 받은 사업자(56개, 2022. 4. 13. 기준) 마이데이터 센터 운영비(15억원) 균등 부담
마이데이터 센터	신용정보원	마이데이터 센터 운영비(30억원)

---

38) 파이낸셜뉴스(2022.1.19.). "마이데이터 운영비, 사업자들이 n분의 1로 내라?"
    https://www.fnnews.com/news/202201091757441950 (2022. 8. 11. 최종 접속).
39) 파이낸셜뉴스(2022.1.19.). https://www.fnnews.com/news/202201091757441950 (2022. 8. 11. 최종 접속).

2. 데이터 생산 주체에 대한 보상체계

마이데이터 소유자(MyData ower)인 개인은 마이데이터 비즈니스 생태계의 중심에 존재한다.[40] 기존의 비즈니스 생태계에서 개인은 단지 소비자로서 존재했지만 마이데이터 개념의 비즈니스 생태계에서는 비즈니스의 핵심 자원인 개인데이터에 대한 공개·이동·활용·거래 등에 대한 주권자로서의 의사결정 행위를 통해 가치 창출과정에 관여한다.[41] 그러나 개인정보를 제공하는 데이터 주체인 소비자에 대한 적절한 보상체계는 마련되어 있지 않은 상황이다. 즉 마이데이터 사업자는 소비자가 제공한 데이터를 원재료로 사용해서 사업을 영위하는 비즈니스모델을 갖고 있음에도 불구하고 마이데이터 사업자가 획득한 소득을 데이터 제공자에게 환원되는 방법은 제시되고 있지 않다.[42]

마이데이터서비스는 포털에서 제공하는 검색서비스나 이메일 서비스처럼 전형적인 양면시장 원리가 작동하는 비즈니스 모델이다. 즉 광고주가 광고비를 방송사에 지불하면 방송사는 광고비로 방송프로그램을 제작하고 시청자는 광고와 함께 방송프로그램을 무료로 시청하는 방송콘텐츠 시장과 유사하다. 방송콘텐츠 시장에서 시청자는 광고시청이라는 노동을 제공한 대가로 방송프로그램을 비용 지불 없이 시청한다.

포털사업자가 제공하는 검색서비스를 무료로 이용하고 사업자는 광고주가 지불하는 광고비로 사업을 운영하는 방식은 기존의 방송콘텐츠사업과 동일하다. 가장 큰 차이점은 이용자가 생산한 데이터(검색, 댓글, 온라인 쇼핑 등)를 활용하여 더 많은 부가가치를 만든다는 점이다. 즉 기존 산업과는 달리 서비스 이용자가 생산한 부가가치가 높은 데이터라는 자산을 활용하여 더 큰 부가가치를 창출하게 되는 것이다. 마이데이터서비스는 다양한 데이터의 결합을 통해 부가가치를 창출한다. 결합된 데이터는 더 큰 가치를 지니는 자산이므로 마이데이터서비스의 원천인 데이터 생산자에 대한 정당한 대가산정이 이슈가 된다.

Posner와 Weyl은 온라인 생태계에서 이용자의 활동을 '노동으로서 데이터 공급'으로 정의하고 디지털 경제에 공헌하는 개인의 가치를 인정할 것을 주장했다. 즉 디지털 경제체제에서 모든 디지털 서비스 이용자는 데이터를 생산하는 디지털 노동자

---

40) 양경란, 박수경, 이봉규(2021). "마이데이터 비즈니스 생태계 모델 연구". Journal of Digital Convergence Vol. 19. No. 11. 175면.
41) 양경란, 박수경, 이봉규(2021). 175면.
42) 이현주, 김종환, 임영빈, 전삼현(2022). "금융분야 마이데이터 가치평가에 영향을 미치는 요인에 대한 연구". 「한국IT정책경영학회 논문지」. 2022-14 Vol.14 No.02. 2873면.

로 '데이터 노동'에 대한 임금 지급 문제를 거론했다. 정당한 대가가 지급되지 않다고 판단되면 이용자 전체가 단결하여 일정 기간 동안 서비스를 이용하지 않는, 즉 데이터를 생산하지 않는 파업을 할 수도 있다고 주장했다.[43]

데이터 거래와 유통을 통해 발생한 수익금의 일부를 데이터 생산자에게 지급한 사례도 있다. 경기도는 지역화폐 데이터 거래를 통해 발생한 수익을 지역화폐 이용 자들에게 되돌려주는 '데이터 배당'을 시행했다.[44] '데이터 주권 찾기' 일환으로 시행된 지역화폐 데이터 배당 시스템은 주민이 지역화폐 카드를 사용하면서 만들어진 데이터를 비식별 정보로 가공한 후 이를 연구소·학교·기업 등에 판매하여 그 수익금의 일부를 지역화폐를 쓴 주민들에게 배당하는 제도다.[45] 경기도의 데이터 배당은 데이터 노동에 대한 대가를 지급한 첫 사례로 비추어 볼 때 마이데이터사업에서도 데이터 생산 주체에 대한 보상체계 마련이 현안으로 제기될 수 있으므로 이해당사자 간의 수익배분의 출발점인 데이터 가치평가의 중요성은 더욱 커질 전망이다.

그림 5-3 지역화폐 데이터 배당의 순환 구조[46]

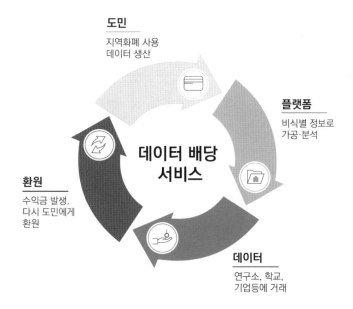

43) Posner, Eric A., Weyl, E Glen(2018). *Radical Markets: Uprooting Capitalism and Democracy for a Just Society*. Princeton University Press. p. 242.
44) http://www.incheonilbo.com/news/articleView.html?idxno=1024348 (2022. 8. 9. 최종 접속).
45) http://weekly.khan.co.kr/khnm.html?mode=view&art_id=201912271605171 (2022. 8. 9. 최종 접속).
46) 경기도 공식 블로그. https://blog.naver.com/gyeonggi_gov/221827741730 (2022. 8. 11. 최종 접속).

3. 현행 법령의 마이데이터 가치평가 관련 이슈

데이터 산업진흥 및 이용촉진에 관한 기본법에서는 과학기술정보통신부장관이 데이터에 대한 가치평가를 전문적·효율적으로 하기 위한 가치평가기관을 지정할 수 있으며, 데이터 가치평가 촉진을 위해 가치평가 기법 및 평가 체계를 수립하여 공표할 수 있다고 규정하고 있다. 또한 시행령 제14조 제1항에서는 법 제14조 제3항에 따라 가치평가기관으로 지정받기 위해서는 "법 제14조 제1항에 따라 공표된 데이터 가치의 평가 기법 및 평가 체계에 부합하는 구체적인 데이터 가치평가 모델 및 기법을 보유해야 한다"고 규정하고 있다. 즉 데이터가치평가기관으로 지정되기 위해서는 과학기술정보통신부장관이 공표한 데이터 가치 평가 기법과 평가 체계가 선결되어야 하므로 법 제14조 제1항은 임의 규정(할 수 있다)이 아닌 강행 규정(하여야 한다)으로 개정 검토가 필요하다.

마이데이터서비스가 가능하기 위해서는 데이터 이동권과 데이터 가치평가, 마이데이터서비스 이해 당사자 간의 수익과 비용 배분이 핵심이다. 입법 사례로 보면 데이터기본법이 데이터 가치평가와 데이터 이동 촉진 조항을 명시하고 있으며, 신용정보의 이용 및 보호에 관한 법률이 본인신용정보관리업을 정의하고 신용정보 주체의 개인신용정보의 전송요구권을 명시하고 있어 수익과 비용 배분 관련 조항의 보완이 필요하다.

데이터기본법은 데이터산업 전반의 기반 조성 및 관련 산업의 육성을 효율적으로 지원하기 위하여 필요한 때에는 그 업무를 전문적으로 수행할 "전문기관" 지정(데이터기본법 제32조 전문기관의 지정·운영)을 규정하고 있으며, 시행령 제28조 2항에서 전문기관의 역할을 데이터 가치의 평가 기법 및 평가 체계 수립 지원, 데이터 이동 촉진을 위한 제도적 기반 구축 지원, 데이터 유통·거래 체계 구축 및 데이터 유통·거래 기반 조성의 지원 등으로 명시하고 있다. 사업자간의 비용 산정, 데이터 생산 주체에 대한 보상체계 등은 마이데이터서비스의 발전을 위한 핵심 사안이므로 전문기관의 역할에 이와 관련된 내용 보완이 필요하다.

표 5-11 데이터 기본법의 데이터 전문 인력 관련 법령 규정[47]

구분	내용
데이터 거래사업자	**법 제2조(정의)** 7. 데이터사업자 중 데이터를 직접 판매하거나 데이터를 판매하고자 하는 자와 구매하고자 하는 자 사이의 거래를 알선하는 것을 업으로 하는 자를 말한다.
데이터분석제공사업자	**법 제2조(정의)** 8. "데이터분석제공사업자"란 데이터사업자 중 데이터를 수집 · 결합 · 가공하여 통합 · 분석한 정보를 제공하는 행위를 업으로 하는 자를 말한다.
데이터 거래사	**법 제23조(데이터거래사 양성 지원)** ① 데이터 거래에 관한 전문지식이 있는 사람은 과학기술정보통신부장관에게 데이터거래사로 등록할 수 있다. 시행령 제21조(데이터거래사 등록 신청 등), 제22조(데이터거래사의 경력 및 자격 등 기준)
전문 인력	**제25조(전문인력의 양성)** ① 과학기술정보통신부장관과 행정안전부장관은 데이터 전문인력을 양성하기 위하여 다음 각 호의 사항의 시책을 마련하여야 한다.

또한 현행 법령에는 데이터 거래 및 분석과 관련한 사업자로 데이터거래사업자와 데이터분석사업자를 정의하고 있으며 데이터 거래에 관한 전문지식이 있는 사람을 데이터 거래사로 등록할 수 있도록 규정하고 있다. 이와 함께 데이터 전문 인력 양성을 위한 다양한 시책을 마련하도록 규정하고 있지만 데이터 가치평가 전문 인력과 관련한 규정은 마련되어 있지 않다. 데이터 거래에서 데이터 가치평가가 가지는 중요성을 감안하면 가칭 "데이터가치평가사" 관련 규정 신설을 고려할 필요가 있다.

데이터의 가치는 데이터의 경제적 수명, 기여도 등에 따라 달라진다. 즉 데이터를 이용할 경우 경쟁력을 확보할 수 있는 데이터의 경제적 수명이 길다면 그 데이터의 가치는 높을 것이기 때문이다. 기술가치평가에서는 경제적 수명, 현금 흐름, 할인율, 기여도 등을 핵심 변수로 선정하여 가치를 평가한다. 데이터 가치평가도 이러한 사례를 활용하여 데이터의 경제적 수명, 할인율, 기여도 등 데이터 가치평가 핵심변수에 대한 기초연구가 필요하다.

---

47) 국가법령정보센터 https://www.law.go.kr/ (2022. 8. 11. 최종 접속).

표 5-12 기술 가치 평가의 핵심 변수[48]

구분	내용
경제적 수명	• 특정 기술자산을 이용한 사업이 기술적 우위에 기반을 두고 경쟁우위를 확보할 수 있는 기간을 의미. 이를 통해 현금흐름 추정기간을 결정할 수 있음 • 특허인용수명 지수(TCT 등), 전문가 의견조사 등 활용
현금 흐름	• 현금흐름할인법에 의한 기술의 가치는 기술의 경제적 수명을 고려한 현금흐름 추정 기간 동안의 미래 현금흐름을 할인율로 할인한 현재가치의 합 • 즉, 사업가치에 기술이 기여한 정도인 기술기여도를 곱한 값으로 정의
할인률	• 기술사업화 과정에 내재된 다양한 위험을 반영한 할인율(risk-adjusted discount rate)을 의미. 이는 경제적 수명기간동안 창출된 미래 현금흐름을 현재가치로 전환할 때 사용되는 환원율을 의미함
기술 기여도	• 대상기술이 수익창출 또는 비용절감에 공헌한 정도를 말하며, 기술요소법에서는 미래 현금흐름의 순현재가치에 기여한 유·무형자산 중 기술자산(또는 기술요소)이 공헌한 상대적인 비중

---

48) 산업통상자원부(2014). 기술가치평가 실무가이드. 45면, 62면, 77면, 88면의 내용을 표로 정리.

참고문헌

[국내문헌]

강주현, 변정은(2019). "데이터베이스 자산의 가치평가가치평가를 위한 가치동인 분석 연구". 「한국IT서비스학회지」. 제18권 제1호. 2019. 3.

금융위원회 금융보안원(2021). "금융 분야 마이데이터 기술 가이드라인".

김동성, 김종우, 이홍주, 강만수(2017). "공공부문 데이터의 경제적 가치평가 연구". 「지식경영연구」제18권 제1호.

김수진, 이정현, 박천웅(2021). "데이터거래 활성화를 위한 데이터상품가치 평가모델 연구". 「한국콘텐츠학회논문지」 Vol. 21 No. 12.

산업통상자원부(2014). "기술가치평가 실무가이드".

성태웅, 변정은, 박현우(2016). "데이터베이스 자산 가치평가 모형과 수명주기 결정".「한국콘텐츠학회논문지」. Vol. 16 No. 3.

양경란, 박수경, 이봉규(2021). "마이데이터 비즈니스 생태계 모델 연구". Journal of Digital Convergence Vol. 19. No. 11.

이준배, 한은영, 이영종(2020). "AI 산업 발전을 위한 오픈 데이터 가치평가 및 활성화 방안". 정보통신정책연구원.

이현주, 김종환, 임영빈, 전삼현(2022). "금융분야 마이데이터 가치평가에 영향을 미치는 요인에 대한 연구". 「한국IT정책경영학회 논문지」. 2022 - 14 Vol.14 No.02.

정용찬(2017). "4차 산업혁명 시대의 데이터 경제 활성화 전략". KISDI Premium Report 17 - 06. 정보통신정책연구원.

정용찬(2021). "데이터 플랫폼 경쟁과 대응 전략". 글로벌 디지털 거버넌스 포럼(2021. 11. 11).

정용찬(2022). "디지털 전환과 데이터 가치 측정". 2022년 상반기 한국데이터법정책학회 정기 학술대회(2022. 5. 20).

정용찬, 신지형, 최지은, 오윤석, 유선실, 이호, 김규성, 윤건, 김유진(2018). "정책지원 강화를 위한 국가통계 관리체계 개선 심층연구". 통계청.

조지연, 이봉규(2022). "국내 마이데이터 태동과 데이터 거래에 관한 잠재적 주제 분석". Journal of Digital Convergence Vol. 20. No. 3.

한국기업기술가치평가협회(2015). "기업 기술가치 평가기준과 글로벌 스탠다드".

한국데이터산업진흥원(2020). "데이터 거래 지원 가이드라인. 1권 데이터기격정책 종합 안내서".

한국데이터산업진흥원(2021). "2021년 데이터산업현황조사 결과보고서".

[국외문헌]

Li, Wendy C. Y., Makoto, Nirei and Kazufumi, Yamana(2019). "Value of Data: There's No Such Thing as a Free Lunch in the Digital Economy". Research Institute of Economy. Trade and Industry.

OECD(2020). "Perspectives on the value of data and data flows". OECD Digital Economy Papers. No. 299. Dec. 2020.

Posner, Eric A., Weyl, E Glen(2018). Radical Markets: Uprooting Capitalism and Democracy for a Just Society. Princeton University Press.

Rea, Nick and Sutton, Adam(2019). "Putting a Value on Data". PWC.

Slotin, Jenna(2018). "What Do We know about the Value of Data". Global Partnership for Sustainable Development Data,

[전자문헌]

과학기술정보통신부(2021.3.19 보도자료). "마이데이터 혁신서비스 확산 가속화로 디지털뉴딜의 국민체감 성과 창출".

과학기술정보통신부(2022.5.19 보도자료). "국내 마이데이터 산업 활성화를 위한 2022년도 신규 실증과제 선정".

국가법령정보센터 https://www.law.go.kr/ (2022. 8. 11. 최종 접속).

정용찬(2021). "데이터 유통산업의 현황과 전망". 「코스콤 리포트」. 2021. 6. 25. INFO GRAPHIC [데이터 유통산업 관련자료 한 눈에 보기] https://newsroom.koscom.co.kr/27042 (2022. 8. 11. 최종 접속).

파이낸셜뉴스(2022.1.19.). "마이데이터 운영비, 사업자들이 n분의 1로 내라?" https://www.fnnews.com/news/202201091757441950 (2022. 8. 11. 최종 접속).

http://weekly.khan.co.kr/khnm.html?mode=view&art_id=201912271605171 (2022. 8. 9. 최종 접속)

http://www.incheonilbo.com/news/articleView.html?idxno=1024348 (2022. 8. 9. 최종 접속)

https://blog.naver.com/gyeonggi_gov/221827741730 (2022. 8. 11. 최종 접속)

https://economist.co.kr/2021/12/17/finance/bank/20211217134248895.html (2022. 8. 8. 최종 접속)

https://kostat.go.kr/portal/korea/kor_pi/8/1/index.action (2022. 8. 10 최종 접속)

https://terms.naver.com/entry.naver?docId=1082446&cid=40942&categoryId=32840 (2022. 8. 10 최종 접속)

https://time.com/5349896/23andme-glaxo-smith-kline (2022. 8. 8. 최종 접속)

https://www.mydatacenter.or.kr:3441/myd/intro/sub2.do (2022. 8. 10. 최종 접속)

https://www.svds.com/valuing－data－is－hard/ (2022. 9. 14. 최종 접속)

제6장

산업별 마이데이터의 이론과 실무

강 현 정

김 · 장 법률사무소

고 환 경

법무법인(유) 광장

윤 주 호

법무법인 태평양

산업별 마이데이터의 이론과 실무

I. 금융 분야 마이데이터의 이론과 실무   김·장 법률사무소 강현정 변호사

1. 신용정보법상 마이데이터의 정의

우리나라에서 "마이데이터"라는 용어를 처음 사용한 것은 2017년에 미래창조과학부(현재의 과학기술정보통신부, 이하 "과기정통부")에서 K-마이데이터 사업을 추진한 것이 최초일 것으로 생각된다. 그러나, 과기정통부의 마이데이터 사업은 의미있는 결실을 맺지 못한 상태로 흐지부지되어, 마이데이터라는 용어를 널리 알리는 계기가 되지는 못하였다. 이후, 금융위원회가 2018. 7.에 금융분야에 본인신용정보관리업을 도입하겠다는 계획을 발표하면서[1] 본인신용정보관리업을 지칭하는 용어로 "마이데이터"를 사용하였는데, 마이데이터라는 용어가 본격적으로 알려진 것은 이 때부터로 봐야 할 것 같다. 이런 연혁을 살펴볼 때 우리나라에서 "마이데이터"라는 용어는 신용정보의 이용 및 보호에 관한 법률(이하 "신용정보법")에 정한 본인신용정보관리업이라는

---

1) 금융위원회, "금융분야 마이데이터 산업 도입방안" (2018. 7. 18.).
   https://www.fsc.go.kr/no010101/73252?srchCtgry=&curPage=3&srchKey=sj&srchText=%E
   B%A7%88%EC%9D%B4%EB%8D%B0%EC%9D%B4%ED%84%B0&srchBeginDt=&srchEndDt=

법률 용어의 별칭으로 도입된 것으로 보는 것이 정확하다. 신용정보법 제12조에서는 본인신용정보관리업자로 허가받지 않은 자가 "마이데이터(Mydata)"라는 용어를 상호 또는 명칭으로서 사용하는 것을 금지하고 있다.[2]

신용정보법상 본인신용정보관리업, 즉 마이데이터란 개인인 신용정보주체의 신용관리를 지원하기 위하여 일정한 신용정보의 전부 또는 일부를 신용정보제공·이용자 또는 개인정보보호법에 따른 공공기관[3]이 보유한 개인신용정보 등을 수집하고 수집된 정보의 전부 또는 일부를 신용정보주체가 조회·열람할 수 있게 하는 방식으로 통합하여 그 신용정보주체에게 제공하는 행위를 영업으로 하는 것을 말한다(법 제2조 제9호의2, 시행령 제2조 제21항 본문). 이 조문의 정의를 분석하면 다음과 같다.

가. 개인신용정보주체의 신용관리 지원을 목적으로 할 것

개인신용정보주체의 신용관리 지원을 목적으로 할 것을 전제로 하기 때문에 마이데이터에서 조회할 수 있는 정보는 개인신용정보여야 한다. 만약, 개인이 아닌 기업신용정보주체의 신용관리지원을 목적으로 하여 기업신용정보에 관하여만 통합조회 서비스를 제공한다면 이는 마이데이터 허가 없이도 영위할 수 있는 사업일 것이다(물론 신용정보법 제2조 제8호의3 가목의 기업정보조회업무에는 해당하지 않아야 할 것이다).[4]

---

2) 그러나, 행정안전부도 "공공 마이데이터"라는 용어를 사용하는데, 여기서 마이데이터란 국민이 행정기관이나 공공기관이 보유한 본인의 정보를 전자적인 방법으로 받아보거나 제3의 기관에게 제출하게 하는 서비스를 의미한다(행정안전부 홈페이지 참조, https://www.mois.go.kr/frt/sub/a06/b02/digitalOpendataMydata/screen.do). 또한, 개인정보보호위원회는 여기서 더 나아가 마이데이터를 국가의 전 분야로 확대한다고 발표하였다(개인정보보호위원회, "전 분야 마이데이터 도입, 첫 걸음 내딛어" (2021. 11. 4.) https://www.pipc.go.kr/np/cop/bbs/selectBoardArticle.do?bbsId=BS074&mCode=C020010000&nttId=7649). 즉, 행정안전부나 개인정보보호위원회는 본인의 개인정보를 보유한 기관으로부터 해당 정보를 본인 또는 본인이 원하는 제3자에게 제공하는 기능 자체를 마이데이터로 부르고 있다.
3) 개인정보보호법 제2조 제6호에 다음과 같이 정의되어 있다.
　가. 국회, 법원, 헌법재판소, 중앙선거관리위원회의 행정사무를 처리하는 기관, 중앙행정기관(대통령 소속 기관과 국무총리 소속 기관을 포함한다) 및 그 소속 기관, 지방자치단체
　나. 그 밖의 국가기관 및 공공단체 중 개인정보보호법 시행령 제2조로 정하는 기관: 「국가인권위원회법」 제3조에 따른 국가인권위원회, 「고위공직자범죄수사처 설치 및 운영에 관한 법률」 제3조제1항에 따른 고위공직자범죄수사처, 「공공기관의 운영에 관한 법률」 제4조에 따른 공공기관, 「지방공기업법」에 따른 지방공사와 지방공단, 특별법에 따라 설립된 특수법인, 「초·중등교육법」, 「고등교육법」, 그 밖의 다른 법률에 따라 설치된 각급 학교
4) 마이데이터는 신용정보주체 본인에게만 조회를 허용하고, 기업정보조회업무는 신용정보주체 본인을 포함한 제3자에게 조회를 허용하는 것이기 때문에 영업내용상으로는 쉽게 구별이 가능할 것이다.

본인신용정보관리회사(이하 "마이데이터 사업자")가 특정 개인신용정보주체의 신용관리 지원을 목적으로 개인신용정보외에 다른 정보를 수집하여 통합조회에 포함시키는 것은 가능한가? 첫째, 기업신용정보를 추가 수집하여 통합조회하는 것은 가능하다. 개인신용정보주체가 개인사업자인 경우라면, 개인사업자에 관한 기업신용정보를 수집하여 개인신용정보주체의 신용관리에 사용하는 경우를 상정해 볼 수 있다. 신용정보법상 기업신용정보의 통합조회에 특별한 허가를 요구하지 않기 때문에 마이데이터 허가만으로도 기업신용정보까지 추가 수집하여 통합조회에 포함시킬 수 있다고 생각된다. 둘째, 일반 개인정보를 추가 수집하여 통합조회하는 것도 가능하다. 현행 개인정보보호법상으로는 개인정보의 통합조회에 관하여 특별한 인허가를 요구하고 있지 아니하므로, 마이데이터 허가를 받은 자가 개인정보 통합조회 기능을 제공하는 것을 문제삼기는 어렵다. 단, 개인정보보호법 개정안[5]에 따르면 개인정보주체의 권리행사를 지원하기 위한 개인정보의 관리, 분석 등을 업으로 하는 자를 개인정보관리 전문기관으로 정의하고 개인정보보호위원회 또는 관계 중앙행정기관의 장으로부터 지정을 받을 것을 요구하고 있는데[6] 이 법안이 발효되면 마이데이터 사업자가 개인정보보호법상 지정을 받아야만 개인정보의 통합조회기능을 제공할 수 있을 것이다.

나. 일정한 신용정보의 전부 또는 일부를 대상으로 할 것

이는 이하 "2. 마이데이터 대상정보"에서 별도의 항목으로 다루기로 한다.

다. 신용정보제공·이용자 또는 개인정보보호법에 따른 공공기관이 보유한 개인신용정보 등을 수집하고 그와 같이 수집된 정보를 신용정보주체가 조회·열람할 수 있게 통합하여 제공할 것

바꿔 말하면 개인신용정보주체에게 그 개인신용정보주체에 관한 정보를 통합하여 제공하는 것을 영업으로 한다는 것인데, 다른 무엇보다 "통합"이라는 용어의 해석이 중요하다. 왜냐하면, 신용정보주체는 -개인이든, 기업이든- 기본적으로 신용정보회사등[7]에 대하여 자신의 신용정보의 교부 또는 열람을 청구할 수 있는 권리가 있기

---

5) 개인정보보호위원회에서 2021. 9. 28. 국회 정무위원회에 제출한 개정안(의안번호 2112723)을 말한다.
6) 개인정보보호법 개정안 제35조의3 참조.

때문에,[8] 조회·열람을 신용정보회사등의 독립된 업무로 생각하기 어렵기 때문이다.

그렇다면 "통합"이란 무엇인가? 마이데이터 도입에 관한 금융위원회의 보도자료에 따르면[9] 이와 관련하여 "분산되어 있는 정보를 일괄 수집하여 통합하여 조회하는 것"으로 풀어쓰고 있다. 그렇다면 "통합"이란 적어도 2개 이상의 개인신용정보처리 자로부터 특정 개인신용정보주체에 관한 개인신용정보를 취합하여 이를 해당 본인에게 조회할 수 있게 허용하는 것을 의미하는 것으로 해석해야 할 것으로 보인다. 단, 이렇게 해석하면 "통합조회"의 범위가 너무 넓어져서 마이데이터의 허가를 필요로 하는 경우가 지나치게 확대된다는 문제가 있다. 실제로 신용조회회사(CB)사나 일부 핀테크 업체들이 이미 마이데이터 도입 이전부터 일정 수준의 통합조회서비스를 제공하고 있었고, 금융회사들 중에서도 계열사 정보를 취합하여 조회할 수 있게 하는 간단한 통합조회서비스를 제공하는 경우가 있었던 것으로 보이는데 신용조회회사를 제외한 모든 유형의 통합조회서비스는, 그것이 불과 수 개의 개인신용정보 처리자로부터 수집한 것이라도, 마이데이터 허가를 받아야 영위할 수 있을 것으로 보인다.[10]

한편, 최근에는 카드사가 제휴기업의 브랜드를 신용카드에 넣고 해당 기업에 집중된 혜택과 서비스를 제공하는 PLCC(Private Label Credit card)가 성행하고 있는데, 여기서 제휴사가 자사 어플케이션 등을 통해 제휴신용카드의 사용 내역 등 관련 정보를 보여주기 위해서 마이데이터 허가를 받아야 하는지 문제될 수 있다. 법문에 따라 개인신용정보의 일부만을 조회·열람하게 경우도 마이데이터에 해당되므로 제휴신용카드만의 정보를 조회·열람하게 하는 것도 마이데이터 허가가 필요하다고 볼여지도 있다. 그러나 '통합'의 개념상 적어도 2개 이상의 곳으로부터 있는 개인의 신용정보를 취합할 필요가 있으므로 오로지 제휴신용카드사의 정보만 조회할 수 있게 하는 경우에는 '통합'이 있다고 보기는 어려울 것이다.

개인신용정보를 여러 곳으로부터 수집하더라도 수집된 정보를 신용정보주체에게 조회·열람 등의 방식으로 제공하지 않는 경우(예를 들면 개인신용정보를 조회·열람 등의 방식으로 제공하지 않고 내부 신용평가 등에만 활용하는 경우)에는 당연히 마이데이터

---

7) 신용정보법상 신용정보집중기관, 신용정보회사, 신용정보제공·이용자를 합쳐 부르는 용어이다.
8) 신용정보법 제38조 제1항 참조.
9) 금융위원회, "금융분야 마이데이터 도입방안" (2018. 7. 18.) 별첨 2, 2면.
10) 따라서, 마이데이터 허가 도입 이전에 영위하던 마이데이터 유사서비스 제공자에 대하여는 경과규정이 적용되었다. 2020. 2. 4. 공포된 신용정보법 <법률 제16957호> 부칙 제7조 참조.

에 해당하지 않는다. 또한 개인신용정보주체가 신용정보법 제38조 제1항의 열람권을 행사하여 여러 곳으로부터 수집한 개인신용정보를 조회하는 것도 통합조회가 되는 것이라고 볼 여지가 있으나, 이 경우는 개인신용정보주체의 열람권 행사에 대한 소극적인 대응으로서 개인신용정보를 제공하는 것이기 때문에 마이데이터가 "영업"적 목적과 방법으로 개인신용정보를 통합조회하는 것과는 차이가 있다.

라. 통합조회의 예외

다음과 같은 2가지 경우는 정책적 목적에 의하여 통합조회로 보지 않는다.[11]

첫째, 신용정보제공·이용자 또는 개인정보보호법에 따른 공공기관의 시스템을 거치지 않고 수집된 정보를 신용정보주체가 조회·열람할 수 있도록 하는 인터페이스(interface)만을 제공하는 경우로서, 사업자가 해당 신용정보에 대한 접근·조회·관리 권한이 없는 경우이다. 예를 들어 정보주체가 직접 입력한 개인신용정보를 관리할 수 있는 UI 등을 제공하는 경우로서, 개인신용정보가 사업자의 서버에 저장되지 않고, 정보주체 이외에는 입력된 개인신용정보에 대해 접근·조회할 수 있는 단순 가계부 어플의 경우 마이데이터 허가 대상에 해당하지 않는다.

둘째, 신용정보주체 보호 및 건전한 신용질서를 저해할 우려가 없는 경우로서 다른 법령에 따라 허용된 경우 등은 본인신용정보관리업의 정의에서 정하는 방식에 해당하지 않는다. 대표적인 것이 오픈뱅킹(https://www.openbanking.or.kr/main), 어카운트인포(https://www.payinfo.or.kr/index.do) 등이 여기에 해당한다.

2. 마이데이터 대상정보

마이데이터의 통합조회를 위하여 수집하는 정보(이하 "마이데이터 대상정보")는 열린 개념이 아니고, 신용정보법 시행령 별표 1에 한정적으로 기재되어 있다(다음의 박스 참조 단, "이와 유사한 정보"라는 내용이 있어 확대해석의 여지가 있는 것은 사실이다). 한편, 신용정보법 시행령 제2조 제22항에 의거 마이데이터는 신용정보제공·이용자 또는 「개인정보 보호법」에 따른 공공기관이 보유한 개인신용정보 등을 수집하도록 되어 있으므로 마이데이터 대상정보는 신용정보제공·이용자나 공공기관이 보유한

---

11) 신용정보법 제2조 제9호의2, 신용정보법 시행령 제2조 제21항 단서, 신용정보업감독규정 제3조의3 제1항 참조.

개인신용정보만을 의미하게 된다. 따라서, 어떠한 사유이든 신용정보제공·이용자나 공공기관 이외의 자가 마이데이터 대상정보를 보유하고 있고, 그로부터 해당 정보를 수집하는 경우에는 마이데이터라고 볼 수 없다.[12]

---

1. 법 제2조 제9호의2 가목에 따른 신용정보

가. 계좌 정보

1) 고객 정보: 최초개설일, 인터넷뱅킹 가입 여부, 스마트뱅킹 가입 여부 및 그 밖에 이와 유사한 정보

2) 계좌자산 정보: 기준일, 계좌종류, 현재잔액, 통화코드, 최종거래일, 거래일시, 거래금액, 거래후잔액, 기본금리, 이자지급일 및 그 밖에 이와 유사한 정보

3) 그 밖에 1) 및 2)에 따른 정보와 유사한 정보

나. 대출 정보

1) 일반 대출현황 정보: 대출종류, 대출계좌정보, 대출원금, 대출한도, 대출기준금리, 월상환액, 대출잔액, 대출자산 거래내역 및 그 밖에 이와 유사한 정보

2) 카드 대출현황 정보: 리볼빙 이용 여부, 월별 리볼빙 이용내역, 단기대출 이용금액, 결제예정일, 이자율, 장기대출 종류, 대출일, 대출금액, 대출 만기일 및 그 밖에 이와 유사한 정보

3) 금융투자 대출현황 정보: 대출종류, 대출계좌정보, 상환계좌정보, 대출잔액, 이자금액, 대출만기일, 대출 상환일 및 그 밖에 이와 유사한 정보

4) 그 밖에 1)부터 3)까지의 규정에 따른 정보와 유사한 정보

다. 카드 정보

1) 카드 상품 정보: 카드사명, 카드상품명, 교통기능, 결제은행, 국제브랜드, 상품연회비 및 그 밖에 이와 유사한 정보

2) 카드 고객 정보: 본인/가족 구분, 카드번호(마스킹), 발급일, 신용/체크 구분, 결제예정일, 결제예정금액, 포인트 종류, 잔여포인트, 소멸예정포인트 및 그 밖에 이와 유사한 정보

3) 카드 이용 정보: 카드명, 사용일시, 사용구분, 결제예정일, 결제예정금액, 할부회차, 할부결제 후 잔액 및 그 밖에 이와 유사한 정보

4) 그 밖에 1)부터 3)까지의 규정에 따른 정보와 유사한 정보

---

12) 예를 들어 신용정보제공·이용자도 아니고 공공기관도 아닌 여신금융협회가 보유한 카드포인트 정보를 수집하여 이를 통합하여 제공하는 경우에는 마이데이터의 정의에 포함되지 않는다.

2. 법 제2조 제9호의2 나목에 따른 신용정보

　가. 보험 정보

　　1) 보험계약 정보: 계약자명, 보험사, 계약일, 만기일, 변액보험, 자동차보험, 여행자
　　　 보험, 화재보험, 특약 관련 정보 및 그 밖에 이와 유사한 정보

　　2) 보험료 납입 정보: 납입기간, 납입종료일, 월납 보험료, 최종납입월, 최종납입숫
　　　 자, 최종납입횟수 및 그 밖에 이와 유사한 정보

　　3) 보험료 납입내역: 납입 금융기관, 납입일, 총 납입보험료 및 그 밖에 이와 유사한
　　　 정보

　　4) 그 밖에 1)부터 3)까지의 규정에 따른 정보와 유사한 정보

3. 법 제2조 제9호의2 다목에 따른 신용정보

　가. 금융투자상품 정보

　　1) 상품 기본 정보: 상품종류, 상품명, 계좌번호, 세제혜택 여부 및 그 밖에 이와 유
　　　 사한 정보

　　2) 상품 자산 정보: 매입방법, 매입금액, 보유수량, 매도가능수량 및 그 밖에 이와 유
　　　 사한 정보

　　3) 상품 거래내역: 거래종류, 거래수량, 거래단가, 거래금액 및 그 밖에 이와 유사한
　　　 정보

　　4) 체결내역: 종목코드, 주문수량, 주문단가, 체결수량, 체결단가, 체결구분 및 그 밖
　　　 에 이와 유사한 정보

　　5) 그 밖에 1)부터 4)까지의 규정에 따른 정보와 유사한 정보

4. 법 제2조 제9호의2 라목에 따른 신용정보

　가. 증권계좌 정보

　　1) 고객 정보: 자동이체 설정금액·설정기간·날짜·입금계좌·출금계좌 및 그 밖에
　　　 이와 유사한 정보

　　2) 계좌 및 계좌자산 정보: 증권사명, 계좌종류, 계좌번호, 계좌상태, 계좌개설일, 세
　　　 제혜택 여부, 예수금, 매입금액 및 그 밖에 이와 유사한 정보

　　3) 계좌 거래내역: 거래일시, 거래종류, 거래 후 잔액, 종목명, 거래수량, 거래단가,
　　　 거래금액, 상대은행명, 상대계좌번호 및 그 밖에 이와 유사한 정보

　　4) 그 밖에 1)부터 3)까지의 규정에 따른 정보와 유사한 정보

　나. 연금상품 정보

　　1) 상품 정보: 연금종류, 상품명, 가입일 및 그 밖에 이와 유사한 정보

　　2) 연금 납입 정보: 납부총액, 기출금액, 최종납입일 및 그 밖에 이와 유사한 정보

3) 연금 수령 정보: 연금 기수령액 및 그 밖에 이와 유사한 정보

4) 그 밖에 1)부터 3)까지의 규정에 따른 정보와 유사한 정보

5. 법 제2조 제9호의2 마목에 따른 신용정보

가. 보험대출 정보

1) 보험대출 현황 정보: 대출형태, 총원금상환금액, 대출원금, 대출잔액, 계좌상태,
   신규일, 만기일 및 그 밖에 이와 유사한 정보

2) 대출 상환내역: 상환일, 회차별 원금상환금액 및 그 밖에 이와 유사한 정보

3) 그 밖에 1) 및 2)에 따른 정보와 유사한 정보

나. 전자지급수단 관련 정보

1) 전자화폐 정보: 전자화폐 충전금액, 전자화폐 충전수단, 전자화폐 충전 등록일 등

2) 전자자금 송금 정보: 송금등록 계좌번호, 송금내역 정보, 예약송금 내역정보 등

3) 포인트 정보: 포인트 금액, 포인트 종류, 포인트 내역 등

4) 결제 정보: 결제등록 카드정보, 정기결제 관리정보, 결제내역 정보, 주문내역정보,
   환불내역 정보 등

5) 전용상품 정보: 전용카드 보유정보, 전용카드상품 보유정보, 전용카드 이용내역 등

6) 그 밖에 1)부터 5)까지의 규정에 따른 정보와 유사한 정보

다. 제2조 제6항에 따른 거래 관련 정보:
   대출종류, 대출계좌정보, 대출원금, 대출한도, 대출기준금리, 월상환액, 대출잔액,
   대출자산 거래내역 및 그 밖에 이와 유사한 정보

마이데이터 출범과 관련한 하위규정 제정시 가장 논란이 많았던 부분이 바로 마이데이터의 대상정보의 범위였다. 몇 가지 쟁점을 소개하면 아래와 같다.

가. 주문내역정보

위와 같이 마이데이터 대상정보에는 "주문내역정보"가 포함되어 있었다. 마이데이터 사업자가 주문내역정보를 수집하는 것에 관하여 반대하는 의견에서는 첫째, 주문내역정보는 개인신용정보가 아니고, 둘째, 주문내역은 개인의 소비생활에 관한 정보로서 민감한 사생활에 관한 정보가 포함될 수 있다는 점을 들어 주문내역을 마이데이터 대상정보에서 제외하여야 한다는 의견을 제시하였다.[13]

---

13) 조선비즈, "주문내역이 뭐길래…'달라', '못 준다' 마이데이터 사업 삐걱", (2020. 10. 14.).
   https://biz.chosun.com/site/data/html_dir/2020/10/13/2020101301989.html.

첫 번째 논점은 신용정보법이 2020. 2. 4. 개정되면서 상법 제46조에 따른 상행위에 따른 상거래의 종류, 기간, 내용, 조건 등에 관한 정보를 신용정보의 범위에 포함시킨 것을[14] 간과한 주장이다. 반면 개인의 소비생활에 관한 정보 중에는 민감한 사생활의 영역을 침해할 수 있는 정보가 포함될 수 있다는 점은 일리가 있는 부분인데, 반면 주문내역정보가 개인에 대한 신용평가에 활용 가능하고 이를 통해 신용평가의 정확도가 개선될 수 있으며 개인에 대한 이해를 높여 초개인화된 맞춤형 서비스 제공에 도움이 되므로 마이데이터에 필요한 정보라는 점 또한 고려되어야 하는 주장이었다. 이러한 점이 고려되어 금융위원회 내에 설치한 디지털 금융협의회의 논의 등을 거쳐 주문내역정보는 가전/전자, 도서/문구, 패션/의류, 스포츠, 화장품, 아동/유아, 식품 등 13개 카테고리로 구분한 가공정보 수준에서 개방하는 것으로 최종 합의되었다.[15]

나. 적요정보

위 신용정보법 시행령 별표 1에 기재한 사항에 더하여 신용정보법 제2조 제9호의2 마목, 신용정보법 시행령 제2조 제23항 제2호, 신용정보업 감독규정 제3조의3 제2항에는 다음과 같은 두 가지 유형의 정보를 추가로 마이데이터에 제공할 수 있게 하고 있으며 이를 통상 "적요정보"라 한다: ① 법 제2조 제9호의2 가목에 따른 신용정보로서 거래유형, 거래 상대방명(법인인 경우에는 법인의 상호 또는 명칭을 말한다) 등 신용정보주체의 계좌 거래내역, ② 이와 유사한 정보로서 신용정보주체 및 거래상대방이 금융거래시 신용정보주체의 계좌 거래내역으로 기록한 정보

위에서 보는 바와 같이 적요정보에는 마이데이터의 이용자인 개인신용정보주체와 거래하는 제3의 개인신용정보주체에 관한 개인정보 또는 개인신용정보가 포함되어 있다. 따라서, 거래의 일방에 불과한 마이데이터 이용자만의 동의 또는 정보전송요구에 의하여 제3자의 개인정보나 개인신용정보까지 마이데이터에 제공되어야 하는가의 의문이 발생하였다.

사실 이 의문은 적요정보에 관한 문제라기 보다는 일반적인 개인정보의 문제라고 볼 수 있다. 즉, 어느 개인이 다른 개인과 대화나 거래 등의 상호작용을 하는 경우 해당 상호작용에 관한 정보에는 제3자의 개인정보도 포함될 수 있는데, 이때 상호작

---

14) 신용정보법 제2조 제1호의3 마목 참조.
15) 금융분야 마이데이터 서비스 가이드라인, (2021. 11.), 79면 참조.

용을 하는 일방 개인의 동의만으로 상호작용에 관한 정보(역시 개인정보) 전체를 처리할 수 있는가의 문제이며, 종래 개인의 이메일, 문자메세지, 거래내역기재 등을 수집할 때마다 늘 발생해왔던 문제였다. 이에 관하여 정부의 명시적인 언급이 있었던 경우는 이른바 "이루다 사건"에서 개인정보보호 위원회의 결정[16]이었는데, 이때 개인정보보호위원회는 카톡 대화에 참여한 일방의 동의를 받아 수집한 카톡대화가 수집동의를 위반한 것은 아니라는 입장을 표명하였다.[17]

개인정보보호위원회의 판단과 같은 맥락에서 금융위원회도 적요정보에 포함된 거래상대방인 개인에 관한 정보도 어느 일방에 관한 거래정보를 구성하는 요소로 보아 일방의 동의 또는 전송요구만으로 마이데이터에 제공할 수 있다는 결론을 내리고 적요정보를 마이데이터 대상정보에 포함시키는 결론에 이른 것으로 보인다. 단, 금융위원회는 제3자인 개인에 관한 정보가 포함된 적요정보를 취급함에 있어서만큼은 마이데이터가 적요정보 제공에 동의한 개인신용정보주체 본인 조회·분석 목적 이외의 목적(예를 들어 마케팅 목적)으로 이용하거나 제3자에게 제공하는 행위를 금지하는 특별한 제한을 추가하였다.[18]

다. 가맹점 사업자등록번호

이용자의 소비 패턴 분석의 정확도를 제고하기 위해 "카드 가맹점의 사업자등록번호"가 혁신금융서비스 지정을 통해 마이데이터 대상정보에 포함되었다.[19] 즉, 기존에는 카드사가 마이데이터 사업자에게 신용카드 이용정보 제공 시, 가맹점에 관한 정보로 가맹점명만을 제공하여 해당 가맹점이 어떤 종류의 가맹점인지 파악하기 어

---

16) 개인정보보호위원회, "AI 챗봇 '이루다'관련 조사결과 발표" (2021. 4. 28.). https://www.korea.kr/news/policyBriefingView.do?newsId=156449232.

17) 해당 부분의 발췌는 아래와 같다. "(배상호 조사2과장) 첫 번째 질문에 대해서는 본 건 같은 경우에 지금 카카오톡 대화를 갖다가 스캐터랩에서 연애의 과학이나 텍스트앳을 통해서 수집을 하면서 다른, 그 안에 있는 대화 상대방이나 이쪽 부분에 대해서 동의를 받지 않고 이 부분을 했다는 부분이 있는데, 저희 위원회에서는 대화의 일방 당사자가 입력한 카톡의 대화는 대화 상대방의 회원정보를 함께 수집하지 않는 이상 이를 갖다가 제공한 일방 당사자의 개인정보로서 수집된 것으로 보고 있습니다. 가령, 기자님들도 아시다시피 다수가 포함된 사진 이런 부분을 갖다가 제공을 갖다가 할 때, 처리자에게 제공을 할 때도 보면 일방 당사자에만 그 책임하에서 이 부분을 갖다가 동의를 받고 수집하고 있는 뿐이지, 그 사진 안에 있는 모든 사람을 다 동의를 받아서 수집하는 부분은 아니지 않느냐, 하는 부분으로서 판단하고 있습니다."

18) 신용정보법 제22조의9 제1항 제2호, 신용정보법 시행령 제18조의6 제1항 제11호, 신용정보업 감독규정 제23조의3 제1항 제9호 가목 참조.

19) 금융위원회, "금융위원회, 혁신금융서비스 1건 지정 및 11건 지정기간 연장" (2021. 10. 13.).

려운 경우가 다수 존재하였다. 이를 위해 가맹점의 사업자등록번호를 함께 제공하여 가맹점의 업종·업태를 보다 정확히 파악할 필요가 있었으나, 여신전문금융업법 제54조의5 제2항에 따르면 여신전문금융회사는 개인신용정보뿐만 아니라 기업신용정보를 제3자에 제공하거나 이용하는 경우 신용정보주체로부터 별도의 동의를 받아야 하는 특칙이 있어 여신전문금융회사가 마이데이터 사업자에게 카드 거래내역 제공 시 가맹점 사업자의 동의 없이 사업자등록번호를 주기 어려운 문제가 발생하였다. 이러한 법적 난관을 극복하기 위해 혁신금융서비스 지정을 통해 가맹점주의 사업자등록번호를 제공할 수 있는 특례를 부여한 것이다.

라. 향후의 전망

개인 자산의 중요한 영역 중 하나인 퇴직연금 정보 부족, 신용카드의 결제 취소 내역과 전월 실적 달성 여부 확인 불가, 계약자와 피보험자가 다른 경우에 피보험자 기준으로 보험 혜택 확인 불가 등으로 인하여 서비스의 완결성 및 편의성이 떨어진다는 지적이 꾸준히 제기되고 있다. 마이데이터 서비스의 고도화를 위해서는 양질의 데이터 제공이 필수적이므로 마이데이터 대상정보의 범위 확대에 관한 논의는 계속될 것으로 보인다.

3. 개인신용정보의 전송요구권

가. 의의 및 법적 근거

개인신용정보 전송요구권은 개인신용정보주체가 신용정보제공·이용자 등(데이터 보유자)에 대하여 그가 보유하고 있는 본인에 관한 개인신용정보를 본인, 마이데이터 사업자, 일정한 신용정보제공·이용자, 개인신용평가회사(데이터 수신자)에게 전송하여 줄 것을 요구할 수 있는 권리를 말한다.[20]

개인신용정보 전송요구권은 본인에 대한 전송을 요구할 수 있다는 점에서 개인(신용)정보 열람청구권[21]과 유사한 측면이 있으나, 대상이 디지털 정보로 한정된다는 점, 정보주체 본인뿐만 아니라 법에서 정하는 제3자에게 직접 전송을 요구할 수 있다는 점에서 차이가 있다.

---

20) 신용정보법 제33조의2 제1항.
21) 신용정보법 제38조, 개인정보보호법 제35조 참조.

또한, 신용정보주체가 A(데이터 보유자)에게 그가 보유하고 있는 정보를 B(데이터 수신자)에게 제공할 것을 요구하는 것은 A가 신용정보법 제32조에 동의를 받아 B에게 개인신용정보를 제공하는 것과 유사한 측면이 있으나, 제공동의에 의한 정보 제공은 A가 B(제3자)에게 정보를 제공할 의사를 가져야 가능하고 정보주체는 A의 동의 요구에 수동적으로 대응할 수 있을 뿐이지만, 전송요구의 경우 정보주체가 의지를 가지고 A에게 전송을 요구할 수 있고 전송 정보, 전송을 받는 자, 전송 주기, 전송종료 시점 등을 스스로 결정할 수 있는 보다 능동적인 권리 행사라는 점에서 차이가 있다.

전송요구권은 2018. 5. 25. 시행된 EU GDPR(General Data Protection Regulation) 제20조에 세계 최초로 규정된 것으로 우리나라는 개정 신용정보법에 처음 이를 도입한 것이다. 전송요구권은 정보주체로 하여금 특정 사업자가 보유하고 있는 자신의 개인정보를 적극적으로 활용할 수 있게 한다는 점에서 개인정보 자기결정권의 일환으로 볼 수 있고, 나아가 정보주체가 자신의 정보가 특정 사업자에게 고착(lock-in)되는 것을 막고 다른 사업자에 대한 이전을 가능하게 한다는 점에서 소비자의 선택권 확대, 경쟁 개선 및 촉진에 도움이 된다는 측면도 있다.

나. 전송요구권의 대상이 되는 정보

전송요구권의 대상이 되는 정보는 신용정보주체와 신용정보제공·이용자 등 사이에서 처리된 신용정보로서, 신용정보주체로부터 수집한 정보, 신용정보주체가 제공한 정보, 신용정보주체와의 권리·의무관계에서 생성된 정보 중 컴퓨터 등 정보처리 장치로 처리된 신용정보만이 그 대상이 된다.[22]

한편 신용정보를 전송하여야 하는 자가 개인신용정보를 기초로 별도로 생성하거나 가공한 신용정보는 전송을 거부할 수 있는데[23] 신용정보의 가공에 많은 비용과 노력을 기울인 자의 정보에 대한 권리를 보호하려는 취지이다. 예컨대 신용조회회사의 개인신용평점, 금융회사가 산정한 자체 신용평가 결과 등이 이에 해당된다.

다. 전송요구권의 행사 상대방

신용정보법 제33조의2 제1항은 전송요구권의 행사 상대방(데이터보유자)로 '신용정보제공·이용자등'이라고 규정하고 있다. 신용정보법상 '신용정보제공·이용자등'은

---

22) 신용정보법 제33조의2 제2항, 시행령 제28조의 3 제6항 참조.
23) 신용정보법 제33조의2 제2항 제3호 참조.

대통령령으로 정하는 신용정보제공·이용자나 개인정보보호법에 따른 공공기관으로서 대통령령으로 정하는 공공기관 또는 마이데이터 사업자를 말한다.[24]

신용정보주체는 자신의 개인신용정보를 전송요구권을 행사하는 정보주체 본인, 마이데이터 사업자, 마이데이터 사업자 외 다른 금융기관으로 전송하여 줄 것을 요구할 수 있다.[25]

실제 본인 앞으로 전송을 요구하려는 경우에는 신용정보원의 전송요구앱을 다운로드 받아 서비스 가입 후 전송요구앱을 통하여 정보의 전송을 요구할 수 있다. 본인 앞으로 전송을 요구하는 경우 신용정보원이 제공한 신용정보주체의 PDS(Personal Data Storage)로 정보가 전송되며 신용정보주체는 PDS 안의 정보를 열람할 수 있다.

라. 전송요구권의 행사방법 및 절차

신용정보주체가 전송요구권을 행사하는 경우에는 서면, 전자서명법에 따른 전자서명, 유무선 통신으로 개인비밀번호를 입력하는 방식, 유무선 통신으로 동의 내용을 해당 개인에게 알리고 동의를 받는 방법 등으로 해야 한다.[26] 또한 전송요구를 할 때에는 아래 사항들을 모두 특정하여 전자문서나 그 밖에 안전성과 신뢰성이 확보된 방법으로 하여야 한다.[27]

- 신용정보제공·이용자 등으로서 전송요구를 받는 자
- 전송을 요구하는 개인신용정보
- 전송요구에 따라 개인신용정보를 제공받는 자
- 정기적인 전송을 요구하는지 여부 및 요구하는 경우 그 주기
- 전송요구의 종료시점
- 전송을 요구하는 목적
- 전송을 요구하는 개인신용정보의 보유기간

---

24) 신용정보법 제22조의9 제3항 제1호, 시행령 제18조의6.
25) 신용정보법 제33조의2 제1항 참조.
26) 신용정보법 제32조 제1항, 시행령 제28조의3 제3항 본문.
27) 신용정보법 제33조의2 제5항, 시행령 제28조의3 제8항, 감독규정 제39조의2.

한편 본인으로부터 개인신용정보의 전송요구를 받은 신용정보제공·이용자등은 신용정보주체의 본인 여부가 확인되지 아니하는 경우 등 대통령령으로 정하는 경우에는 전송요구를 거절하거나 전송을 정지·중단할 수 있다.[28]

마. 전송요구권 행사에 따른 신용정보제공·이용자 등의 정보 직접 전송의무

신용정보제공·이용자등은 개인인 신용정보주체가 마이데이터 사업자에 본인에 관한 개인신용정보의 전송을 요구하는 경우에는 정보제공의 안전성과 신뢰성이 보장될 수 있는 방식으로서 대통령령으로 정하는 방식으로 해당 개인인 신용정보주체의 개인신용정보를 그 마이데이터 사업자에 직접 전송하여야 한다.[29] 정보제공의 안전성과 신뢰성이 보장될 수 있는 방식이란 스크레이핑 방식(법 제22조의9 제3항, 시행령 제18조의6 제3항에 따른 방식. 스크레이핑 방식을 통한 신용정보 수집 금지와 관련해서는 아래 "5.의 마."항에서 별도로 살펴보기로 한다) 외의 방식으로서 다음 요건을 갖춘 방식을 말한다.[30]

> * 개인신용정보를 전송하는 자와 전송받는 자 사이에 미리 정한 방식일 것
> * 개인신용정보를 전송하는 자와 전송받는 자가 상호 식별·인증할 수 있는 방식일 것
> * 개인신용정보를 전송하는 자와 전송받는 자가 상호 확인할 수 있는 방식일 것
> * 정보 전송 시 상용 암호화 소프트웨어 또는 안전한 알고리즘을 사용하여 암호화하는 방식일 것
> * 그 밖에 금융위원회가 정하여 고시하는 요건을 갖출 것

이상의 요건을 갖춘 안전성과 신뢰성이 보장될 수 있는 방식으로 정보를 전송하기 위해 금융감독당국에서는 표준 API(Application Programming Interface) 규격을 마련하였다. 표준 API란 마이데이터사업자와 정보제공자 간 개인신용정보를 송수신하기 위한 미리 정의된 표준화된 전송규격 및 절차로서 데이터 보유자는 신용정보주체

---

28) 신용정보법 제33조의2 제8항, 시행령 제28조의3 제11항, 감독규정 제39조의2 제2항.
29) 신용정보법 제22조의 9 제4항.
30) 신용정보법 시행령 제18조의6 제7항.

의 전송요구권 행사에 응하여 데이터를 전송하기 위해서, 마이데이터 사업자는 같은 방식으로 위 데이터를 수신하기 위해서 사전에 약속된 규격과 절차에 따라 API를 구현하고 이에 따라 정보를 송, 수신하여야 한다. 표준 API 구축은 안전하고 신뢰할 수 있는 방식의 데이터 전송 환경을 조성하여 마이데이터 산업 생태계의 기반을 마련했다는 것에 큰 의의가 있다.

마이데이터 사업자는 원칙적으로 제3자를 통해 정보를 수집하는 것이 금지되고 신용정보제공·이용자로부터 직접 전송을 받아야 한다. 다만 신용정보제공·이용자 등의 규모, 관리하고 있는 개인신용정보의 수, 시장점유율, 외부 전산시스템 이용 여부 등 금융위원회가 정하여 고시한 기준[31]에 해당하는 경우 해당 신용정보제공·이용자등은 대통령령으로 정하는 중계기관[32]을 통하여 마이데이터 사업자에 개인신용정보를 전송할 수 있다.[33] 즉, 데이터를 제공해야 하는 개별 금융회사들은 API를 구축할 의무를 부담하는 것이 원칙이지만, 자체적으로 API를 구축, 운영하기 어려운 중소형 정보제공자들에 대해서는 중계기관을 활용할 수 있도록 한 것이다.

한편 신용정보제공·이용자등은 제22조의2 제4항에 따라 개인신용정보를 정기적으로 전송할 경우에는 필요한 범위에서 최소한의 비용을 마이데이터 사업자가 부담하도록 할 수 있고,[34] 법 제22조의9 제4항 및 제5항에 따라 개인신용정보를 전송한 신용정보제공·이용자등과 개인신용정보를 전송받은 중계기관 및 마이데이터 사업자는 전송내역에 대한 기록을 작성하고 보관해야 하며, 마이데이터 사업자는 전송받은 신용정보내역에 관한 기록을 신용정보주체에게 연 1회 이상 통지해야 한다.[35]

---

31) 신용정보업감독규정 제23조의3 제3항 참조.
32) 법 제22조의9 제5항에서 "대통령령으로 정하는 중계기관"이란 다음 각 호의 기관을 말한다.
    1. 종합신용정보집중기관
    2. 「민법」 제32조에 따라 금융위원회의 허가를 받아 설립된 사단법인 금융결제원
    3. 「상호저축은행법」 제25조에 따른 상호저축은행중앙회, 각 협동조합의 중앙회 및 「새마을금고법」 제54조에 따른 새마을금고중앙회
    4. 「온라인투자연계금융업 및 이용자 보호에 관한 법률」 제33조에 따른 중앙기록관리기관
    5. 그 밖에 제1호부터 제4호까지의 규정에 따른 기관과 유사한 기관으로서 금융위원회가 지정하는 기관
    신용정보업감독규정 제23조의3 제4항 ④ 영 제18조의6 제9항 제5호에서 "금융위원회가 지정하는 기관"이란 다음 각 호의 어느 하나에 해당하는 기관을 말한다.
    1. 행정안전부
    2. 「상법」에 따라 설립된 주식회사 코스콤
    3. 「방송통신발전 기본법」에 따라 설립된 한국정보통신진흥협회
33) 신용정보법 제22조의9 제5항.
34) 신용정보법 제22조의9 제6항.
35) 신용정보법 시행령 제18조의6 제10항.

4. 마이데이터에 대한 진입규제

가. 허가제 도입

본인신용정보관리업 도입 이전에도 신용조회사는 개인신용평점 및 이와 관련된 신용정보 상세내역(금융연체, 카드사용 실적)을 조회할 수 있는 서비스를 제공하였고, 일부 핀테크 업체의 경우 고객을 대신하여 계좌에 접속하는 방식을 통해 정보를 수집하여 금융거래 정보를 일괄 조회할 수 있는 서비스를 제공하는 등 제한적 수준의 정보 통합조회 서비스가 있었다.[36] 이러한 통합조회 서비스를 통해 정보주체에게 재무현황 분석, 신용관리 지원, 최적화된 금융상품 추천 등 서비스를 제공하기 위해서는 데이터를 충분히 확보할 필요가 있었으나, 신용정보 수집에 제한이 많았고 고객의 신용정보를 수집이용하는 과정에서 정보보호·보안 측면에서 우려도 있었다. 금융감독당국은 마이데이터를 개인정보 자기결정권 행사의 수단이자 데이터 경제 활성화의 초석으로 보고 건전한 산업생태계가 조성될 수 있도록 2020. 2. 4. 개정 신용정보법에 본인신용정보관리업을 신설하여 기존에 자유업이었던 마이데이터를 허가제로 운영하게 되었다.

이러한 통합조회 서비스를 법 시행 전부터 영위하고 있던 회사는 법 부칙 제7조에 따라 법 시행 이후 6개월 이내에 이 법에 따른 요건을 갖추어 금융위원회로부터 허가를 받아야 하며, 허가를 받지 못하고 영업할 경우 무허가 영업에 해당하게 되었다. 이에 허가제 도입 전 사업을 영위해 온 사업자를 보호하고 기존 서비스를 이용 중인 고객들의 불편을 최소화하기 위해 기존에 마이데이터 서비스를 제공하던 40여 개 회사들이 우선 심사대상이 되어 본인신용정보관리업 허가를 받았다.[37]

나. 허가 절차

(1) 예비허가단계[38]

본인신용정보관리업의 허가를 받으려는 자는 본 허가신청 전에 예비 허가를 신청할 수 있다. 금융위원회는 본인신용정보관리업 허가의 신청내용에 대하여 이해관계

---

36) 금융위원회, 소비자 중심의 금융혁신을 위한 금융분야 마이데이터 산업 도입방안(2018. 7.) 8면 등 참조.
37) 서울경제, 마이데이터 기존 사업자부터 허가한다, (2020. 8. 19.)
38) 신용정보법 제4조 제2항 및 제4항, 시행령 제4조, 시행규칙 제3조, 감독규정 제5조 참조.

자 등의 의견을 수렴하기 위하여 신청인, 신청일자, 신청내용, 의견제시의 방법 및 기간 등을 인터넷 홈페이지 등에 공고해야 하고, 의견수렴 절차(공청회 포함)에 따라 수렴된 의견으로서 본인신용정보관리업 허가 신청인에게 불리하다고 판단되는 의견이 있으면 신청인에게 그 의견을 알리고 일정한 기한을 정하여 소명자료를 제출하도록 할 수 있다.

금융위원회는 신청내용이 신용정보법 제6조에 따른 허가요건을 충족하는지를 심사하여[39] 신청 시부터 2개월 이내에 예비허가 여부를 결정하여 그 결과와 이유를 지체 없이 신청인에게 문서로 통지하여야 한다. 이 경우 예비허가 신청에 관하여 흠결이 있는 경우에는 보완을 요구할 수 있다.

(2) (본)허가 단계[40]

본인신용정보관리업의 허가를 받으려는 자는 금융위원회가 정하여 고시하는 신청서(전자문서로 된 신청서를 포함한다)에 정관, 자본금 또는 기본재산의 지분을 적은 서류, 재무제표, 2년간의 사업계획서 및 예상 수입·지출 계산서 및 그 밖에 금융위원회가 정하는 서류를 첨부하여 금융위원회에 제출해야 한다.

금융위원회는 신청내용이 허가요건을 충족하는지를 심사하여 신청인에게 3개월 이내(예비허가를 받은 경우에는 1개월 이내)에 허가 여부를 결정하고, 그 결과와 이유를 지체 없이 신청인에게 문서로 통지하여야 한다. 이 경우 신청서에 흠결이 있을 때에는 보완을 요구할 수 있다. 또한, 금융위원회는 허가의 조건을 붙일 수 있고, 허가의 조건을 붙인 경우에는 금융감독원장으로 하여금 그 이행여부를 확인하도록 하여야 한다.

허가의 절차를 도식화하면 다음과 같다.

---

39) 허가신청서 내용의 심사는 금융감독원장에게 위탁되어 있어(영 제37조 제2항) 금융감독원장이 신청내용의 사실여부를 확인하고 이해관계인 등으로부터 제출된 의견을 고려하여 신청내용이 허가기준을 충족하는지 심사한다.
40) 신용정보법 제4조 제2항 및 제4항, 시행령 제4조 참조.

그림 6-1   본인신용정보관리업 허가 등의 절차

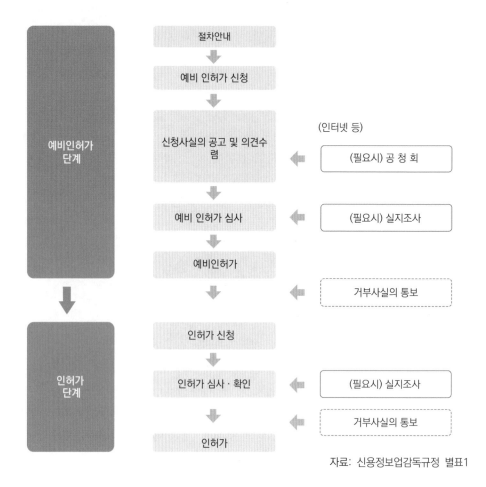

자료: 신용정보업감독규정 별표1

실무상으로는 본인신용정보관리업 본허가를 받은 후 실제 서비스를 제공하기 위해서는 금융보안원의 기능 적합성 심사와 보안취약점 점검결과 확인을 받아야 하고, 그 다음으로는 신용정보원이 운영하는 마이데이터 종합포털에 참여기관으로 등록하고 마이데이터 서비스 자격증명을 받아야 한다.

다. 허가 요건

본인신용정보관리업의 허가 요건을 요약하면 다음과 같다.

표 6-1 본인신용정보관리업의 허가 요건

요건	주요 내용
자본금 요건	5억원 이상의 자본금 또는 기본재산을 갖출 것
인력 및 물적 시설 요건	본인신용정보관리업을 하기에 충분한 전산설비 등 물적 시설을 갖출 것[41]
사업계획의 타당성 및 건전성 요건	• 사업계획이 수입·지출 전망이 타당하고 실현 가능성이 있을 것 • 조직구조 및 관리·운용체계가 사업계획의 추진에 적합할 것 • 조직구조 및 관리·운용체계가 이해상충 및 불공정 행위 등으로 본인신용정보관리업을 건전하게 하는 데에 지장을 주지 않을 것
대주주 요건	대주주가 충분한 출자능력, 건전한 재무상태 및 사회적 신용을 갖출 것
임직원 요건	임원이 「금융회사의 지배구조에 관한 법률」 제5조에 적합할 것
전문성 요건	본인신용정보관리업을 하기에 충분한 전문성을 갖출 것

2020. 8. 본인신용정보관리업 허가신청이 시작된 후 가장 문제가 된 것은 대주주 요건[42]이다. 본인신용정보관리업 허가 시 대주주 요건에서는 최대주주 및 주요주주만 심사대상으로 하고 최대주주의 특수관계인은 심사대상에 포함되지 않는다(단, 본인신용정보관리회사의 대주주 변경 승인 시에는 최대주주의 특수관계인도 심사대상으로 포함).[43]

대주주의 결격 사유[44]로서 "최근 5년간 신용정보법, 금융관련법령, 조세범 처벌법을 위반하여 벌금형 이상에 상당하는 형사처벌을 받은 사실에 해당하지 않을 것", "형사소송 절차가 진행되고 있거나 금융위원회, 국세청, 검찰청 또는 금융감독원에 의한 조사검사 등의 절차 진행 등 신용정보업 감독규정 제5조 제6항의 사유가 존재하지 않으며, 허가 심사 진행 중 해당 사유가 발생하는 즉시 고지할 것"이 있는데, 대주주가 위 결격사유에 해당하여 본인신용정보관리업 허가를 받지 못하게 된 사업자가 생겨났다. 특히 허가 요건 중 대주주 결격사유는 있지만 신청회사 본인의 결격 사유에 관한 사항은 없으므로, 비슷한 사실관계로 대주주가 제재를 받게 된 신청회사 A는 본인신용정보관리업 허가를 받지 못하게 된 반면, 오히려 같은 사유로 본인

---

41) 다른 신용정보업(개인신용평가업, 신용조사사업, 채권추심업 등)과 달리 본인신용정보관리업의 경우 인력 요건이 없다.
42) 신용정보법 시행령 제6조 제4항, 감독규정 제7조 참조.
43) 신용정보법 제6조, 제9조 참조.
44) 신용정보법 제6조 제2항, 제9조 제3항, 시행령 별표 1의2, 감독규정 별표 2의2 참조(제7조 및 제11조 제3항 관련).

이 제재를 받게 된 신청회사 B는 본인신용정보관리업 허가를 받는 상황이 발생하자 형평성 논란이 제기되기도 하였다.[45]

라. 심사중단제도

금융당국은 금융업 신규 인허가 및 대주주변경승인 심사 시 형사소송, 금융위 금감원 공정위 국세청 검찰 등 조사검사가 진행 중이고 그 내용이 심사에 중대한 영향을 미칠 수 있다고 인정되는 경우 심사 중단, 보류가 가능하다. 이러한 심사중단제도는 소송 조사검사결과에 따른 금융법상 부적격자에게 인허가, 승인이 되지 않도록 심사를 보류하여 법적안정성을 제고하려는 취지이다.

신용정보법상 인허가의 경우 금융위원회는 신청인에게 3개월 이내(예비허가 또는 예비인가를 받은 경우에는 1개월 이내)에 허가 또는 인가 여부를 결정해야 하는데(감독규정 제5조 제5항) "대주주를 상대로 형사소송 절차가 진행되고 있거나 금융위원회, 국세청 또는 금융감독원 등에 의한 조사 · 검사 등의 절차가 진행되고 있고, 그 소송이나 조사 · 검사 등의 내용이 승인심사에 중대한 영향을 미칠 수 있다고 인정되는 경우에는 그 소송이나 조사 · 검사 등의 절차가 끝날 때까지의 기간"을 위 심사기간에 산입하지 아니한다고 규정함으로써 심사중단제도를 두고 있었다(감독규정 제5조 제6항 제3호).

그런데 2021. 2. 본인신용정보관리업 도입을 앞두고 시장 선점을 위한 사업자간 경쟁이 치열해지는 상황에서 일부 허가를 신청한 회사들의 심사가 보류되면서, 심사중단제도가 진행 중인 사건의 경중과 관계없이 사건이 진행 중이라는 사실만으로 기계적으로 심사가 중단되는 방식으로 운영되는 경우 신청회사는 장기간 불안정한 상황에 놓일 수 있고 과도한 영업 제한이 될 수 있다는 비판이 제기되었다.

이에 따라 금융감독당국은 심사중단 · 재개 여부 검토 시 고려해야 하는 원칙 등을 규정한 「제도운영 실무지침(안)」을 마련하여(2021. 6. 9. 금융위 보고) 심사중단 · 재개 여부를 금융위원회의 재량 판단하에 결정하도록 하고, 2021. 9. 30. 업권별 감독규정을 개정하여 제도개선을 추진하였다. 형사절차의 경우 통상적 고발 수사는 중단없이 진행하고 범죄혐의의 상당성이 인정되는 강제수사, 기소 시점부터 심사중단이 가능한 것으로 하였고, 행정절차의 경우 신청시점 이후 조사사항은 심사하되 신청서 접수 이전 시작된 조사 · 제재, 검찰고발 사항은 심사중단이 가능하게 하였다. 또한

---

45) 아이뉴스24, "금융당국 '마이데이터 예비허가' 딜레마…중징계 받아도 허가는 내준다", (2020. 12. 23.)

심사중단 사유 발생일로부터 일정기간이 경과해도 후속절차가 진행되지 않는 경우 (예: 강제수사 후 1년 경과해도 기소되지 않은 경우, 검사착수 후 6월 경과해도 제재절차에 착수하지 않은 경우) 심사재개 결정이 가능하게 하였다.[46]

5. 마이데이터 사업자의 업무 범위

가. 고유업무

신용정보제공·이용자 또는 공공기관이 보유한 개인신용정보 등을 수집하고 수집된 정보의 전부 또는 일부를 신용정보주체가 조회, 열람할 수 있게 하는 업무를 말한다.[47] 본인신용정보관리회사의 고유업무를 영위하고자 하는 자는 금융위원회의 허가를 받아야 한다.

나. 겸영업무

마이데이터 사업자의 겸영업무는 다음과 같다.

- 전자적 투자조언장치를 활용한 투자자문업 또는 투자일임업
- 전자금융거래법 제28조에 따른 전자금융업
- 금융소비자 보호에 관한 법률(이하 "금융소비자보호법") 제2조 제4호에 따른 금융상품자문업
- 신용정보업
- 대출의 중개 및 주선 업무
- 온라인투자연계금융업
- 정보통신망법 제23조의3에 따른 본인확인기관의 업무
- 비금융법률이 금지하지 않는 모든 업무
- 금융회사의 고유·겸영·부대업무
- 금융소비자보호법 제2조 제2호 나목에 따른 금융상품 판매대리 중개업

---

46) 금융위원회, 금융업 인허가·승인 심사중단제도 개선사항(2021. 10.), 2면 참조.
47) 신용정보법 제2조 제9호의2, 시행령 제2조 제21항 참조.

마이데이터 사업자가 겸영업무를 영위하기 위해서는 사전에 금융위원회에 신고하여야 하고, 신용정보법 및 다른 법률에 따라 행정관청의 인가·허가·등록 및 승인 등의 조치가 필요한 겸영업무는 해당 개별 법률에 따라 인가·허가·등록 및 승인 등을 미리 받아야 할 수 있다.[48] 즉, 전자금융업, 신용정보업, 온라인투자연계금융업을 영위하기 위해서는 각 전자금융거래법, 신용정보법, 온라인투자연계금융업법상 인가·허가·등록 및 승인 등을 받아야 한다.

대출의 중개 및 주선 업무의 경우 은행, 금융투자업자, 여신전문금융회사 등은 각 개별 업법에 겸영업무로 명시되어 있어 이를 영위할 수 있다.[49] 그러나 비금융회사 등의 경우에는 금융소비자보호법 제12조에 따라 대출성 상품에 대한 금융상품판매 대리·중개업 등록을 해야 한다.

한편 금융회사는 개별 업법을 준수해야 하므로 신용정보법이 허용하더라도 개별 업법에서 허용하지 않은 업무는 영위할 수 없다. 예를 들어 비금융회사인 마이데이터 사업자는 겸영업무로서 로보어드바이저를 활용한 투자일임업을 영위할 수 있지만, 은행에 허용되는 투자일임법은 이른바 ISA(자산구성형 개인종합자산관리계약)에 한정되므로 본인신용정보관리업의 겸영업무로서도 ISA를 넘어선 투자일임업은 영위할 수 없다.[50]

다. 부수업무

마이데이터 사업자의 부수업무는 다음과 같다. 마이데이터 사업자가 부수업무를 영위하기 위해서는 그 부수업무를 하려는 날의 7일 전까지 금융위원회에 신고하여야 한다.

- 해당 신용정보주체에게 제공된 개인신용정보를 기초로 그 본인에게 하는 데이터 분석 및 컨설팅
- 데이터 판매 및 중개
- 가명정보 또는 익명처리한 정보를 이용·제공하는 업무

---

48) 신용정보법 제11조 제1항 참조.
49) 은행법 제28조 제1항 제3호 및 동법 시행령 제18조의2 제4항 제8호, 자본시장법 제40조 제1항 및 동법 시행령 제43조 제5항 제9호, 여신전문금융업법 시행령 제16조 제2항 제11호 참조.
50) 은행법 제28조 제1항 제1호 및 동법 시행령 제18조의2 제2항 제18호 참조.

- 신용정보주체에게 자신의 개인신용정보를 관리·사용할 수 있는 계좌를 제공하는 업무
- 정보주체 권리행사대행
- 본인인증 및 신용정보주체의 식별확인
- 금융상품에 대한 광고, 홍보 및 컨설팅
- 기업 및 법인 또는 그 상품의 홍보·광고
- 본인신용정보관리업 관련 연수, 교육 및 출판, 행사기획 등 업무
- 본인신용정보관리업 관련 연구·조사 등 용역 및 상담 업무
- 업무용 부동산의 임대차
- 신용정보주체의 전송요구권의 행사 및 전송요구 철회 등을 보조·지원하는 업무

마이데이터는 흩어져 있는 금융거래 내역 등 개인신용정보의 통합을 전제로 하므로 이러한 개인신용정보를 분석하여 신용상태, 재무현황을 파악하고 이를 바탕으로 개인에게 최적화된 금융상품을 추천하는 것은 마이데이터의 본질적인 서비스라고 해도 과언이 아니다. 이에 본인신용정보관리업의 부수업무 중 하나로 "금융상품에 대한 광고, 홍보, 컨설팅"이 포함되어 있고, 대부분의 마이데이터 사업자들이 정보주체의 개인신용정보 분석을 바탕으로 맞춤형 금융상품의 추천, 금융상품 비교추천 서비스를 계획하고 있었다.

그런데 2021. 9. 7. 금융위원회가 온라인 플랫폼에서의 금융상품의 홍보 내지 광고 행위와 금융상품의 중개행위를 구별하는 기준을 제시하면서 그동안 마이데이터 사업자들 사이에서 맞춤형 광고 등으로 여겨지던 행위가 '중개'행위에 해당하는 것으로 확인되었다.[51] 이에 금융상품의 중개행위를 할 수 없는 빅테크 마이데이터 사업자들은 기존에 제공하던 상품추천 서비스나 맞춤형 광고를 중단하였으며, 일부 빅테크 회사들의 주가가 급락하기까지 하였다.[52] 금융감독당국은 고객정보 분석을 통한 상품추천을 판매과정 중 하나인 '잠재고객 발굴 및 가입유도'에 해당한다고 보고 이는 '중개'행위로서 금융소비자보호법상 금융상품 판매대리 중개업에 등록하거나

---

51) 금융위원회, 온라인 금융플랫폼의 건전한 시장질서 확립을 위해 관련 금융소비자보호법 적용사례를 전파했습니다. (2021. 9. 7.) 참조.
52) 인베스트 조선, "네이버 카카오가 불지핀 금소법 논란…핀테크 업계 '대혼란'", (2021. 9. 28.)

금융법령에 따른 인허가가 필요하다는 입장이다.

따라서 예를 들면 펀드 등 투자성 상품의 경우 법인은 자본시장법상 투자권유대행인 등록이 불가하므로 투자중개업자가 아닌 마이데이터 사업자는 투자성 상품에 대한 맞춤형 상품 비교·추천 등의 중개행위를 할 수 없다.

6. 마이데이터에 대한 행위규제

마이데이터에 적용되는 행위규제는 다음과 같다.

가. 전송요구 관련 금지행위

(1) 개인인 신용정보주체에게 개인신용정보의 전송요구를 강요하거나 부당하게 유도하는 행위[53]

(2) 마이데이터 사업자 자신에 대해서만 전송요구를 하도록 강요하거나 부당하게 유도하는 행위[54]

(3) 마이데이터 사업자 자신이 아닌 제3자에게 전송요구를 하지 않도록 강요·유도하거나 제3자에 대한 전송요구를 철회하도록 강요하는 행위(마이데이터 사업자 자신에게 전송요구를 하는 방법보다 제3자에게 전송요구를 하는 방법을 어렵게 하는 행위를 포함한다)[55]

(4) 마이데이터 사업자 자신 또는 제3자에 대한 전송요구의 변경 및 철회의 방법을 최초 전송요구에 필요한 절차보다 어렵게 하는 행위[56]

(5) 마이데이터 사업자 자신에게 전송요구를 철회한다는 이유로 정당한 이유 없이 수수료, 위약금 등 금전적, 경제적 대가를 요구하는 행위[57]

(6) 개인인 신용정보주체의 동의 없이 전송요구의 내용을 변경하거나 신용정보제공·이용자등[58]에게 신용정보주체 본인이 전송요구한 범위 이상의 개인신용

---

53) 신용정보법 제22조의9 제1항 제1호.
54) 신용정보법 제22조의9 제1항 제2호, 신용정보법 시행령 제18조의6 제1항 제1호.
55) 신용정보법 제22조의9 제1항 제2호, 신용정보법 시행령 제18조의6 제1항 제2호.
56) 신용정보법 제22조의9 제1항 제2호, 신용정보법 시행령 제18조의6 제1항 제4호.
57) 신용정보법 제22조의9 제1항 제2호, 신용정보법 시행령 제18조의6 제1항 제5호.
58) 법 제22조의9 제3항 제1호에 의거 신용정보법 시행령 제18조의6 제4항에 정의된 신용정보제공이용자와 및 제5항에 정의된 공공기관을 합한자를 말하는 것으로서 마이데이터 사업자에게 정보를 제공해야 하는 자를 말한다.
신용정보제공이용자: 신용정보법 시행령 제5조 제2항 제1호부터 제21호까지의 자 및 제21조 제2항

정보를 요구하는 행위

(7) 개인인 신용정보주체의 요구에도 불구하고 전송요구를 즉시 철회·변경하지 않는 행위[59]

(8) 개인인 신용정보주체의 전송요구를 이유로 신용정보제공·이용자등의 전산 설비에 과도하게 접근하여 부하를 일으키는 행위[60]

(9) 개인신용정보 전송 시 정기적 전송 여부 등을 고의로 변경하는 등 법 제22조의9제6항에 따른 비용의 지불을 회피하는 행위[61]

나. 부당권유 관련 금지행위

(1) 법 제39조의3 제1항의 권리에 대한 대리행사를 강요하거나 부당하게 유도하는 행위

법 제39조의3 제1항의 권리란 신용정보주체가 대리행사할 수 있는 신용정보법상의 권리로서 전송요구권 외에도, 상거래 거절근거 신용정보 고지요구권(신용정보법 제36조 제1항), 자동화평가 결과에 따른 설명요구권 및 이의제기권(신용정보법 제36조의2 제1항, 제2항), 동의철회 및 연락중지청구권(신용정보법 제37조 제1항), 열람 및 정정청구권(신용정보법 제38조 제1항, 제2항), 신용조회사실 통지요청권(신용정보법 제38조의2 제1항), 무료열람권(신용정보법 제39조), 채권자 변동정보의 교부 및 열람권(신용정

각 호의 자, 「전자금융거래법」 제2조 제4호에 따른 전자금융업자, 「자본시장과 금융투자업에 관한 법률」에 따른 한국거래소 및 예탁결제원, 신용정보회사, 본인신용정보관리회사 및 채권추심회사, 「여신전문금융업법」 제2조 제16호에 따른 겸영여신업자, 「전기통신사업법」 제6조에 따른 기간통신사업을 등록한 전기통신사업자, 「한국전력공사법」에 따른 한국전력공사, 「한국수자원공사법」에 따른 한국수자원공사, 그 밖에 제1호부터 제8호까지의 규정에 따른 자와 유사한 자로서 금융위원회가 정하여 고시하는 자(없음).

공공기관: 행정안전부, 보건복지부, 고용노동부, 국세청, 관세청, 조달청, 「공무원연금법」 제4조에 따른 공무원연금공단, 「주택도시기금법」 제16조에 따른 주택도시보증공사, 「한국주택금융공사법」에 따른 한국주택금융공사, 「산업재해보상보험법」 제10조에 따른 근로복지공단, 「서민의 금융생활 지원에 관한 법률」 제56조에 따른 신용회복위원회, 지방자치단체 및 지방자치단체조합, 「국민건강보험법」 제13조에 따른 국민건강보험공단, 국민연금공단, 그 밖에 금융위원회가 정하여 고시하는 기관(없음).

59) 신용정보법 제22조의9 제1항 제2호, 신용정보법 시행령 제18조의6 제1항 제11호, 신용정보업감독 규정 제23조의3 제4호.

60) 신용정보법 제22조의9 제1항 제2호, 신용정보법 시행령 제18조의6 제1항 제11호, 신용정보업감독 규정 제23조의3 제5호.

61) 신용정보법 제22조의9 제1항 제2호, 신용정보법 시행령 제18조의6 제1항 제11호, 신용정보업감독 규정 제23조의3 제6호.

보법 제39조의2 제2항)를 말한다. 이들 권리를 대리행사하는 것이 마이데이터 사업자의 부수업무이기도 하므로,[62] 이러한 부수업무의 수임을 위한 강요, 부당행위를 하지 말라는 취지이다.

(2) 금융소비자에게 금융상품에 관한 중요한 사항을 이해할 수 있도록 설명하지 않는 행위[63]

(3) 경제적 가치가 3만원을 초과하는 금전 · 편익 · 물품 등(추첨 등을 통하여 제공할 경우 평균 제공금액을 의미한다)을 제공하거나 제공할 것을 조건으로 하여 자신에 대해 전송요구권의 행사를 유도하거나 마이데이터 서비스의 가입 등을 유도하는 행위[64]

과도한 마케팅 행위로 소비자의 편익이 저해되고 과도한 출혈 경쟁으로 자금력이 부족한 중소사업자가 불이익을 받을 우려 등을 이유로 3만원을 초과하는 경제적 이익을 제공하거나 제공을 조건으로 한 서비스 가입, 전송요구권 행사 유도 등 금지하고 있다. 추첨 등을 통하여 제공하는 경품의 경우 평균 제공금액이 3만원을 초과하지 않으면 경품 자체의 가액은 3만원을 초과할 수 있다.

과도한 경제적 이익 제공금지 규정은 다른 업권법에서도 유사한 규정들이 존재하는데[65] 이를 참고하여 추가된 규정으로 보인다. 위 규정에도 불구하고 마이데이터 서

---

62) 신용정보법 제11조의2 제6항 제3호 참조.
63) 신용정보법 제22조의9 제1항 제2호, 신용정보법 시행령 제18조의6 제1항 제7호.
64) 신용정보법 제22조의9 제1항 제2호, 신용정보법 시행령 제18조의6 제1항 제11호, 신용정보업감독규정 제23조의3 제7호.
65)

은행	• (은행업감독규정 제29조의3①) 제공규모 및 회수 등을 감안하여 일반인이 통상적으로 이해하는 수준에 반하지 아니하는 수준* * 경제적 가치가 3만원 이하인 물품 · 식사 또는 20만원 이하의 경조비 · 조화 · 화환은 재산상 이익으로 보지 아니함
카드	• (여전법 시행령 제6조의7⑤) 모집을 위해 제공하는 경제적 이익이 평균연회비의 100분의 10을 초과하지 아니할 것
보험	• (보험업법 시행령 제46조) 보험계약 체결과 관련하여 1년간 납입되는 보험료의 10%와 3만원 중 적은 금액 미만을 제공할 것
증권	• (금융투자업규정 제4−18조①) 금전 · 물품 · 편익 등의 범위가 일반인이 통상적으로 이해하는 수준에 반하지 않는 것 • (금융투자회사의 영업 및 업무에 관한 규정 제2−63) 재산상 이익으로 보지 않는 경우로 경제적 가치가 3만원 이하인 물품 · 식사, 신유형상품권, 거래실적에 연동되는 포인트 · 마일리지 또는 20만원 이하의 경조비 · 조화 · 화환을 제외함, 파생상품 관련 추첨등으로 1회당 제공할 수 있는 재산상 이익은 300만원으로 한정하되 유사해외통화선물 및 주식워런트증권의 경우 추첨을 통한 재산상 이익을 금지

비스 개시를 앞두고 사업자간 마케팅이 과열양상을 띠자 감독당국은 마이데이터 사업자 간 과당경쟁 방지를 위한 입법취지, 소비자 차별 우려 등을 감안할 때, 추첨 등을 통하여 제공하는 경우에도 100만원을 초과하는 고가경품 등은 제공하지 않아야 한다는 입장을 밝힌 바 있다.[66]

다. 개인신용정보의 처리 관련

(1) 개인신용정보의 부당한 보관, 저장의 금지

개인인 신용정보주체의 요구에도 불구하고 해당 신용정보주체의 신용정보를 즉시 삭제하지 않는 행위,[67] 마이데이터 사업자 자신이 보유한 개인인 신용정보주체의 신용정보 삭제 방법을 전송요구에 필요한 절차보다 어렵게 하는 행위,[68] 신용정보주체를 대리하여 법 제39조의3 제1항 제5호, 제7호, 제8호에 따른 권리를 행사하는 경우 개인신용평가회사가 제공한 개인신용정보 및 그 산출에 이용된 개인신용정보를 신용정보주체가 열람한 후에 개인신용정보주체의 별도 동의 없이 저장하는 행위[69] 등이 금지된다.

(2) 개인신용정보의 부당한 활용, 제공의 금지

개인식별정보 등을 신용정보주체 동의 없이 유·무선 마케팅등에 활용하거나 제3의 기관에 제공하는 행위는 금지된다.[70] 그러나, 그 반대해석으로 마이데이터 사업자가 별도의 명시적인 마케팅 동의를 받는다면 마이데이터 사업을 통해 취득한 신용정보를 본래 영위하는 업무 등의 마케팅 목적으로 활용할 수 있고 제3자에 제공할 수도 있다.

문제는 고객이 마이데이터 서비스를 탈퇴하거나 전송요구를 철회하는 경우 본래 영위하는 업무와 관련하여 이용·보관하고 있던 마이데이터 수집 정보까지 모두 삭제해야 하는지 여부이다. 가이드라인 등에서는 "전송요구를 통하여 수집한 개인신용정보의 보유기간은 해당 전송요구서에서 정한 개인신용정보의 보유기간을 따르되,

---

66) 한국신용정보원, 금융분야 마이데이터 서비스 가이드라인(2021. 11.) 12면.
67) 신용정보법 제22조의9 제1항 제2호, 신용정보법 시행령 제18조의6 제1항 제8호.
68) 신용정보법 제22조의9 제1항 제2호, 신용정보법 시행령 제18조의6 제1항 제9호.
69) 신용정보법 제22조의9 제1항 제2호, 신용정보법 시행령 제18조의6 제1항 제11호, 신용정보업감독 규정 제23조의3 제2호.
70) 신용정보법 제22조의9 제1항 제2호, 신용정보법 시행령 제18조의6 제1항 제11호, 신용정보업감독 규정 제23조의3 제3호.

법령에 해당하는 경우 해당 법령상의 보존기간을 따라야 한다"고 명시하고 있고(한국신용정보원, 금융분야 마이데이터 서비스 가이드라인(2021. 11.) 117면),71) "고객이 마이데이터 서비스 탈퇴를 요청하는 경우, 모든 전송요구를 철회하고 해당 고객의 개인신용정보를 즉시 모두 삭제하여야 한다"고 명시한 부분도 있다(금융보안원, 금융분야 마이데이터 기술 가이드라인(2021. 11.) 51면).

그림 6-2 마이데이터사업자의 개인신용정보 전송요구 철회 시나리오72)

《(예시) 마이데이터사업자의 개인신용정보 전송요구 철회 시나리오》

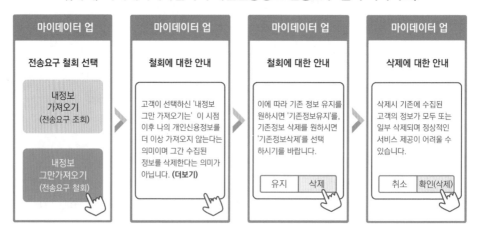

이상의 내용을 종합해 보면, 감독당국은 마이데이터 서비스 탈퇴 후에도 고객이 인지하지 못하는 사이에 여전히 마이데이터 사업자에 의하여 개인신용정보가 활용되는 상황이 발생하지 않도록 마이데이터 서비스 탈퇴 및 전송요구권 행사 철회 시의 절차를 강화하고 있는 것으로 보인다. 이러한 점을 고려하면 마이데이터를 통해 수집한 개인신용정보의 경우 원칙적으로 전송요구서에 기재된 보유기간, 개인신용정보 수집 시 동의 받은 이용 보유기간 내에서 이용 보유가 가능할 것이나, 고객이 마이데이터 서비스 탈퇴 또는 전송요구 철회의 의사표시를 하는 경우에는 기존에 수집한 정보를 유지할 것인지 삭제할 것인지 의사를 확인하는 과정을 거쳐 이때 확인되

---

71) 해당 부분은 개정 전 가이드라인에서 "마이데이터 사업자의 경우 법제20조의2를 적용하지 않고 고객의 의사에 따라 삭제 등의 처리를 수행하여야 합니다"라고 기재되어 있던 것이 삭제된 것이다.

72) 금융보안원, 금융분야 마이데이터 기술 가이드라인(2021. 11.) 51면.

는 고객의 의사에 따라 삭제 여부를 결정하는 것이 타당할 것으로 보이고, 이는 본래 영위하고 있던 업무와 관련하여 이용 중이던 마이데이터 수집 정보에 대해서도 달리 적용될 이유가 없어 보인다. 다만 전송요구권 행사로 수집한 정보 외에 기존에 본래 영위하던 영업과 관련하여 보유하고 있는 개인신용정보나 마이데이터 수집 정보를 가공하여 작성된 가명정보, 익명정보 등은 삭제 범위에 해당되지 않는다.[73]

마이데이터를 통해 수집한 정보의 경우에도 다음과 같은 경우에는 해당 목적에 필요한 최소한의 범위 내의 정보에 한하여 삭제하지 않고 보유가 가능할 것으로 생각된다.[74]

- 신용정보법 또는 다른 법률에 따른 의무를 이행하기 위하여 불가피한 경우
- 개인의 급박한 생명, 신체, 재산의 이익을 위하여 필요하다고 인정되는 경우
- 가명정보를 이용하는 경우로서 그 이용목적, 가명처리의 기술적 특성, 정보의 속성 등을 고려하여 대통령령으로 정하는 기간 동안 보존하는 경우
- 예금, 보험금의 지급을 위한 경우
- 보험사기자의 재가입 방지를 위한 경우
- 개인신용정보를 처리하는 기술의 특성 등으로 개인신용정보를 보존할 필요가 있는 경우

(3) 적요정보 및 미성년자 정보의 처리 제한

제3조의3 제2항 각 호의 정보 (즉, 적요정보) 및 만 19세 미만 신용정보주체의 개인신용정보를 신용정보주체 본인 조회·분석 목적 이외의 목적으로 이용하거나 제3자에게 제공하는 행위는 금지된다.[75]

(4) 채권추심행위 목적으로 이용금지

앞서 살펴본 바와 같이 마이데이터를 통해 수집한 신용정보 활용에 대해서는 정보주체로부터 별도의 동의를 명확히 받은 경우 본래 영위하던 업무 목적으로 활용이 가능하다. 그러나 본래 영위하던 업무의 "채권추심" 목적으로는 별도의 동의를 받더

---

73) 신용정보법 제40조의3, 제38조의3 참조.
74) 금융보안원, 금융분야 마이데이터 기술 가이드라인(2021. 11.) 80면.
75) 신용정보법 제22조의9 제1항 제2호, 신용정보법 시행령 제18조의6 제1항 제11호, 신용정보업감독규정 제23조의3 제9호.

라도 마이데이터 수집 정보를 활용할 수 없다는 것이 금융감독당국의 입장이다.[76]

즉, 신용정보법 제11조 제6항 및 제7항은 채권추심업과 본인신용정보관리업의 겸영을 허용하고 있지 않은 점, 신용정보업 감독규정 제23조의3 제1항 제1호는 특정고객의 이익을 해하면서 자기의 이익을 도모하는 것을 금지하고 있는 점 등을 고려할 때, 추심업무를 수행할 수 있는 금융회사라고 하더라도 본인신용정보관리업을 통해 취득한 신용정보를 추심업무 목적으로 활용하는 것은 정보주체의 이익에 반하는 것으로 보고 있다. 감독당국은 신용정보법 제33조 등에 따라 정보주체로부터 별도의 동의를 명확히 받은 경우 채권추심 목적이 아닌 내부 업무목적(취합된 자산정보로 회수 가능여부 판단 및 우선순위 조정 등) 참고용으로는 활용할 수 있다고 하면서도, 이 경우에도 정보주체의 이익에 반하는 활용은 금지된다는 입장을 밝히고 있다.

라. 이해상충 관련

(1) 내부관리규정의 마련 의무[77]

마이데이터 사업자는 신용정보법 제11조 제6항에 따른 업무 및 신용정보법 제11조의2 제6항 제3호에 따른 업무를 수행하는 과정에서 개인인 신용정보주체와 본인신용정보관리회사 사이에 발생할 수 있는 이해상충을 방지하기 위한 내부관리규정을 마련하여야 한다.

내부관리규정에 포함되어야 할 사항은 아래와 같다.[78]

1. 개인신용정보 수집·처리의 기록과 보관에 관한 사항
2. 개인신용정보 관리체계의 구성 및 운영절차에 관한 사항
3. 금융소비자(「금융소비자 보호에 관한 법률」제2조에 따른 금융소비자를 말한다. 이하 이 호에서 같다)와의 이해상충이 발생할 수 있는 행위 발생 방지에 관한 사항(금융소비자의 이익에 부합하는 금융상품 추천·권유 알고리즘 운영 및 점검에 관한 사항을 포함한다)
4. 개인인 신용정보주체의 신용정보를 편향·왜곡하여 분석하지 않도록 방지하기 위한 사항

---

76) 금융위원회/금융감독원 2022. 1. 19. 법령해석회신문(210134).
77) 신용정보법 제22조의9 제2항.
78) 신용정보법 제22조의9 제2항, 신용정보법 시행령 제18조의6 제2항, 신용정보업감독규정 제23조의3 제2항.

5. 다음 각 목의 사항을 포함한 임직원이 임무를 수행할 때 준수하여야 하는 절차에 관한 사항
  가. 임직원의 내부관리기준 준수 여부를 확인하는 절차·방법
  나. 불공정행위, 금지 및 제한 사항의 위반을 방지하기 위한 절차나 기준에 관한 사항
6. 개인신용정보 관리계획 및 임직원에 대한 교육계획 수립·운영에 관한 사항

(2) 이해상충의 금지

마이데이터 사업자는 자신의 이익을 위해 금융소비자에게 적합하지 않다고 인정되는 계약 체결을 추천 또는 권유하는 행위[79] 또는 특정 고객의 이익을 해하면서 자기 또는 제3자의 이익을 도모하는 행위[80]을 하여서는 아니 된다.

이 두가지 금지행위와 관련해서는 마이데이터 사업자의 금융상품 또는 소속 금융그룹 계열사의 금융상품만 추천하는 것이 가능한지 문제될 수 있다. 물론 고객이 선택할 수 있는 모든 금융상품들을 비교, 분석하여 이 중에서 고객에게 가장 적합한 금융상품을 추천할 수 있다면 바람직할 것이고, 마이데이터 사업자 입장에서도 장기적으로 자사의 마이데이터 플랫폼과 추천 알고리즘에 대한 가치를 제고하고 신뢰를 확보하기 위해 최대한 pool을 다양하게 구성하고자 하는 니즈가 있을 것이나, 현실적으로 타 금융사와 제휴나 타 금융상품에 대한 정확한 정보 확보가 용이하지 않은 경우도 있다. 법령에서 금지하는 행위는 사업자의 이익을 위해서 금융소비자에게 적합하지 않은 상품을 추천하거나 고객의 이익을 해하면서 자기의 이익을 도모하는 행위이므로 고객에게 적합하지 않음에도 사업자에게 가장 많은 수수료 이익이 보장되는 상품을 추천하거나, 마이데이터 사업자의 금융상품 또는 소속 금융그룹 계열사의 금융상품만 추천하면서 마치 타사의 금융상품까지 모두 비교하여 추천한 결과인 것처럼 오해하게 한다면 이는 이해상충행위에 해당될 수 있다. 마이데이터 사업자가 금융상품 또는 소속 금융그룹 계열사의 금융상품 중에서 적합한 상품을 추천하는 것임을 밝히고 그 중에서 사업자의 이익과 관계 없이 고객에게 가장 적합한 상품을 추천한다면 타사의 상품을 추천하지 않는다고 하여 이해상충행위에는 해당되지 않을 것으로 생각된다.

---

79) 신용정보법 제22조의9 제1항 제2호, 신용정보법 시행령 제18조의6 제1항 제6호.
80) 신용정보법 제22조의9 제1항 제2호, 신용정보법 시행령 제18조의6 제1항 제11호, 신용정보업감독규정 제23조의3 제1호.

마. 스크레이핑(Scraping)의 금지[81]

신용정보법에 본인신용정보관리업이 도입되기 전에도 마이데이터와 유사하게 여러 금융기관에 흩어져 있는 자산을 통합조회할 수 있게 하고 그 내역을 분석해 주는 자산 관리 서비스가 있었고, 이 때 사업자들은 스크레이핑 방식으로 데이터를 수집하였다. 즉 사업자들은 고객 동의 하에 고객의 인증정보(아이디/비밀번호, 공인증서/비밀번호 등)를 제공받아 그 정보로 금융기관 등 시스템에 접속하여 금융거래 관련 정보를 수집하였다. 그러나 본인신용정보관리업이 도입되면서 마이데이터 사업자는 스크레이핑 방식으로 개인신용정보를 수집할 수 없고(법 제22조의9 제3항, 시행령 제18조의6 제2항), 원칙적으로 고객의 전송요구권 행사에 따라 표준 API를 통해서 개인신용정보를 수집해야 한다(시행령 제18조의6 제7항). 다만 스크레이핑 방식의 정보수집이 금지되는 것이므로 그 외의 방법(신용정보주체로부터의 개별 정보제공 동의, 오픈뱅킹 API 활용 등)으로 개인신용정보를 수집하는 것은 가능하다.

한편 마이데이터 사업자의 스크레이핑 금지 범위에 관하여 논의가 있다. 신용정보법에서는 "마이데이터 사업자"는 스크레이핑 방식으로 "신용정보주체에 교부할 신용정보"를 수집하여서는 아니된다고 규정하고 있어 문언해석상으로는 신용정보주체에게 교부할 목적으로 수집하는 신용정보에 한하여 스크레이핑을 이용한 수집이 금지되고, 다른 목적으로 이용할 신용정보의 경우 스크레이핑을 이용하여 수집할 수 있다는 해석이 가능하다.

감독당국은 기존 금융회사가 본인신용정보관리업 허가를 받게 되면 본인신용정보관리업 업무와 관계없는 본업을 위한 신용정보 수집에도 스크레이핑 방식을 사용할 수 없다는 입장을 밝히고 있는데[82] 위와 같은 감독당국의 입장에 따르면, 신용정보주체에 교부할 목적에 한정되지 않고 마이데이터 사업자의 스크레이핑을 이용한 신용정보 수집을 금지하고 있는 것으로 추측된다. 아마 스크레이핑 방식으로 수집을 하는 경우 어떠한 목적으로 수집하는지 여부를 확인하기 어렵고, 스크레이핑 방식의 특성상 인증정보가 본인신용정보관리회사에 보관되고, 목적상 불필요한 정보까지 수집이 가능하여 보안상 취약점이 있다는 점을 고려한 것으로 이해된다.

또한, 마이데이터 사업자가 개인신용정보가 아닌 일반 개인정보를 스크레이핑 방식으로 수집할 수 있는지도 문제될 수 있다. 이와 관련해서는 감독당국이 명확한 입

---

81) 신용정보법 제22조의9 제3항.
82) 금융감독원, 본인신용정보관리회사 허가신청 관련 Q&A 16면.

장을 밝힌 바 없으나, 스크레이핑을 금지하고 있는 법 제22조의9 제3항의 문언상 "신용정보"에 한정하고 있는 점, 그리고 마이데이터 사업자에게 스크레이핑을 금지하는 것은 개인신용정보를 표준 API 방식으로 수집할 수 있음을 전제로 한 것인데, 표준 API 방식으로 수집할 수 없는 일반 개인정보까지 스크레이핑을 이용한 수집을 금지하는 것은 지나친 제한이 될 수 있는 점 등을 고려한다면, 마이데이터 사업자도 개인신용정보가 아닌 일반 개인정보는 스크레이핑 방식으로 수집할 수 있다고 보는 것이 타당하다고 생각된다.

바. 기타 금지 행위

(1) 본인신용정보관리서비스의 개발 및 주요기능 변경시 서비스 기능 등에 대해 금융보안원으로부터 적합성 심사를 받지 않거나 금융보안원, 「전자금융감독규정」 제37조의3제1항에 따른 "평가전문기관" 또는 같은 규정 제37조의2제2항에 따른 "자체전담반"으로부터 서비스 보안성에 대해 연 1회 이상 보안취약점 점검을 수행하지 않는 행위[83]

(2) 만 19세 미만의 신용정보주체에게 마이데이터 서비스를 제공하려는 경우 다음의 행위[84]

   (가) 만 19세 미만인 신용정보주체의 법정대리인이 본인신용정보관리 서비스 이용에 동의했는지 여부를 확인하지 아니하는 행위

   (나) 만 19세 미만인 신용정보주체와 관련되어 다음의 어느 하나에 해당하지 않는 금융상품과 관련된 정보를 수집·제공하는 행위

     1) 「금융소비자 보호에 관한 법률」 제3조제1호에 따른 예금성 상품

     2) 「여신전문금융업법」 제2조제6호 및 제8호에 따른 직불카드 및 선불카드

     3) 「전자금융거래법」 제2조제13호 및 제14호에 따른 직불전자지급수단 및 선불전자지급수단

     4) 그 밖에 1)부터 3)까지의 규정에 따른 금융상품과 유사한 상품으로서 금융감독원장이 정하는 금융상품

(3) 대면 방식의 마이데이터 서비스 제공 금지 관련

---

83) 신용정보법 제22조의9 제1항 제2호, 신용정보법 시행령 제18조의6 제1항 제11호, 신용정보업감독 규정 제23조의3 제1항 제8호.

84) 신용정보법 제22조의9 제1항 제2호, 신용정보법 시행령 제18조의6 제1항 제11호, 신용정보업감독 규정 제23조의3 제1항 제10호.

전송요구권 행사의 대상이 컴퓨터 등 정보처리장치로 처리된 신용정보에 한정되어 있고, 대량의 개인신용정보를 처리하고 알고리즘 등을 통한 자산 분석 서비스를 예정하고 있으므로 비대면 서비스가 일반적일 것으로 생각되지만 본인신용정보관리업 정의 등 법령상 비대면 방식의 서비스 제공에만 한정되어 있는 것은 아니다. 다만 감독당국은 불완전 판매 가능성이 있다는 이유로 고객에게 대면 방식의 마이데이터 서비스 제공은 할 수 없다는 입장이다.[85] 마이데이터 사업자의 직원이 고객에게 상품/서비스 안내 및 권유를 하면서 마이데이터 앱에서 제공되는 개인신용정보 통합 조회화면을 보여주거나, 자산보유현황 분석 결과를 보여주어서는 아니 된다는 취지인지, 아예 마이데이터를 통해 수집한 정보를 활용한 영업점에서의 상품 추천이 금지된다는 것인지 명확하지는 않다. 다만 마이데이터를 통해 수집한 정보에 대해서 명확하게 동의를 받은 경우 본래 영위하던 업무나 마케팅 등에 활용이 가능하다는 점을 고려할 때, 영업점에서의 상품 추천 시 마이데이터를 통해 수집한 정보를 분석한 결과를 전혀 활용하지 못한다는 취지라면 과도한 제한으로 여겨진다. 고객 입장에서도 마이데이터 사업자가 이미 내 자산에 대한 많은 정보를 보유하고 있는데 유독 영업점에서만 자산 분석의 결과에 따른 상품 추천을 받지 못하고 제한된 정보하에서만 상품 추천을 받는다면 특히 대면 거래의 의존도가 높은 고령층 등에서는 혜택의 제한을 받는 것이라 생각된다.

7. 마이데이터 생태계와 마이데이터 지원센터

금융분야 마이데이터의 생태계와 참여주체를 도식화하면 [그림 6-3]과 같다.

마이데이터 산업이 원활하게 운영될 수 있도록 지원하는 기구로서 마이데이터 지원센터가 설치되었고 한국신용정보원이 이를 운영하고 있다.[86] 마이데이터 지원센터는 정보주체, 마이데이터사업자, 정보제공자, 중계기관, 인증기관의 등록 및 데이터 송,수신자 인증을 포함한 참여기관의 전반적인 운영사항을 관리하고 있다.

마이데이터 지원센터가 운영하는 마이데이터 종합포털[87]에서는 참여기관 및 마이데이터 서비스 이용자들에게 다음과 같은 업무를 지원하고 있다.[88]

---

85) 금융보안원, 금융분야 마이데이터 기술 가이드라인(2021. 11.) 104면 참조.
86) 신용정보법 제25조의2 제6호, 시행령 제21조의2 제2항 제2의3호, 제28조의4.
87) www.mydatacenter.or.kr.
88) 한국신용정보원, 금융분야 마이데이터 서비스 가이드라인(2021. 11.) 111면 참조.

그림 6-3 마이데이터 생태계와 참여주체[89]

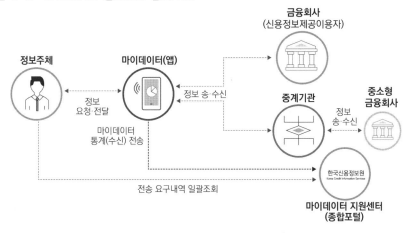

표 6-2 마이데이터 종합포털의 주요 기능

요건	주요 내용
참여기관 등록관리	참여기관이 종합포털에 가입을 신청하면 이를 심사하여 등록, 관리하는 등 마이데이터 서비스 운영을 위한 사전 필수절차를 거치게 함
자격증명 발급관리	마이데이터 서비스가 운영되기 위해 참여기관의 자격증명(Client ID/Secret)을 발급하고 관리함
지원서비스 전용 접근토큰 발급관리	종합포털의 다양한 지원서비스 제공을 위해 종합포털과 참여기관 간의 접근토큰을 발급하고 관리함
실환경테스트 담당자 조회	참여기관이 실환경테스트 담당자를 등록, 관리하고 타 기관의 담당자를 조회하는 서비스 제공
통계정보 제공	마이데이터 사업자와 정보제공자가 종합포털에 집중하는 통계정보를 활용하여 정기적 전송에 대한 과금모델 개발 및 각종 산업통계 등을 제공
개인신용정보 전송요구내역 통합 조회	서비스이용자가 다수의 마이데이터 서비스에서 요구한 개인신용정보 전송요구내역을 일괄 통합조회할 수 있도록 함
정보제공자 서비스 상태 조회	마이데이터 사업자는 종합포털을 통해 정보제공자의 API 전송시스템 상태(정상, 시스템 점검, 장애여부 등) 조회 가능
마이데이터 소개 및 고객지원서비스	마이데이터 생태계 및 참여기관, 마이데이터 서비스에 대한 소개와 각종 민원, 문의사항의 접수, 처리를 지원

89) 한국신용정보원, 금융분야 마이데이터 서비스 가이드라인(2021. 11.) 105면 참조.

8. 결론 - 향후 전망 및 발전 방향

디지털 혁신에서 데이터의 중요성이 부각되는 가운데, 마이데이터는 데이터 경제 활성화를 위한 초석이 되었다고 해도 과언이 아니다. 특히 마이데이터 서비스는 기존에 기업 중심으로 이루어지던 데이터 활용 및 데이터 기반 혁신의 혜택에 정보주체가 참여할 수 있게 하고 정보주체가 보다 능동적·적극적으로 개인정보 자기결정권을 행사할 수 있는 기반을 제공하였다는 데 큰 의의가 있다.

금융분야에 마이데이터 산업에 관한 법률상 규율체계가 최초 도입되고 성공적인 서비스 런칭 이후[90] 공공부문에서 전자정부법[91] 등 개정을 통해 본인의 행정정보를 본인 또는 제3자에게 제공하도록 요청할 수 있는 권리가 도입되었고, 민간부분에서는 개인정보 전송요구권을 신설한 개인정보 보호법 일부개정안[92]이 추진 중이다. 앞으로 타 분야에서 추진되고 있는 의료, 교육, 유통 등의 마이데이터가 시행될 경우 기존 금융분야 마이데이터와도 시너지 효과를 낼 수 있을 것으로 생각되고 정보주체는 더욱 고도화된 초개인화 서비스를 제공받을 수 있을 것으로 기대된다. 나아가 마이데이터를 통해 축적된 빅데이터를 잘 활용한다면 큰 부가가치를 창출할 수 있을 것으로 기대된다.

금융분야 마이데이터도 처음부터 순탄하기만 했던 것은 아니다. 데이터 규격 및 전송 절차 표준화, 본인에 대한 인증절차, 개인정보에 대한 실질적인 통제 및 관리방안 등 여러 이슈가 있었지만 참여자들의 신속한 합의와 강력한 추진력으로 성공적인 서비스 시작이 가능했다. 그러나 앞으로 마이데이터 서비스의 정착과 도약을 위해서는 온라인 플랫폼에서의 맞춤형 광고와 금융상품의 권유, 판매의 개념을 명확하게 하고 이에 대한 진입규제 및 행위 규제를 개선할 필요가 있다. "금융" 마이데이터 서비스 이용자가 누릴 수 있는 가장 큰 효익은 무엇일까. 첫째, 마이데이터를 통해 통합된 정보의 특성상 현재의 소비패턴이나 재무상황에 대한 분석 결과를 전달받고, 자신에게 필요한 신용상태 개선을 위한 컨설팅 내지 자신에게 최적화된 금융상품에 대한 전문가의 조언을 받기를 원할 것이다. 둘째, 자신의 개인신용정보를 하나

---

90) 4차산업혁명위원회에 따르면 2월 15일 기준 금융 마이데이터는 중복 집계를 포함해 누적 가입자 1천840만명에 달했다. 현재까지 39개 사업자가 참여해 누적 125억건의 데이터를 전송했다. 공공마이데이터의 경우 묶음데이터 24종이 약 3천300만건 활용되고 있는 것으로 나타났다. 연합인포맥스, 4차위 마이데이터 토론회…금융데이터 활용 논의(2022. 3. 3.).

91) 전자정부법(법률 제18207호), 2021. 6. 8., 일부개정, 2021.12.9. 시행.

92) 개인정보 보호법 일부개정법률안(의안번호2112723) 참조.

의 어플리케이션에서 통합조회가 가능하게 되었다면 이 하나의 어플리케이션에서 개인화된 맞춤형 금융상품을 비교 추천받고 한 번의 본인확인으로 필요한 금융상품의 구매까지 마무리하는 편리함을 누리고자 하는 니즈도 분명히 존재할 것이다. 현재의 규제 체계하에서 금융 마이데이터는 이용자들의 이러한 기본적인 니즈를 충족시키지 못하고 있다는 큰 숙제를 안고 있다.

나아가 마이데이터 서비스 고도화를 위해서 전송 대상 정보의 제공범위 확대, 정보 주권 보장 강화, 초개인화된 서비스 제공을 위한 제도적 기반 강화 등이 지속 논의될 필요가 있다. 특히 마이데이터 사업자들의 데이터 분석 및 활용 능력이 커질수록 정보주체에게 고도화된 서비스가 가능하고 데이터 산업, 나아가 디지털 혁신에도 기여할 수 있을 것이므로 마이데이터 사업자들이 마이데이터로 수집한 개인정보를 통해 어떻게 부가가치를 낼 수 있을지에 대한 고민과 여건 마련이 중요하다고 생각된다.

Ⅱ. 보건의료 마이데이터의 이론과 실무 법무법인(유)광장 고환경 변호사

1. 보건의료 마이데이터의 중요성과 추진 경과

대통령 직속 4차산업혁명위원회("4차위", 위원장: 국무총리, 서울대 윤성로 교수)는 2022. 1. 20. 마이데이터 대국민 인식조사 결과[93]를 발표하였다. ㈜서던포스트에 의뢰하여 일반 국민 1,000명을 대상으로 온라인 설문조사를 진행하였는데, 설문에 응답한 국민의 약 75%는 마이데이터에 대해 "알고 있거나"(잘 알고 있다 3.7%, 알고 있다 35%), "최소한 들어본 적은 있는 것"(35.5%)으로 응답하는 한편, 마이데이터의 유용성에 대한 기대정도를 문의한 질문에는 대다수 응답자(85.3%)들이 "마이데이터가 실생활에 도움이 될 것으로 기대한다."라고 답변하였다. 특히 향후 마이데이터가 발전할 수 있는 분야를 크게 6대 분야(① 건강·의료, ② 금융, ③ 소비·지출, ④ 문화·관광, ⑤ 교육·취업, ⑥ 교통)로 구분하여 구체적인 선호도 조사를 실시하였는데, 그 결과 향

---

93) (조사방법) 온라인 설문조사 (조사기간) '21.12.10~'21.12.14 (조사기관) 대통령직속 4차산업혁명위원회 / (의뢰기관) ㈜서던포스트 (조사대상) 만19세 이상 전국 성인남녀 1,000명.

후 실생활에 도움이 될 것으로 기대되는 마이데이터 분야로는 건강·의료분야(42.0%) 비중이 가장 높은 것으로 조사되었다.[94]

보건의료 분야 마이데이터는 2019년 12월 13일 4차위와 관계부처가 합동으로 발표한 「개인 주도형 의료데이터 이용 활성화 전략」을 기초로 하여 4차위 산하 디지털 헬스케어특별위원회에서 민관이 협력하여 오랜 동안 논의한 끝에 2021. 2. 24. 국민 건강증진 및 의료서비스 혁신을 위한 「마이 헬스웨이(의료분야 마이데이터) 도입 방안」을 발표하였으며, 나의 흩어진 건강정보를 한눈에 볼 수 있도록 의료기록 조회 및 저장이 가능한 '나의 건강기록' 앱 출시도 함께 발표하였다.

또한 2020. 3. 4. 의료법 제21조 제5항[95] 신설을 통해 의료기관이 환자에게 전자적으로 의료정보를 제공할 수 있는 법적 근거가 마련되는 한편, 2021. 9. 28. 개인정보 전송요구권 조항을 신설하는 등의 내용을 담은 정부 발의 개인정보보호법 전면개정안이 국회에 제출되면서 전산업 분야에 마이데이터를 도입하고자 하는 법제도적인 논의도 본격적으로 이루어지고 있다.

한편 2021. 5.에는 관계부처, 이해관계자 등 민관이 함께 의료분야 마이데이터 도입과 관련된 주요 쟁점을 논의하고, 제도 발전에 필요한 실무적인 제도 개선 관련 논의를 하기 위해 '마이 헬스웨이 추진위원회'가 발족되었다. 추진위원회는 보건복지부 2차관을 위원장으로 하여, 의료계, 산업계, 학계, 법조계 등 각계 전문가 20여명으로 구성되었으며 법제도분과, 기술분과, 데이터분과, 서비스분과 등으로 구분되어 관련 논의가 진행되었다. 또한, 위원회 내에 관계부처 실무자, 공공기관, 의료계·산업계 등 전문가가 참여하는 실무추진단을 구성하여 쟁점을 발굴하고 세부적인 검토를 진행하며, 실무추진단의 간사 역할을 수행하고 실무추진단 운영을 지원하기 위해 보건복지부 내 마이의료데이터추진TF팀을 마련하였다. 또한, 한국보건산업진흥원, 한국보건의료정보원 등 지원조직을 운영하여 마이 헬스웨이 플랫폼을 구축하고, 향후 플랫폼 운영 및 사전심사 등 의료분야 마이데이터 제도 운영 사항을 지원할 예정이다.[96]

한편 4차위는 2022. 4. 18. 의료 마이헬스웨이 도입방안 발표를 통해 본격적으로

---

94) 응답자들은 금융(23.0%), 소비·지출(16.1%), 문화·관광(8.7%), 교육·취업(5.1%), 교통(5.1%)순으로 응답하였다.
95) 제21조(기록 열람 등) ⑤ 제1항, 제3항 또는 제4항의 경우 의료인, 의료기관의 장 및 의료기관 종사자는 「전자서명법」에 따른 전자서명이 기재된 전자문서를 제공하는 방법으로 환자 또는 환자가 아닌 다른 사람에게 기록의 내용을 확인하게 할 수 있다.
96) "마이데이터의 시대가 온다"(김태훈, 고환경 외, 도서출판 지식공감) 98면 이하.

시행되고 있는 의료 데이터 구축 및 개방과 연계하여 국민이 체감할 수 있는 건강관리 서비스 등 '개인 건강정보 활용 디지털 헬스케어 서비스' 개발 및 제공에 있어 중요한 역할을 할 것으로 기대되는 혁신 기술인 "헬스케어 디지털 트윈[97] 활성화 방안"을 심의·의결하였다. 특히 헬스케어 디지털 트윈과 관련하여 추진전략으로 (i) 헬스케어분야 디지털 트윈 도입, (ii) 디지털 트윈 활용환경 조성, (iii) 디지털 트윈 관련 제도개선 및 정비를 제안하고, 구체적인 중점과제로 ① 디지털 트윈 활용모델 발굴, ② 데이터 연계·활용 강화, ③ 핵심기술 고도화, ④ 단계적 재원 확보방안 마련, ⑤ 법제도 개선, ⑥ 역동적 동의(Dynamic Consent)[98] 방식 도입, ⑦ 위험 최소화 방안 마련을 제시하였다.

2. 마이 헬스웨이 도입 방안의 주요 내용[99]

가. 마이 헬스웨이 추진 배경

보건의료 마이데이터가 정부 차원에서 본격적으로 추진되게 된 배경은 4차 산업혁명 시대 도래와 함께 의료인 등 공급자 중심, 그리고 치료 중심의 의료서비스 패러다임이 환자·예방 중심으로 전환되고 있다는 점, 급속히 고령화되고 있는 인구구조의 변화, 그에 따른 만성질환자 증가 및 그에 대한 대응 필요성 등과 같은 이유 때문이다. 특히, 코로나19 장기화로 인해 ICT를 활용하는 비대면 개인 건강관리 문화가 빠르게 확산되고 개인건강정보 활용에 대한 관심 또한 크게 증가한 측면도 그 영향을 준 것으로 보인다.

이와 같이 의료서비스 패러다임이 변화되고, 코로나 19 장기화 등으로 인한 국민건강 증진에 대한 요구가 커지고 있는 상황임에도 불구하고 국민들은 의료 데이터 활용에 대한 편익과 혜택에 있어 소외되고 있다는 지적이 많다. 의료법에는 이미 의료기관간 진료정보 공유, 연계에 관한 법적 근거가 마련되어 있고, 의료기관 내 전자의무기록(EMR) 도입 비율이 90%에 이르고 있는 상황임에도 불구하고, 6만여 개

---

97) 디지털 트윈(Digital Twin)은 실제 사물의 물리적 특징을 동일하게 반영한 쌍둥이(Twin)를 디지털(Digital)로 구현하고, 시뮬레이션 등을 통해 현실 의사결정에 활용하는 기술을 말한다.

98) 디지털 커뮤니케이션 인터페이스를 사용하여 정보 주체인 개인의 의사결정을 중심에 두어, 본인의 정보가 어떻게 사용되는지 능동적으로 결정할 수 있도록 지원하는 개인 맞춤형 디지털 동의 방식(플랫폼).

99) "국민 건강증진 및 의료서비스 혁신을 위한 「마이 헬스웨이(의료분야 마이데이터)」도입 방안"(4차 산업혁명위원회, 관계부처 합동, 2021. 2. 24.) 참조.

그림 6-4 의료서비스 패러다임 전환[100]

<table>
<tr><td>과거 및 현재</td><td></td><td>미 래</td></tr>
<tr><td>치료 중심
공급자 중심
의료 투입량에 주목
분절적 의료 제공
ICT 기반 업무 자동화</td><td>→</td><td>예방 · 건강관리 중심
수요자(환자) 중심
의료 결과에 주목
상호협력적 의료 연계
AI · 빅데이터 활용 맞춤형
서비스 제공</td></tr>
</table>

의 의료기관 전체를 아우르는 플랫폼 및 인프라의 부재, 의료 분야 마이데이터 종합
계획 및 전략의 부재 등으로 인해 아직까지 의료 데이터 활용과 관련한 생태계가 제
대로 갖추어지지 못하고 있는 실정이다. 특히 보건의료 마이데이터를 위해 필수적인
의료 데이터의 표준화 수준 역시 매우 낮을 뿐 아니라, 의료 데이터 활용을 원하는
기관은 일일이 개별 의료기관과 협의하는 것이 불가피하고 개인정보 유출 우려도 있
는 상황이어서 의료 데이터를 이용한 건강관리서비스 등과 같은 서비스 발굴이 매우
어려운 상황이다.

이러한 문제 의식하에 정부는 국마이 헬스웨이 플랫폼을 도입하고 이에 기초하여
마이 헬스웨이(의료 마이데이터) 서비스에 관한 법제도 개선을 적극적으로 추진하고
있다.

나. 마이 헬스웨이 플랫폼의 주요 내용

마이 헬스웨이 플랫폼이란 개인 주도로 ① 자신의 건강정보를 한 곳에 모아서, ②
원하는 대상에게(동의 기반) 데이터를 제공하고, ③ 직접 활용할 수 있도록 지원하는
시스템을 말한다. 데이터 보유기관에서 본인 또는 데이터 활용기관으로 건강정보가
흘러가는 고속도로 역할(네트워크 허브)을 수행할 수 있는 일종의 인프라를 의미한다.

마이 헬스웨이 플랫폼 구성은 마이 헬스웨이 네트워크를 중심으로 개인의 동의에

---

100) 위 도입방안 1면 이하 참조.

기초하여 수집되는 데이터의 통합, 조회, 저장의 영역과 개인이 선택하여 활용하게
되는 서비스 영역으로 구분할 수 있다.

즉 정보 주체는 마이 헬스웨이 플랫폼을 통해 다양한 기관이 보유한 개인 건강 관
련 정보(의료, 생활습관, 체력, 식이 등)를 한 번에 조회·저장할 수 있으며, 저장된 개
인 건강정보를 활용기관에 제공하여 진료, 건강관리 등 원하는 서비스를 제공 받을
수 있게 된다. 특히 마이 헬스웨이 플랫폼을 안전하게 이용하기 위해서는 정보주체
인증·식별 체계를 반드시 갖추어야 하는데, 이와 관련한 구체적인 방안과 체계도
구축할 예정이다.

그림 6-5 마이 헬스웨이 플랫폼 구성(안)

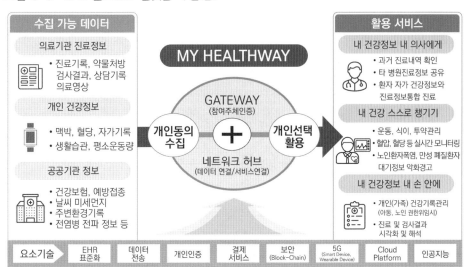

3. 마이 헬스웨이(의료 마이데이터) 서비스 본격 도입 관련 법제도 주요 이슈

가. 개인정보보호법상 개인정보 이동권 도입의 필요성

정부가 추진하고 있는 마이 헬스웨이(의료 마이데이터)는 개인정보보호법상 민감정
보인 의료정보의 수집과 의료기관 등에 대한 제공이 필수적으로 이루어져야 한다는
점을 고려하여 관련 제도 설계 당시부터 의료법 제21조에 따른 열람권과 정보주체

의 동의를 필수적인 것으로 전제하고 있다.

그러나 마이 헬스웨이(의료 마이데이터) 서비스를 통해 국민이 질병에 대한 예방과 건강관리 서비스를 받는 데까지 이르기 위해서는 정보주체의 동의를 기초로 한 제도 설계만으로는 부족하다. 즉 정보주체가 자신에 관한 보건의료정보(진료기관, 처방정보, 검사정보 등)을 손쉽게 획득하고 이를 필요로 하는 다른 의료기관 또는 건강관리 서비스 제공자에게 이를 직접 전송하도록 하는 것을 그 내용으로 하는 개인정보 이동권이 도입되어야 비로소 마이 헬스웨이 플랫폼 도입의 본래적 역할, 즉 데이터 연결과 관련한 게이트웨이 내지 고속도로의 역할이 제대로 기능하게 될 것으로 생각되며, 마이 헬스웨이 플랫폼을 통해 제공될 것으로 예상되는 의료 마이데이터 서비스, 즉 국민 건강 관리 서비스와 관련 의료서비스의 질 향상도 본격적으로 기대할 수 있을 것으로 보인다. 4차위는 2021. 6. 11. 마이데이터 발전 종합정책을 통해 마이데이터의 발전을 위해 법제도적으로 개인정보 전송요구와 관련한 근거 마련을 위한 개인정보보호법 개정이 추진될 필요가 있다는 점을 공개적으로 선언하고 있다. 이에 따라 앞서 언급한 바와 같이 2021. 9. 28. 개인정보 이동권 도입을 규정하고 있는 개인정보보호법 전면개정안을 국회에 발의한 상태이다.

참고로, 개인정보 이동권, 특히 직접 전송요구권은 2020. 8. 5. 개정된 신용정보의 이용 및 보호에 관한 법률 제33조의2에서 최초 도입되었으며, 2021. 10. 21. 개정 민원정보 처리법은 본인정보 공동이용 조항을 신설하고, 2021. 12. 9. 개정 전자정부법은 정보주체 본인에 관한 행정정보의 제공요구권(제43조의2) 조항이 신설되어 공공 분야에서 도입되어 있다. 이에 따라 금융기관, 특히 보험회사와 같은 금융기관이 보유하고 있는 질병정보와 심사평가원, 건강보험공단과 같은 공공기관이 보유하고 있는 건강정보, 투약정보 등은 위 법률에 근거한 전송요구권을 통해 정보주체와 정보주체가 지정한 법률에서 정한 일정한 제3자에게 전송 받을 수 있다. 다만 공공기관이 아닌 의료기관이 보유한 보건의료정보는 그 대상이 되지 않으므로 일일이 정보주체의 동의에 기초하여 제공 받아야 하는데, 6만여개에 이르는 의료기관들 간의 제공 동의를 기초로 한 의료정보 공유는 현실적으로 쉽지 않은 상황이라는 점을 고려할 때 개인정보보호법에 따른 개인정보이동권, 특히 직접 전송요구권이 조속히 도입될 필요가 있는 것으로 생각된다.

나. 의료법 개정 및 마이 헬스웨이 도입 근거에 대한 법적 근거 마련

한편 의료법 관련 규정들도 마이 헬스웨이 서비스의 본격 도입과 관련하여 필요한 범위에서 관련 규정을 개정할 필요가 있다.

우선 의료법 제21조 제1항은 "환자는 의료인, 의료기관의 장 및 의료기관 종사자에게 본인에 관한 기록(추가기재·수정된 경우 추가기재·수정된 기록 및 추가기재·수정 전의 원본을 모두 포함한다. 이하 같다)의 전부 또는 일부에 대하여 열람 또는 그 사본의 발급 등 내용의 확인을 요청할 수 있다. 이 경우 의료인, 의료기관의 장 및 의료기관 종사자는 정당한 사유가 없으면 이를 거부하여서는 아니 된다"고 규정하고 있으며, 제5항은 "제1항, 제3항 또는 제4항의 경우 의료인, 의료기관의 장 및 의료기관 종사자는 「전자서명법」에 따른 전자서명이 기재된 전자문서를 제공하는 방법으로 환자 또는 환자가 아닌 다른 사람에게 기록의 내용을 확인하게 할 수 있다"고 정하고 있다. 의료법 제21조 제5항은 2021. 3. 4. 신설된 조항이다. 다만 의료법 제21조 제5항은 의료인 등이 환자 또는 그 대리인의 요청이 있는 경우 종이가 아닌 전자서명이 기재된 전자문서로 제공할 의무까지 규정한 조항이 아니라는데 그 한계가 있다.

또한 의료법 제21조의2 제1항은 "의료인 또는 의료기관의 장은 다른 의료인 또는 의료기관의 장으로부터 제22조 또는 제23조에 따른 진료기록의 내용 확인이나 진료기록의 사본 및 환자의 진료경과에 대한 소견 등을 송부 또는 전송할 것을 요청받은 경우 해당 환자나 환자 보호자의 동의를 받아 그 요청에 응하여야 한다. 다만, 해당 환자의 의식이 없거나 응급환자인 경우 또는 환자의 보호자가 없어 동의를 받을 수 없는 경우에는 환자나 환자 보호자의 동의 없이 송부 또는 전송할 수 있다."라고 규정하고 있으나, 정보주체가 의료기관으로부터 제공 받은 (정확히는 열람 또는 사본 제공을 신청하여 제공 받은) 자신의 의료정보, 질병정보 등을 다른 의료기관이 아닌 건강관리서비스를 제공하는 업체, 즉 마이 헬스웨이 사업자에게 제공하는 것은 의료법이 전혀 예정하고 있지 않다.

특히 의료법 제21조 제2항은 "의료인, 의료기관의 장 및 의료기관 종사자는 환자가 아닌 다른 사람에게 환자에 관한 기록을 열람하게 하거나 그 사본을 내주는 등 내용을 확인할 수 있게 하여서는 아니 된다"고 규정하고 있으며, 제88조는 의료법 제21조 제2항을 위반하는 경우 3년 이하의 징역 또는 3천만원 이하의 벌금에 처할 수 있다고 규정하고 있다.

따라서 정보주체가 자신에 관한 보건의료정보(진료기관, 처방정보, 검사정보 등)를 손쉽게 획득하고 이를 필요로 하는 다른 의료기관 또는 건강관리서비스 제공자에게 이를 직접 전송하도록 하는 것을 그 내용으로 하는 개인정보 이동권이 도입될 경우 의료법 제21조, 제21조의2 등 관련 규정이 명확히 개정할 필요가 있다고 생각된다. 다만 개인정보보호법 개정을 통해 개인정보 이동권을 도입한 후, 그 시행시기에 맞추어 의료법 제21조 제3항 각호에 관련 예외 규정을 마련하는 방안이 입법적으로는 보다 바람직한 것으로 보인다.

이외에도 의료법 개정을 통해 의료 마이헬스웨이를 구축, 운영할 근거를 명확히 마련할 필요가 있을 것으로 보인다. 특히 마이 헬스웨이 플랫폼을 통한 의료기관 시스템과의 연계, 의료 데이터 표준화와 관련한 법적 지원 체계 수립, 의료 마이헬스웨이 플랫폼 운영 및 관련 데이터 전송, 유출과 관련한 법적 책임 등에 대한 명확한 규정을 마련할 필요가 있다고 생각된다.

특히 민감정보인 의료정보의 유출 등 사고가 발생하지 않도록 보건복지부 등 관련 부처에 의하여 엄격하게 관리하고 이에 필요한 점검, 시스템에 대한 투자, 지원 등에 대한 법적 근거도 마련될 필요가 있다.

다. 마이 헬스웨이 사업자 관련 법적 근거 마련 – 보건복지부 정책 방향을 중심으로

금융 마이데이터 사업자의 경우와 같이 의료 분야 역시 마이 헬스웨이 사업자를 제도화하기 위해서는 관련 사업자에 대한 법적 근거 및 진입과 관련한 구체적 심사 기준을 마련할 필요가 있다. 이와 관련하여 정부가 발표한 의료 마이헬스 도입방안에 따르면 마이 헬스웨이 플랫폼을 구축·운영하고, 플랫폼 이용의 편의성을 향상시키기 위해 필요한 법적 근거 마련을 추진할 예정이며, 그중에 하나로 "활용기관 사전 심사 관련 법적 근거 마련"을 언급하고 있다.

특히 2022. 3. 4. 보건복지부, 한국보건산업진흥원, 한국보건의료정보원이 공동 주최한 '보건의료데이터 혁신 포럼'에서 좀 더 구체적인 의료 마이데이터 정책 방향이 발표되었다. 특히 보건복지부는 보건의료 마이데이터 활용에 대한 이해관계자들의 다양한 시각을 고려하고, 안전성과 개방성을 담보할 수 있도록 사전심사 제도를 ① 활용기관의 자격과 서비스 유형을 의료·건강 관리서비스만 허용하고 활용기관 자격 및 심사 요건을 강화하는 방안(선 규제 후 완화 방안), ② 활용기관의 자격과 서비스 유형에 제한을 두지 않고 활용기관 자격 요건을 최소화(신고제) 또는 자유업으로 운영하는 방안(선 활용 후 규제 방안), ③ 활용기관의 자격제한을 두되 서비스 유형에 대한 제한은 두지 않으며 활용기관의 자격 및 심사 요건을 최소화하는 방안(선활용 및 사후관리 병행 방안)을 제시하고 의견을 청취하였다.

다만 보건복지부는 원칙적으로 정보주체의 동의 등에 따라 개인건강정보 생성자로부터 데이터를 제공받고자 하는 활용기관은 보건복지부 장관의 허가를 받도록 할 예정임을 밝히고 있으며, 활용기관의 유형별로 심사 요건 및 절차를 완화하는 방안[101]을 검토하는 동시에 정보주체의 권리보호, 건전한 활용 생태계 조성 등의 가치 실현을 위한 활용기관의 의무와 책임을 구체화할 예정이며, 이에 대한 활용기관에 대한 감독·관리 방안과 위반시 제재 수위 등을 검토할 예정임을 발표하였다.

우선 법체계적으로 의료 마이데이터 사업자인 활용기관에 대한 진입규제, 행위규칙 그리고 감독·관리권한 등에 관한 규정을 의료법에 마련할 것인지 등은 좀 더 검토가 필요해 보인다. 의료법은 의료인과 의료기관을 중심으로 한 규율로, 국민의료에 필요한 사항을 규정하는 기본법으로서의 성격을 가지기 때문이다. 따라서 의료데이터 활용을 전제로 하는 활용기관의 업무 및 행위규칙, 감독 등에 관한 근거 규정은 별도의 법률을 마련하는 것이 타당할 것으로 생각된다.

또한 활용기관을 좀 더 명확하게 정의하고 사업범위를 구체화하는 방안도 고려할 필요가 있을 것으로 보인다. 의료 마이데이터사업자가 의료 데이터를 활용한다는 점에 착안하여 활용기관으로 용어를 정의하고 활용 가능한 의료 데이터에 제한을 두지 않는 방안 역시 제도적으로 고려할 수는 있어 보인다. 다만 그와 같이 규정할 경우 의료 데이터의 범위가 매우 넓고 수집 가능한 채널도 다양하다는 점에서 허가 받아야 하는 사업자의 범위를 실무적으로 특정하기 어렵다는 문제가 발생할 가능성이 있다. 이에 의료 데이터를 이용한 서비스가 건강관리서비스이거나 의료 관련 서비스인 경우로 업무 범위를 제한하는 한편, 그 서비스 제공 방식도 API 등을 통해 의료기관으로부터 표준화된 의료 데이터를 제공 받는 사업자로 정의한 후 해당 사업자에 한정하여 허가를 받도록 하는 방안을 우선적으로 고려해야 할 것으로 보인다. 즉 위와 같이 의료기관으로부터 의료 데이터를 API로 제공 받는 경우 의료기관의 신뢰를 이용한 의료 마이데이터 서비스 제공이 가능하고 의료기관 역시 신뢰할 수 있는 건강관리서비스 내지 의료 관련 서비스라는 점을 고려하여 의료 데이터를 제공할 수 있

---

101) 예컨대, 활용기관은 영리·비영리 법인, 중앙행정·공공기관·지자체를 대상으로 심사할 예정이며, 행정기관, 의료기관의 경우 심사요건 및 절차를 완화하는 방안을 검토 중이라고 한다.

을 것으로 보이기 때문이다.

한편, 금융 분야의 경우 본인신용정보 관리업을 신용정보업과는 별도의 사업으로 정의하고, 일정한 요건을 갖춘 사업자에 대해 허가를 주는 방식으로 진입 규제를 하고 있다. 따라서 보건의료 분야의 마이 헬스웨이 사업자가 처리하게 되는 정보가 민감한 보건의료정보라는 점을 고려할 때, 활용기관 사전 심사 또는 허가제도를 도입하는 경우 높은 수준의 보안 시스템 구축, 일정한 수준 이상의 인적, 물적 자격 요건을 갖추도록 하는 것이 필수적일 것으로 보인다. 특히 활용기관이 의료기관으로부터 의료데이터를 제공 받아야 한다는 점에서 의료기관과 환자로부터 모두 신뢰를 받을 수 있는 수준의 요건을 갖춘 사업자일 필요가 있을 것으로 생각된다.

마지막으로 금융 마이데이터 사업자와 같이 이미 허가를 받은 마이데이터 사업자가 의료 마이데이터 사업을 영위하고자 하는 경우 (또는 그 반대의 경우) 진입규제를 어떻게 설계할 것인지 좀 더 면밀한 검토가 필요할 것으로 보인다. 의료 마이데이터에 특유한 진입심사 기준 이외의 요건은 금융 마이데이터 사업자와 공통으로 적용되도록 기준을 미리 정비하고 관련 부처와 협의하는 것이 필요할 것으로 생각된다.

라. 데이터 제공기관 참여 활성화 및 인센티브 마련 방안

마지막으로 데이터 제공기관의 참여 활성화 방안에 대해서도 적극적으로 검토될 필요가 있다. 금융 분야와 같이 담당부처인 금융위원회를 중심으로 금융기관 중심의 협의체 내지 워킹 그룹을 상시적으로 구성, 운영하는 것이 쉽지 않을 뿐 아니라 의료서비스와 관련한 시스템의 경우 금융기관과는 달리 의료기관 마다 그 수준이나 상호운영성(interoperability)에 큰 차이가 있다는 점 등을 고려하여 자발적인 참여가 이루어지도록 관련 인센티브 방안 마련에 많은 노력이 기울여질 필요가 있다.

참고로, 정부가 발표한 의료 마이 헬스웨이 도입방안에 따르면 (i) 데이터 제공을 위한 초기 인프라 개선이나 구축 비용 지원, 특히 의료기관 다수가 사용하는 병·의원급 EMR 솔루션 위주로 EMR 개발 예산을 지원하여 플랫폼 참여 인프라 확산의 효율을 제고하고, (ii) 데이터 제공으로 수혜를 받는 정보주체나 활용기관 등을 대상으로 데이터 제공에 대한 과금 체계도 검토할 예정으로 알려져 있다.[102] (iii) 특히

---

[102] 정보주체가 의료기관에서 진단서, 진료기록 사본, 영상기록 사본 등을 전자적으로 제공받을 경우에 정보주체가 제증명 수수료를 지급하는 방안을 검토 중이며, 활용기관에서 의료데이터를 정기적으로 제공받는 경우 그 대가로 활용기관이 수수료를 지급하는 방안도 검토 중이다.

정부지원사업, EMR 인증제 등과 연계하여 데이터 제공기관의 참여도 유도할 계획이며, 데이터 중심병원, 스마트병원 등과 같은 의료정보 기반사업의 참여 또는 평가 요건에 '마이 헬스웨이 플랫폼 참여'를 포함하여 대형병원의 참여를 유도할 계획이며, EMR 인증 기준에 플랫폼을 통한 의료데이터 제공 지표도 추가할 예정이다.

4. 결론

의료 마이데이터는 금융 마이데이터와 제도적으로 유사한 면도 있으나 의료 데이터 오남용 또는 유출의 경우, 해당 개인의 사회적 평판뿐 아니라 사생활에 현저한 침해를 가져올 우려가 있는 민감정보인 질병정보를 다룬다는 점에서 정보보안과 행위규칙 등을 좀 더 면밀하게 검토·준비하여 제도적인 완성도를 높일 필요가 있다고 생각된다.

특히 의료 데이터는 금융 데이터와는 달리 금융기관이 자동화된 업무과정을 통해 부수적으로 생성하는 정보가 아니며 의료인들이 일일이 현장에서 의료 서비스 과정을 통해 입력하는 정보라는 점에서 데이터의 디지털 전환 속도와 수준, 그리고 데이터 표준화의 측면에서 큰 차이가 있다. 또한 의료데이터는 금융데이터와는 달리 수치데이터 보다는 의료인의 진료 내지 진단 등과 같이 고도의 의료지식을 전제로 한 전문가의 판단정보라는 점, 특히 의료사고와 관련한 책임 소재와 관련된 주요 정보라는 점에서 데이터 오너쉽, 그리고 이해관계의 민감도에서 차이가 있다.

다만 의료 마이데이터 사업이 혁신적인 의료 서비스, 특히 디지털 헬스케어, 디지털 트윈 등과 연계되어 진행된다면 디지털 전환이 보다 가속화될 것으로 보이며, 의료 서비스의 질 향상으로 이어져 국민 건강이 증진되는 것은 물론 디지털 헬스케어 산업의 발전으로도 이어져 국민 경제 발전으로 이어질 것이 기대된다.

나아가 금융 마이데이터 사업이 의료 마이데이터 사업과 연계되고 데이터가 연계·활용된다면 마이데이터가 마이플랫폼(My Platform)으로 진화될 것이 기대되며, 보편적 금융과 연계된 의료 관련 서비스 그리고 맞춤형 건강관리서비스 등이 출시될 수 있을 것으로도 보인다. 의료 마이데이터가 반드시 성공해야 하는 이유가 그 때문이다.

1. 서론

2020년 「신용정보의 이용 및 보호에 관한 법률」(이하 "신용정보법") 제33조의2에 따른 전송요구권 제도가 신설되면서, 개인정보 영역에 있어서 개인정보이동권이라는 법적 권리가 최초 도입되었다. 그리고 이렇게 도입된 개인정보이동권을 개인정보에 관한 일반법률인 「개인정보 보호법」(이하 "개인정보보호법") 또는 공공 데이터를 규율하는 「전자정부법」(이하 "전자정부법") 등에도 도입하는 방안에 관하여 논의가 진행되었으며, 이후 2021년 5월 전자정부법이 개정되어 개인정보이동권이 "제공요구권"으로 도입되었다(전자정부법 제43조의2).

그런데, 공공영역에 있어서 개인정보이동권을 도입하는 것이 개인정보이동권 제도의 취지에 부합하는지, 또한 이를 공공데이터에 한하여 적용되는 전자정부법 개정을 통해 우선 도입하는 것인 것이 정당한지 등에 관하여 논란이 되었던바, 이 글에서는 전자정부법 개정을 통한 공공분야 마이데이터 도입 당시 논란에 관하여 살펴본 이후, 현행 전자정부법의 규정 내용 및 향후 마이데이터에서의 정부의 역할에 대해 살펴보기로 한다.

2. 공공영역에서의 개인정보이동권 도입 관련 논의

가. 유럽 General Data Protection Regulation에서의 규정

개인정보이동권에 대한 논의가 활발해 진 건 유럽의 General Data Protection Regulation(이하 "GDPR")에서 개인정보이동권(the right to data portability)을 도입한 이후이다. 그런데, GDPR에서 공공데이터에 대하여 개인정보이동권이 일반적으로 인정되지 않는다고 해석되는바, 이러한 GDPR의 규정에 근거하여 공공영역에 있어서의 개인정보이동권을 도입하는 것에 신중하여야 한다는 입장이 개진된바 있다.

우선, GDPR에서 공공영역에서의 개인정보에 관하여 개인정보이동권이 인정되는지 여부에 관하여 살펴본다.

위 GDPR 전문 제68항 및 GDPR 제20조에 의하면, 개인정보이동권은 정보주체의 동의에 근거하거나 계약의 이행을 위하여 필요한 경우 처리되는 개인정보에 한하여 적용되므로, 공공의 이익이나 법적 의무 등을 수행하기 위하여 개인정보를 처리하는 경우에는 일반적으로 개인정보이동권이 적용되지 않는다고 해석이 된다. 그리고 이러한 해석에 의하면, 일반적으로 공공기관들은 개인정보를 공공의 이익이나 법적 의무를 위하여 개인정보를 처리하게 되므로, 공적 영역에 있어서 개인정보이동권이 인정될 가능성은 매우 낮아진다.[103]

한편, GDPR에서 이와 같이 개인정보이동권을 정보주체의 동의나 계약의 이행을 위하여 필요하여 처리되는 개인정보에 한하여 인정하고 있는 이유는 개인정보이동권이 도입된 배경에 정보주체의 서비스 이전 등에 대한 편의 제공이라는 목적이 있기 때문이다. 즉, 개인정보이동권을 도입한 데에는 정보주체의 권리 보호라는 목적도 있지만, 개인정보처리자 간의 개인정보 이동을 원활히 하여 정보주체가 다양한 서비스를 보다 손쉽게 제공받을 수 있도록 하자는 목적도 가지고 있었기 때문에, 후자의 점까지를 고려한다면 공공영역에 있어서는 개인정보이동권을 인정할 필요성이 없기 때문이다.

---

103) 예를 들어, 가족관계증명부의 경우 「가족관계의 등록 등에 관한 법률」에 근거하여 공적 업무 수행을 위하여 작성되는데, 이렇게 작성된 가족관계증명부의 경우에는 정보주체의 동의나 계약 관계에 따라 수집되는 정보가 아니기 때문에, 개인정보이동권의 대상에 해당하지 않게 된다. EU 기구 등에 적용되는 Regulation 2018/1725에서도 이는 동일하게 적용된다(Regulation 2018/1725 제22조 참조).

다만, 뒤에서 다시 설명하겠지만, GDPR에서의 위와 같은 해석에도 불구하고, 이는 개인정보이동권에 관한 하나의 입법례에 불과하기 때문에, 개별 국가의 입법적 판단에 따라 이를 일반적인 법률상 권리로 인정하는 것도 가능하다고 생각된다.

나. 미국

미국은 유럽의 GDPR처럼 공공과 민간을 포괄하는 연방정부 차원의 개인정보보호에 관한 일반법이 부재하다. 그리고 최근 캘리포니아, 버지니아 등에서 주 단위에 적용되는 개인정보에 관한 일반법이 제정되었거나 제정 추진되고 있으나, 이러한 법률들은 주로 사적 영역을 규율하고, 개인정보이동권에 대한 규정도 GDPR과 다르기 때문에 현재 전자정부법에서 인정하고 있는 제공요구권과는 다른 제도적 특정을 가지게 된다. 예를 들어, 캘리포이나의 CCPA(California Consumer Privacy Act)는 "정보주체의 정보접근권"이라는 표제에서 위 정보이동권을 보장하는 만큼 정보주체가 자신에 대한 데이터를 다른 개인정보처리자에게 전달하여 이용할 수 있는 형태로 제공해 줄 것을 요구할 수 있는 권리는 부여하지 않고, 다만, 정보를 자신에게 제공해 줄 것을 요청할 수 있는 권리만을 부여하고 있다. 또한, CCPA 등의 주별 법률은 Private sector에게 한하여 적용되므로, CCPA에 따른 다운로드권은 공공영역에 부여되어 있지는 않다.

그러나 미국의 정책 중 참조할 수 있는 정책은 연방 차원에서 진행되고 있는 스마트 공개정책(Smart Disclosure Policy)이다. 이는 우리의 공공데이터 개방과 개인정보이동권 제도 사이에 있는 제도로 이해되는데, 민관협력체계를 통해 공공영역에서의 데이터 개방을 목표로 하고 있다. 스마트 공개 정책이란 소비자가 충분한 정보에 기반을 둔 구매결정(informed decision)을 할 수 있도록 소비자의 소비와 관련한 정보와 데이터를 표준화하고 컴퓨터가 읽을 수 있는 포맷으로 맞추어 제공해준 것을 의미한다. 스마트 공개 정책의 시행에 따라, 의료분야의 개인 건강데이터는 웹사이트에서 '블루 버튼'을 클릭하여 자신의 의료데이터의 전자사본을 다운로드할 수 있으며, 에너지 분야의 개인 에너지데이터는 '그린버튼'을 통해 자신의 에너지 사용량과 요금 관련 데이터를 확인할 수 있다.[104)105)]

---

104) 「개인정보 이동권과 마이데이터 쟁점 및 향후과제」, 이슈와 논점 제1767호, 국회 입법조사처, 2020. 10.

105) 다만, 현재는 스마트 공개 정책에 기반한 API 등을 활용하여 보험회사 등이 정보주체를 대신하여

다. 공공영역에서의 개인정보이동권 도입에 대한 타당성 검토

위 가.항에서 살펴본 바와 같이 개인정보이동권은 정보주체의 권리 보장이라는 목적도 가지고 있지만, 서비스 이동의 편의성 등도 그 목적으로 하고 있는바, 후자까지를 고려한다면, 개인정보이동권을 도입한다고 하더라도, 공공영역에서의 개인정보에도 적용된다고 볼 근거는 없다.[106] 그러나 공공영역이 가지고 있는 개인정보를 정보주체가 원활히 이용할 수 있도록 허용한다는 관점, 즉 전자의 관점에서 본다면, 공공영역에 대하여도 개인정보이동권 도입을 보장할 필요가 있다고 생각된다. 즉, GDPR에서 공공영역에서의 개인정보에 관하여 개인정보이동권이 적용되지 않는다고 해석하더라도, 개별 국가에서 공공영역에서의 개인정보이동권을 허용하여 특정 정책 목적을 달성하려고 한다면, 그 정책 목적에 따라서 공공영역에서의 개인정보이동권을 보장할지 여부를 판단하면 충분하다고 생각된다. 그리고 현재 우리나라에서는 정보주체의 권리 보장이라는 목적과 공공영역이 가지고 있는 개인정보 이용 활성화라는 데에 초점을 맞추어 공공영역에서의 개인정보이동권 제도를 도입하였는바, 이러한 제도적 목적을 부인하기는 어려우며, 이러한 제도적 목적에 따라 향후 제공요구권 제도의 발전적 모색을 하면 충분하다고 생각된다.

라. 공공영역에 있어서의 개인정보이동권 도입 방안

공공영역에 있어서 개인정보이동권을 도입하는 방안으로는 (1) 일반법률인 개인정보보호법을 개정하는 방안과 (2) 공공데이터에 관한 특별법이라 할 수 있는 전자정부를 개정하는 방안을 고려할 수 있다.

그리고 2021년 전자정부법 개정 당시 제공요구권의 대상이 되는 "본인에 관한 행정정보"는 결국 공공기관이 보유하는 개인정보를 의미하는데, 이를 "본인에 관한 행

정보를 제공받아 정보주체에게 열람하게 해 주는 서비스 등이 이루어지고 있다.

106) GDPR 관련한 문헌들에서는 서비스 이동의 수월성 등을 목적으로 한다는 점을 명시적으로 설명하고 있지는 아니하다(영국 ICO에서도 이동권을 통해 이용자들이 보다 용이하게 서비스 제공 주체를 이전할 수 있다고 설명하고 있을 뿐, 개인정보이동권의 제도 목적에 서비스 이동의 수월성이 포함된다고 설명하고 있지는 아니하다). 그러나 싱가포르 개인정보보호법에서는 "The purpose of this part is to (a) provide individuals with greater autonomy and control over their personal data; and (b) facilitate the innovative and more intensive use of applicable data in the possession or under the control of organisations to support the development, enhancement and refinement of goods and services provided by other organisations located or operating in Singapore or elsewhere"라고 하여 후자도 개인정보이동권의 목적에 해당한다는 점을 명확히 규정하고 있다.

정정보[107])"라는 별도의 용어를 사용하는 것은 용어 정의에 혼란을 가져올 뿐만 아니라, 민간영역에서의 개인정보이동권과 공공영역에서의 개인정보이동권이 다른 체계로 규율되기 때문에, 법 체계상 개인정보보호법을 개정하여 개인정보이동권을 도입하면 충분하다는 의견이 개진된 바 있다.

특히, 이러한 비판은 신용정보법에서 전송요구권을 먼저 도입함으로 인하여 추후 개인정보보호법이 개정되더라도 개인정보이동권이 사실상 이원화되어 규율될 수밖에 없다는 반성적인 비판과 맥을 같이 하고 있다.

그러나 개별 영역에 있어서의 개인정보 및 개인정보처리자의 특성이 다르기 때문에, 일반법인 개인정보보호법을 통해 일률적으로 규율할 필요가 있는지는 의문이 있다. 예를 들어, 신용정보법에 따라 전송요구권의 대상이 되는 개인신용정보처리자들은 대부분 금융기관이므로, 금융기관을 범주화하고 범주화된 집단에 따라 표준 데이터를 정하고, 이를 API라는 방식을 통해 전송하도록 강제하는 것이 가능하며, 공공기관들에게도 위와 같은 표준화된 규격으로 정보를 제공하도록 규율하는 것이 가능하지만, 일반 개인정보처리자들에게도 표준화된 정보 카테고리를 정하고, 전송 방식을 획일적으로 정하기는 어렵기 때문이다. 물론, 개인정보이동권을 구현하기 위하여 특정 전송방식 및 표준화된 데이터셋을 정할 필요는 없기 때문에 개인정보보호법을 통해 개괄적인 형식으로 개인정보이동권을 규율하고, 이를 개별 영역에서의 자율규제 형식으로 정하는 것도 가능한 방법이라고 할 것이다. 다만, 위 두 가지 방법 중 후자의 방법이 반드시 우월한 것은 아니기 때문에, 개별 입법을 통해 개인정보이동권을 도입하는 것이 반드시 부당하다고 보기는 어렵다고 생각된다.

다만, 이후 설명을 하겠지만, 동일한 데이터셋에 관하여 신용정보법상 전송요구권의 대상이 되면서, 전자정부법상 제공요구권의 대상이 되는 경우가 있다면, 이는 어느 법률 체계에 따라야 하는지 의문이 있을 수 있고, 행정정보 등의 용어를 사용하여 관계 법률들을 해석함에 있어 차이가 발생하게 하는 방식은 지양되어야 할 필요가 있다고 생각된다.

---

107) 행정정보란 행정기관등이 직무상 작성하거나 취득하여 관리하고 있는 자료로서 전자적 방식으로 처리되어 부호, 문자, 음성, 음향, 영상 등으로 표현된 것을 말한다(전자정부법 제2조 제6호).

3. 전자정부법 개정을 통한 제공요구권 도입

가. 제공요구권 도입 경과

김용판 의원 등은 2020. 10. "공공기관들이 보유하고 있는 정보를 민원인이 원하는 곳으로 이동시킬 수 있는 전송요구권 개념이 법에 명시되어 있지 않아 공공분야에서 마이데이터제도를 도입하는 데에 어려움이 있다. 이에 개인의 행정정보를 컴퓨터가 처리할 수 있는 형태로 원하는 곳에 전송할 수 있는 '전송요구권'을 신설하여 행정정보주체의 권리를 명문화함으로써 공공분야의 마이데이터 제도 확산을 도모할 필요"가 있다는 점을 설명하면서 행정정보에 대한 전송요구권을 도입하는 전자정부법 개정안을 발의하였다.[108] 이후 정부도 2020. 12. 정보주체에 대한 제공요구권이 포함된 전자정부법 개정안을 발의하였는데, 당시 정부도 전자정부법 개정안에 대한 설명으로 "정보주체가 본인에 관한 행정정보의 활용 여부를 스스로 결정할 수 있도록 하기 위하여 자신의 행정정보를 보유하고 있는 행정기관 등에 대하여 해당 정보를 본인 또는 본인이 지정하는 제3자에게 제공할 것을 요구할 수 있도록 하기 위한 목적"에서 제공요구권 제도를 도입할 필요가 있다고 설명을 하였다.[109]

당시 국회에 제출된 김용판 의원 대표발의안과 정부안은 개인정보이동권의 명칭을 "전송요구권"과 "제공요구권"으로 규정한 차이 이외에 개인정보보호법 제35조 제4항에 따른 예외 사유를 인정할지 여부에 대하여 차이를 두고 있었다. 그리고 당시 국회 논의 과정에서 전송요구권과 제공요구권의 명칭 차이는 본질적인 차이가 아니라는 점이 논의되었고, 다만, 예외 사유 인정에 있어서 전송을 요구할 수 있는 행정정보의 범위를 넓게 보장하는 게 국민의 편의성 도모에는 도움이 될 수 있지만, 법률에서 열람을 금지하거나 제한하는 경우, 다른 사람의 생명·신체를 해할 우려가 있는 경우 등에서까지 개인정보이동권을 보장한다면 예기치 않은 법익 침해가 발생할 수 있다는 점이 논의되면서,[110] 개인정보보호법 제35조 제4항에 해당하는 경우에는 제공을 제한하도록 하는 것이 타당하다고 판단되어 현재 전자정부법 제43조의2가 신설되었다.

한편, 행정안전부는 2021. 2. 국회에서 전자정부법 개정안에 대한 논의가 진행되던 중에 시범사업으로 당시 6개 관계기관(보건복지부, 소상공인시장진흥공단, 경기도일자리재

---

108) 김용판 의원 대표발의 전자정부법 일부개정법률안, p.1.
109) 정부 발의 전자정부법 일부개정법률안, p.1.
110) 전자정부법 일부개정법률안 심사보고서, 국회 행정안전위원회, 2021. 5., pp.4~8.

단, 한국신용정보원, 신용회복위원회, 한국부동산원)에서 운영 중인 8개 서비스에 관하여 '공공 마이데이터 서비스'를 시행하게 되었다. 당시 행정안전부에서 추진하던 시범사업은 국민들이 은행신용대출, 주택청약 등을 신청할 때 여러 가지 행정 서류를 준비해야 하는 번거로움을 제거하기 위한 목적에서 신용정보원 등의 관계기관에서 한번의 신청을 통해 관련 서류들을 한 번에 모아 제출할 수 있도록 구현이 되었다.[111] [112] 그리고 행정안전부는 2021. 6. 전자정부법 개정안 공포와 더불어 2021년 하반기부터 공공마이데이터 서비스로서 24종의 서비스를 시행하겠다는 계획을 발표하였다.

나. 제공요구권 관련 전자정부법 규정

(1) 개요

전자정부법 개정을 통하여 도입된 행정정보에 대한 제공요구권은 '공공기관이 보유한 본인 행정정보'를 국민이 직접 활용할 수 있는 방안으로 그 제도가 설계되었다. 이는 국민의 편익 증진을 위하여 증명서 형태의 행정정보의 발급·출력 없이 필요한 정보만을 행정기관 등이 본인이나 제3자에게 제공하여, 정보입력의 오류나 정보입력을 위한 시간 지연을 최소화할 목적을 가지고 있다. 이러한 제공요구권 도입에 따른 효과에 관하여 행정안전부는 아래와 같은 그림으로 이를 설명한 바 있다.

그림 6-6 공공마이데이터로 내 정보는 내가 스스로 관리한다

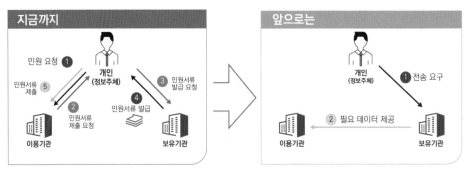

자료; 행정안전부 2021. 6. 7.자 보도자료 "공공마이데이터로 내 정보는 내가 스스로 관리한다"

---

111) 행정안전부 2021. 2. 24.자 보도자료 「공공마이데이터 서비스 시작으로 디지털 정부 또 한 번 혁신」.
112) 당시 행정안전부의 시범사업은 현재 전자정부법에서 꾸러미 정보의 형태로 유지되고 있다.

(2) 본인에 관한 행정정보의 제공요구 범위 및 이를 제공받을 수 있는 기관
   (전자정부법 제43조의2 제1항)

한편, 이러한 제공요구권에 관한 전자정부법 관련 조항들을 살펴보면, 아래와 같이 구성되어 있다.

제43조의2 ① 정보주체는 행정기관등이 정보처리능력을 지닌 장치에 의하여 판독이 가능한 형태로 본인에 관한 행정정보를 보유하고 있는 경우에는 해당 행정기관등의 장으로 하여금 본인에 관한 증명서류 또는 구비서류 등의 행정정보(법원의 재판사무·조정사무 및 그 밖에 이와 관련된 사무에 관한 정보는 제외한다. 이하 "본인정보"라 한다)를 본인이나 본인이 지정하는 자로서 본인정보를 이용하여 업무(「민원 처리에 관한 법률」 제10조의2에 따라 처리하는 민원은 제외한다)를 처리하려는 다음 각 호의 자(이하 "제3자"라 한다)에게 제공하도록 요구할 수 있다.
  1. 행정기관등
  2. 「은행법」 제8조제1항에 따라 은행업의 인가를 받은 은행
  3. 그 밖에 대통령령으로 정하는 개인, 법인 또는 단체

전자정부법 제43조의2 제1항은 정보주체의 제공요구권에 관한 일반 원칙을 정하는 조항으로의 기능을 갖는다. 위 조항에 의하면, (1) 정보주체는 (2) 행정기관등[113]이 보유하고 있는 본인에 관한 행정정보(이하 "본인행정정보")를 (3) 본인 또는 제3자에게 제공하도록 요구할 수 있다. 그리고 위 요건 중 (2) 본인 또는 제3자에게 제공을 요청할 수 있는 본인행정정보는 위 전자정부법 제43조의2 제5항에 따라 결정되며, (3) 행정정보를 제공받을 수 있는 기관은 (i) 행정기관 등, (ii) 은행업의 인가를 받은 은행, (iii) 신용정보법에 따른 신용정보회사 및 신용정보집중기관, 본인신용정보관리회사, 개인신용평가회사 등[114]으로 국한된다.

한편, 전자정부법에서는 "정보주체"에 관하여 개인정보보호법 제2조 제3호에 따른 규정을 차용하고 있기 때문에, 처리되는 정보를 통하여 알아볼 수 있는 사람으로서 그 정보의 주체가 되는 사람을 의미한다고 해석된다[115].

---

113) 행정기관등은 행정기관 및 공공기관을 포함하는 개념이며, 이 중 공공기관은 전자정부법 제2조 제3호에 따라 판단된다.
114) 전자정부법 시행령 제51조의2 제2항 참조.
115) 개인사업자에 관한 정보가 전자정부법 제43조의2에 따른 제공요구권의 대상이 되는지에 관하여 행정안전부는 '행정기관등이 보유하고 있는 정보 중에서 개인사업자에 관한 정보가 정보주체를

(3) 본인행정정보의 정기적 제공요구(전자정부법 제43조의2 제2항)

> 제43조의2 ② 정보주체가 제1항에 따라 본인정보를 제공하도록 요구할 때에는 해당 본인정보의 정확성 및 최신성이 유지될 수 있도록 정기적으로 같은 내역의 본인정보를 제공하여 줄 것을 행정기관등의 장에게 요구할 수 있고, 필요한 경우 해당 제공 요구를 철회할 수 있다.

위 조항은 신용정보법 제33조의2 제4항과 동일한 취지의 조항으로 같은 내역의 본인정보를 정기적으로 제공할 수 있도록 하여 정보주체가 제공요구권을 행사하는 데에 편의성을 제공하고 있다.

(4) 본인정보제공 요구 시 명시하여야 할 사항(전자정부법 제43조의2 제3항)

> 제43조의2 ③ 정보주체가 제1항에 따라 본인정보를 제공하도록 요구할 때에는 다음 각 호의 사항을 모두 특정하여야 한다.
> 1. 제공 요구를 받는 행정기관등의 장
> 2. 제공 요구하는 본인정보
> 3. 제공 요구에 따라 본인정보를 제공받는 자
> 4. 정기적인 제공을 요구하는지 여부 및 요구하는 경우 그 주기
> 5. 그 밖에 제1호부터 제4호까지의 규정에서 정한 사항과 유사한 사항으로서 대통령령으로 정하는 사항

위 조항에서는 본인행정정보를 제공요청하는 경우 명시하여야 할 사항들을 규정하고 있다. 위 조항에 따라서 본인행정정보를 행정기관 등에게 요구할 때에는 (1) 제공 요구를 받는 행정기관 등의 장, (2) 제공 요구하는 본인정보, (3) 제공 요구에 따라 본인정보를 제공받는 자, (4) 정기적인 제공을 요구하는지 여부 및 요구하는 경우 그 주기 및 (5) 정기적인 제공을 요구하는 경우 제공요구의 종료시점를 명시하여야 한다(전자정부법 시행령 제51조의2 제3항 참조).

알아볼 수 있는 경우라면 해당 정보도 정보주체에 관한 행정정보라고 보는 것이 타당하다. 이에 따라 개인사업자에 관한 정보로서 행정기관등이 보유하고 관리하고 있는 행정정보는 전자정부법 제43조의2에 따라 정보주체가 제공을 요구할 수 있는 본인정보에 해당한다"라고 설명하고 있다(행정안전부, 전자정부법 해설서, 2022. 1., p.170).

(5) 다른 법률과의 관계(전자정부법 제43조의2 제4항)

제43조의2 ④ 제1항에 따라 본인정보의 제공 요구를 받은 행정기관등의 장은 다음 각 호의 법률의 규정에도 불구하고 해당 본인정보를 정보주체 본인 또는 제3자에게 지체 없이 제공하여야 한다. 다만, 「개인정보 보호법」 제35조제4항에 따른 제한 또는 거절의 사유에 해당하는 경우에는 그러하지 아니하다.

  1. 제39조

  2. 「가족관계의 등록 등에 관한 법률」 제13조

  3. 「건축법」 제32조

  4. 「공간정보의 구축 및 관리 등에 관한 법률」 제76조

  5. 「관세법」 제116조

  6. 「국세기본법」 제81조의13

  7. 「부동산등기법」 제109조의2

  8. 「상업등기법」 제21조

  9. 「자동차관리법」 제69조

  10. 「주민등록법」 제30조

  11. 「지방세기본법」 제86조

  12. 그 밖에 제1호부터 제11호까지의 규정과 유사한 규정으로서 대통령령으로 정하는 법률의 규정

위 규정에서는 정보주체가 본인행정정보에 관하여 제공요청을 하는 경우 다른 법률에서 해당 행정정보의 제공 등에 관하여 비밀유지의무 등을 이유로 금지하고 있더라도 제공요청에 지체 없이 응하여야 한다고 규정을 하고 있다. 따라서, 행정정보에 관하여 비밀유지의무 등이 부과되어 있다고 하더라도 전자정부법 제43조의2 제4항에 따라 해당 본인행정정보를 본인이나 제3자에게 제공할 수 있게 된다.

다만, 앞에서 설명한 바와 같이 법률에서 열람을 금지하거나 제한하는 경우, 다른 사람의 생명·신체를 해할 우려가 있는 경우 등에서까지 행정정보를 전송하도록 한다면 예기치 않은 법익 침해가 발생할 수 있다는 점에서 개인정보보호법 제35조 제4항 따른 예외사유의 경우에는 본인행정정보의 제공요청에 응하지 않을 수 있도록 예외를 인정하고 있다.

한편, 대통령령에서 본인행정정보 제공을 금지하는 조항들을 지속적으로 추가하

여, 실제 법 적용에 있어서의 혼란을 피해갈 수 있도록 하였으나, 대통령령이 실시간으로 업데이트 되지 않는 경우(예를 들어, 상업등기법 제21조 규정이 상업등기법 전면 개정에 따라 다른 조항으로 이동되었으나, 전자정부법 시행령에서 이를 반영하지 못한 경우 등) 어떻게 할 것인지 문제되나, 전자정부법의 입법 목적 상 개인정보보호법 제35조에 준하는 사유가 아니라면 본인행정정보의 제공요구권에 응하여야 한다고 해석되므로, 대통령령에서 규정을 하지 않더라도 입법 목적에 따라 본인행정정보의 제공요구권에 응하여야 한다고 해석하는 것이 타당하다고 생각된다.

(6) 제공가능한 본인행정정보의 종류(전자정부법 제43조의2 제5항)

> 제43조의2 ⑤ 행정안전부장관은 제1항에 따라 정보주체가 본인 또는 제3자에게 제공하도록 요구할 수 있는 본인정보의 종류를 해당 본인정보를 보유하고 있는 행정기관등의 장과 협의하여 대통령령으로 정하는 바에 따라 공개하여야 한다.

위 조항과 전자정부법 시행령 제51조의2 제6항부터 제8항은 제공가능한 본인행정정보의 범위를 결정하는 방식을 규정하고 있다. 위 조항과 전자정부법 시행령에 의하면, (1) 행정안전부장관은 중앙행정기관의 장과 제공가능한 행정정보의 종류를 협의하여 정하여야 하는데, 이를 위하여 (2) 행정안전부장관은 중앙행정기관의 장에게 각 기관이 보유하고 있는 본인행정정보의 종류를 제출하도록 요구할 수 있으며, (3) 이러한 요구를 받은 행정안전부장관의 장은 특별한 사유가 없으면 행정안전부장관의 요청에 응하여야 하지만, (4) 해당 정보가 제3자에게 제공되는 경우 정보주체의 권리침해 우려가 없는지에 관하여 개인정보 보호위원회와 협의를 하여야 한다. 한편, 위와 같은 과정을 거쳐서 제공가능한 본인행정정보로 결정되는 경우 행정안전부장관은 이를 고시하여야 하며, 전자정부 포털 등에 게시하여야 한다.[116]

그리고 현재 위와 같은 절차에 따라 결정된 제공가능한 본인행정정보의 종류는 「본인에 관한 행정정보의 제공 등에 관한 고시」 [별표1]에서 정하고 있다.

그런데, 위 고시 [별표1]과 관련하여 질병관리청이 보유하고 있는 "국가예방접종이력정보", 건강보험심사평가원이 보유하고 있는 "투약이력조회정보", 국민건강보험공단에서 보유하고 있는 "건강검진결과통보서", "건강검진결과통보서(신장질환항목)",

---

116) 「본인에 관한 행정정보의 제공 등에 관한 고시」에서 위 공개 절차에 관하여 추가적인 사항들을 규정하고 있다.

"검진정보", "진료내용조회정보", "영유아건강검진정보", "암건강검진정보"는 2023년 6월 30일까지 한시적으로 정보주체 요구에 따라 정보주체 본인과 행정·공공기관에 한하여 제공할 수 있도록 정하고 있다[117]. 위 정보들은 민감정보이기 때문에 전자정부법 제43조의2 제1항에 따른 제공가능 기관 중에서 은행 및 신용정보법에 따른 신용정보회사 등에 관하여 제공을 하지 못 하도록 규정하고 있다는 점에서 그 특징을 가지고 있으나, 본인행정정보의 제공요구권을 인정한 제도적 취지에 비추어 위와 같은 제한을 둘 필요가 있는지에 관하여는 의문이 있다.

(7) 본인행정정보 제공 시 수수료 감면(전자정부법 제43조의2 제6항)

> 제43조의2 ⑥ 행정기관등의 장이 제1항의 제공 요구에 따라 정보처리능력을 지닌 장치에 의하여 판독이 가능한 형태로 본인정보를 제공하는 경우에는 다른 법률에도 불구하고 수수료를 감면할 수 있다.

정보주체의 자기정보결정권 실현을 장려하고 본인행정정보의 활용을 활성화하기 위해서 본인행정정보의 제공요구권에 따라 본인행정정보가 정보처리능력을 지닌 장치에 의하여 판독이 가능한 형태로 제공되는 경우에는 기존에 정보제공의 대가로 징수했었던 숫료를 감면할 수 있도록 정하고 있다.[118]

(8) 본인행정정보 제공 시 본인확인 방법(전자정부법 제43조의2 제7항)

> 제43조의2 ⑦ 정보주체가 제1항에 따라 본인정보의 제공을 요구하는 경우에는 행정기관등이 제공하는 다음 각 호의 어느 하나에 해당하는 방법으로 해당 본인정보가 본인에 관한 것임을 증명하여야 한다.
> 1. 제10조에 따른 민원인 등의 본인 확인 방법
> 2. 행정기관등이 보유하고 있는 지문 등의 생체정보를 이용하는 방법
> 3. 「주민등록법」 제35조제2호, 「도로교통법」 제137조제5항 또는 「여권법」 제23조의2제2항에 따라 신분증명서의 진위를 확인하는 방법
> 4. 그 밖에 대통령령으로 정하는 방법

---

117) 위 정보들에 관하여 최초에는 2022. 6. 30.까지 제공하기로 하였으나, 현재 1년 연장되어, 2023. 6. 30.까지 제공하는 것으로 개정되었다.
118) 행정안전부, 전자정부법 해설서, 2022. 1., p.173.

정보주체는 본인행정정보 제공요구권에 근거하여 본인의 정보를 본인 또는 제3자에게 쉽게 전송할 수 있다는 점에 있어서 그 제도의 편의성은 인정되지만, 본인이 아닌 다른 사람의 요청이 본인행정정보 제공요구권을 행사할 수 있게 되면, 이는 정보보호라는 측면에서 큰 위협이 되므로, 위 조항에서는 본인행정정보 제공요구 시 행정기관 등으로 하여금 본인임을 확인하도록 정하고 있으며, 그 본인확인의 방법을 한정적으로 인정하고 있다.

(9) 본인행정정보 제공의 방법(전자정부법 제43조의2 제8항)

> 제43조의2 ⑧ 제1항부터 제7항까지에서 규정한 사항 외에 본인정보의 요구방법 및 수수료 등에 필요한 사항은 국회규칙, 대법원규칙, 헌법재판소규칙, 중앙선거관리위원회 규칙 및 대통령령으로 정한다.

위 조항은 본인행정정보의 제공 방법 및 수수료 등에 관한 사항을 대통령령에서 위임을 하고 있는데, 위 조항에 따른 시행령에서는 아직까지 수수료에 관한 사항을 정하고 있지 아니하다. 다만, 위 조항에 따른 시행령 및 그 하위 고시에서 본인정보 제공 관련 업무를 위한 시스템 구축에 관하여 규정을 하고 있다. 특히, 「본인에 관한 행정정보의 제공 등에 관한 고시」에서는 본인정보 제공 관련 업무를 위한 시스템인 본인정보 제공시스템에 관하여 규정을 하면서, 이용기관, 보유기관 및 이용지원기관으로 나누어 각 역할 및 보안 요구사항 등을 규정하고 있다(이용기관으로서의 금융기관과 보유기관 사이의 이용지원기관으로 신용정보원이 선정되어, 신용정보원이 위 본인행정정보 제공에 관한 업무를 지원하고 있다).

다. 다른 제도와의 차이점

(1) 공공데이터 개방

공공영역에서의 정보의 활용 가능성을 높이기 위한 방안으로 공공데이터 개방은 과거에서부터 지속된 화두였는데, 이는 「공공데이터의 제공 및 이용 활성활에 관한 법률」을 제정 및 공공데이터 포털 구축으로 일단락된 바 있다.

그런데, 공공데이터 개방은 정보주체의 권리라는 차원에서 접근하였다기보다는 공공기관이 보유하는 다양한 데이터들을 민간이 이용할 수 있도록 개방하는 데에 초점을 맞추고 있었기 때문에 개별화된 데이터를 개방하는 것보다는 오히려 통계화된 정보의 민간 활용에 초점이 맞추어져 있었다. 즉, 공공데이터 개방은 정보주체를 식별할 수 있는 정보의 이용이 아닌 정보주체를 식별할 수 없는 집합 정보로서의 정보 이용에 초점이 맞추어져 있었던 바, 전자정부법을 통해 도입된 행정정보의 제공요구권과는 그 정책적 목표 및 배경을 달리하고 있다고 할 것이다.

(2) 행정정보의 공동이용

위 1.항에서 설명한 본인행정정보의 제공요구권의 목적 중 하나인 행정절차의 편의성 제공은 '행정정보의 공동이용'이라는 제도를 통해서도 일정 부분 달성할 수 있었던 목표였다. 예를 들어, 기간통신사업자 신고를 위하여 필요한 기술인력의 국가기술자격증 등에 관한 확인은 신청인이 관련 서류를 제출하지 않더라도 행정정보의 공동이용을 통하여 관련 부처에서 국가기술자격증을 확인할 수 있기 때문에 본인행정정보의 제공요구권을 도입하지 않더라도 기존 제도로서 어느 정도 해결할 수 있다고 생각된다.

그러나 행정정보의 공동이용은 행정기관 간의 공동이용만을 예정하고 있기 때문에, 은행 등에서 대출을 신청하는 과정에서 행정정보가 필요한 경우에는 이용할 수 없으므로, 본인행정정보의 제공요구권이 행정정보의 공동이용 제도보다는 활용 가능성이 높은 제도라고 할 것이다. 즉, 행정정보의 공동이용과 본인행정정보의 제공요구권은 행정기관 간에 행정정보를 이용하는 데에는 동일한 정책 목적을 달성할 수 있는 제도이지만, 본인행정정보의 제공요구권은 본인 또는 행정기관을 제외한 제3자에게도 정보를 제공할 수 있도록 하는 제도인바, 본인행정정보 제공요구권과 행정정보의 공동이용 제도는 정책적 목표 및 실제 구현 방식에서 다른 모습을 가지게 될 수밖에 없다.

라. 현행 전자정부법 규정에 관한 문제점

(1) 신용정보법에 따른 전송요구권 대상 정보와의 충돌

신용정보법 제33조의2 제2항과 같은 법 시행령 제28조의3에서는 개인인 신용정보주체가 전송을 요구할 수 있는 본인에 관한 개인신용정보의 대상 범위에 "국세, 관세 및 지방세 납부정보", "고용보험, 산업재해보상보험, 국민건강보험, 국민연금 및 공적연금에 관한 정보로서 보험료 납부 정보"를 포함시키고 있으며, 같은 법 제22조의9 제3항 제1호 및 같은 법 시행령 제18조의6 제5항에서는 "국세청, 관세청,

조달청, 국민건강보험공단, 국민연금공단 등"을 제공요구권의 행사 대상인 기관을 정하고 있다.

위 규정들에 의하면, 개인신용정보주체는 국세청에게 국세에 관한 납부정보를, 국민연금공단에게 국민연금 납부 정보를, 국민건강보험공단에게 국민건강보험 납부에 관한 자료를 마이데이터 사업자 등에게 제공하여 줄 것을 요청할 수 있다. 한편, 전자정부법 및 관련 고시에 의하면, 정보주체는 국세청에게 납세증명서, 납세사실증명 등에 관한 정보, 국민건강보험공단에게 4대사회보험료완납증명서에 관한 정보 등을 본인 또는 마이데이터 사업자 등 제3자에게 전송하여 줄 것을 요청할 수 있다.

위와 같이 전송을 요구하거나 제공을 요청할 수 있는 정보의 구체적인 내용이 다르기 때문에, 신용정보법과 전자정부법의 규정이 충돌하지 않는다고 해석할 여지도 충분히 있으나, 정보주체의 관점에서는 어떠한 법률에 근거하여 해당 기관에게 관련 정보의 제공을 요청하거나 제3자에게 제공하여 줄 것을 요청할 수 있는지가 달라지게 되며, 정보 제공기관의 입장에서 보면 이를 전자정부법에 따른 이용지원기관에게 제공을 하여야 하는지, 아니면 신용정보법에 따른 중계기관에게 제공하여야 하는지 문제될 수 있다. 물론 이러한 문제는 실무적으로 표준 서식 등을 통하여 정보주체의 혼란을 방지할 수 있고, 전자정부법의 이용지원기관과 신용정보법에 따른 중계기관을 일원화하는 방식으로 해결할 수는 있으나, 이론적으로 보면, 정보주체에 제공기관에게 혼란을 초래할 수 있는바, 신용정보법과 전자정부법의 관련 규정을 정비하여 어느 한 법에서 통일적으로 규율하도록 정하는 것이 타당하다고 생각된다.

(2) 건강정보의 활용 방안 확보

현재 전자정부법 및 그에 따른 고시에서는 건강정보로서 민감정보에 해당할 수 있는 정보인 "국가예방접종이력정보", "투약이력조회정보", "건강검진결과통보서", "건강검진결과통보서(신장질환항목)", "검진정보", "진료내용조회정보", "영유아건강검진정보", "암건강검진정보"의 경우에는 이를 본인 또는 공공기관 및 행정기관에 한하여 제공할 수 있도록 규정하고 있다. 그러나 이러한 정보들이 민감정보라고 하더라도 공공데이터의 활용성을 높인다는 측면에서 보면, 공공영역에서의 개인정보로서 활용될 수 있도록 제3자에게 제공할 수 있는 범위를 확대할 필요가 있다고 할 것이다. 즉, 위 정보들을 공공기관 및 행정기관 이외에 제3자에게도 제공하는 것을 허용하여 해당 정보와 다른 정보들을 결합하여 추가적인 서비스를 제공받을 수 있도록 하는 것이 정보주체의 권리 확대라는 관점에서 보았을 때에 타당하다고 생각된다.

4. 향후 본인행정정보 제공요구권의 확대 방안

가. 제2차 전자정부 기본계획

2021. 6. 행정안전부에서 발간한 제2차 전자정부 기본계획에서는 중점 과제로 '지능형 서비스 혁신', '데이터 행정 강화', '디지털 기반 확충'을 선정하고, 이 중 '지능형 서비스 혁신'이라는 중점 과제를 위한 소과제의 하나로 '마이데이터와 전자증명서 활용 확대'를 선정한 바 있다.

당시 행정안전부는 (1) 마이데이터 활용을 확대하여 민원신청·처리 절차에서 제출서류를 없애고, 비대면 서비스를 가능하게 하여 공공서비스를 전면적으로 디지털화하고, (2) 개인의 관리·통제하에 행정·금융·의료·교육 등 다양한 분야의 마이데이터를 활용하여 새로운 서비스 창출을 지원하며, (3) 최종적으로는 산업·사회 전반으로 전자증명서 발급을 확대하고 단계적으로 이를 마이데이터와 통합하는 방안을 추진하겠다고 밝힌 바 있다.

그리고 마이데이터 생태계 확산을 위한 구체적인 계획으로 2022년부터 마이 헬스웨이 전체 플랫폼을 구축하고, 분야별 데이터 표준화 및 전송플랫폼 구축을 하며, 공공마이데이터 제도를 확산하겠다는 밑그림을 발표한 바 있다.

나. 디지털 플랫폼 정부

위와 같은 행정안전부의 계획은 윤석열 정부 하에서 디지틀 플랫폼 정부라는 기치 아래 민관 협력을 통한 정책 구현 방식으로 변화를 맞이하고 있다. 아직까지 디지털 플랫폼 위원회 등의 구성이 완료되지 아니하여 윤석열 정부에서의 디지털 플랫폼 정부의 구체적인 정책이 완성되지는 아니하였지만, 디지털플랫폼 민관합동위원회 내에 데이터 분과 등을 설치하여 전부처의 온라인 서비스의 통합접점을 구축하고, 개인화 서비스 공통기반을 구축하며, 범정부 UI/UX를 관리하여 민간 플랫폼과의 API를 연계하는 등의 모델이 제시되고 있다.

특히, 라이프이벤트에 관한 정보들을 이용하여 생애주기 기반 맞춤형 서비스를 목표로 디지털 플랫폼을 구축하겠다는 계획을 밝히고 있는바, 이러한 생애주기 기반 맞춤형 서비스를 위한 데이터 활용 방안으로 공공영역에 있어서의 개인정보 활용의 필요성은 높아지게 되며, 이 과정에서 본인행정정보의 제공요구권이 다양한 각도에서 활용될 것으로 예상된다.

또한, 윤석열 정부에서는 (가칭) 디지털 플랫폼 정부 특별법을 제정하고 전자정부법과의 접점으로 원사이트 통합 플랫폼을 구축하고, 정부통합인증 및 마이데이터 기반의 디지털 서비스 개방을 달성하겠다는 계획을 가지고 있는바, 본인정보 제공시스템의 디지털 플랫폼으로서의 확대 및 행정기관이 가지고 있는 정보와 민간이 가지고 있는 정보 간의 상호 결합을 위한 표준 API 구축 등이 진행될 것으로 생각된다. 만약 행정기관이 가지고 있는 정보와 민간이 가지고 있는 정보 간의 상호 결합을 위한 표준 API 등이 구축된다고 보면, 본인행정정보를 민간기관에서 이용할 수 있는 방안이 다양해 질 수 있는바, 본인행정정보의 제공요구권에 대한 수요는 더 증가할 것으로 생각된다. 다만, 이를 위해서는 현재 본인행정정보를 제공받을 수 있는 민간 기관을 한정하고 있는바, 이에 대한 확대가 필요할 것으로 생각된다.

다. 향후 확대 방안

윤석열 정부에서 추진하는 디지털 플랫폼 정부라는 정책 목표는 공공영역에서의 정보와 민간영역에서의 정보 결합을 하나의 축으로 할 수밖에 없으므로, 본인행정정보의 제공요구권 제도는 다양하게 활용될 수밖에 없다고 생각된다. 그러나 앞서 지적한 바와 같이 현재의 전자정부법은 개인정보이동권을 제도화하였다는 데에 큰 의의를 가지고 있지만, 건강정보의 활용 등에 관한 제약 사항을 두고 있으며, 정보제공기관 등에게 적용 법률에 관한 혼란을 야기할 수 있는바, 위 두 가지 문제에 대해서는 전자정부법 등의 개정을 통한 해결책 제시가 필요하다고 할 것이다.

Ⅳ. 일반분야 마이데이터 법제 도입　법무법인(유)광장 고환경 변호사

1. 서론

2020. 8. 4. 시행된 개정 데이터 3법 중 신용정보법 개정을 통해 국내 최초로 도입된 금융 분야 마이데이터 산업은 4차 산업혁명시대의 데이터 경제를 견인하는 주요한 산업을 이해되고 있다. 특히 정부는 금융분야 마이데이터 산업에 머무르지 않고 모든 산업 영역으로 이를 확산할 예정이다. 대통령 직속 4차산업혁명위원회는

2021. 6. 11. "마이데이터 발전 종합계획" 안건을 심의·의결하면서 전 산업 분야로 마이데이터 산업이 단계적으로 도입될 수 있도록 관련 법제도를 개선해 나가는 한편 개인정보보호법 개정을 통해 사업 추진을 위한 법적 근거를 마련할 것을 밝히고 있다. 이에 2021. 9. 28. 개인정보 이동권 및 마이데이터 사업과 관련된 개인정보 관리 전문기관 조항을 담고 있는 「개인정보보호법 일부개정법률안」(의안번호 12723)이 국회에 발의되었다.

이에 금융분야 마이데이터 사업이 본격적으로 시행되고 마이데이터 사업이 전 산업 분야으로 확산·도입되기 위한 개인정보보호법 개정이 추진되는 현 시점에서 우리가 다시 한 번 되짚어 보고 검토해야 할 법제도 개선 관련 주요 이슈들과 과제들을 살펴본다. 특히 개별 이슈들을 살펴보기에 앞서 개인정보 이동권의 법적 성질을 살펴보고, 그 이후 개인정보보호법 개정과 관련하여 국회 법률 검토 및 시행령 마련 과정 중에 살펴볼 주요 이슈들과 과제를 짚어본다.

2. 개인정보 이동권의 법적 성질

우선 개인정보 이동권이 컴퓨터 등 정보처리장치로 처리된 정보를 그 대상으로 한다는 점에서 디지털 전환시대에 새롭게 도입된 개인정보 자기결정권의 한 유형으로 보는데 별다른 이견이 없는 것으로 보인다. 다만 개인정보 이동권의 법적 성질을 좀 더 명확히 규명하기 위해서는 현행 신용정보법 관련 조항을 규정을 비판적으로 검토해 필요가 있다.

개인정보 이동권은 2018. 5. 25. 시행된 EU GDPR(General Data Protection Regulation) 제20조에서 세계 최초로 규정되었다. 신용정보법 제33조의2는 EU GDPR 제20조 규정에 직접적인 영향을 받았으나 구체적인 규정 형식은 다소 다르게 규정되었다. 즉 EU GDPR 제20조 제1항은 개인정보 이동권(Right to data portability)이라는 제목하에 정보주체가 자신이 개인정보처리자에게 제공한 개인정보를 체계적으로 작성되고 일반적으로 사용되며 기계판독이 가능한 형식으로 수령하고 이를 다른 개인정보처리자에게 제공할 수 있는 권리(이하 편의상 '다운로드권'으로 부른다)을 우선 규정하고, 제2항에서 기술적으로 가능한 경우(where technically feasible) 자신의 개인정보를 처리하는 개인정보처리자에게 다른 개인정보처리자에게 직접 전송하도록 요구할 권리(이하 편의상 '직접 전송요구권'으로 부른다)를 규정하고 있다.[119]

이와 같이 EU GDPR이 다운로드권을 주된 권리로 규정하면서 직접 전송요구권을 기술적으로 가능한 경우에 한하여 부수적 권리를 인정한 이유[120]는 직접 전송요구권을 주된 권리로 규정할 경우 기업의 부담이 크다는 점, 소비자 보호와 관련한 경쟁법상의 권리의 성격을 가지는 점 등을 고려한 것으로 보인다[121]

그러나 신용정보법 제33조의2는 개인신용정보의 전송요구라는 제목하에 정보주체가 자신의 정보를 보유하고 있는 신용정보제공·이용자등에 대하여 전송을 요구할 수 있는 자의 범위에 대통령령으로 정하는 신용정보제공·이용자, 본인신용정보관리회사(마이데이터 사업자) 뿐 아니라 "해당 신용정보주체 본인"도 함께 규정하는 형식을 취한다(법 제33조의2 제1항[122]). 2021. 9. 28. 국회에 제출된 개정 개인정보보호법상의 개인정보 이동권 조항도 유사하게 규정하고 있다(법 제35조의2)[123].

그러나 개인정보 이동권과 관련하여 아래에서 살펴보는 것처럼 정보주체가 전송

---

119) 제20조(개인정보 이동권)
    ① 정보주체는 다음의 경우에 컨트롤러에게 제공한 본인에 관한 개인정보를 체계적으로 작성되고 일반적으로 사용되며 기계 판독이 가능한 형식으로 수령할 권리가 있으며, 개인정보를 제공받은 컨트롤러의 방해를 받지 않고 이를 다른 컨트롤러에게 전송할 권리를 가진다.
      (i) 개인정보를 제6조 제1항 (a)호 또는 제9조 제2항 (a)호에 따른 동의를 받고 처리하거나, 제6조 제1항 (b)호에 따른 계약을 기반으로 처리하는 경우
      (ii) 자동화된 수단에 의하여 개인정보를 처리하는 경우
    ② 정보주체는 제1항에 따라 그의 개인정보 이동권을 행사함에 있어서 기술적으로 가능한 경우 해당 개인정보를 컨트롤러에서 다른 컨트롤러로 직접 전송하도록 하는 권리를 가진다.
120) 참고로 GDPR 전문 68항은 직접 전송요구권에 대해서 컨트롤러가 개인정보 이동성이 가능하도록 상호 운용 가능한 포맷을 개발하도록 권장하지만, 컨트롤러가 기술적으로 호환 가능한 처리시스템을 채택·유지하도록 하는 의무를 부여하는 것은 아니라고 기술하고 있다(GDPR Recital 68 : "The data subject's right to transmit or receive personal data concerning him or her should not create an obligation for the controllers to adopt or maintain processing systems which are technically compatible.").
121) 박훤일, "정보이동권의 국내 도입방안," 경희법학 제52권 제3호(2017), 경희대학교 경희법학연구소, 216면 이하 참고,
122) ① 개인인 신용정보주체는 신용정보제공·이용자등에 대하여 그가 보유하고 있는 본인에 관한 개인신용정보를 다음 각 호의 어느 하나에 해당하는 자에게 전송하여 줄 것을 요구할 수 있다.
  1. 해당 신용정보주체 본인
  2. 본인신용정보관리회사
  3. 대통령령으로 정하는 신용정보제공·이용자
  4. 개인신용평가회사
  5. 그 밖에 제1호부터 제4호까지의 규정에서 정한 자와 유사한 자로서 대통령령으로 정하는 자
123) 제35조의2(개인정보의 전송 요구) ① 정보주체는 개인정보처리자에게 그가 처리하는 자신의 개인정보를 다음 각 호의 자에게 전송할 것을 요구할 수 있다.
  1. 정보주체 본인
  2. 제35조의3제1항에 따른 개인정보관리 전문기관
  3. 제29조에 따른 안전조치의무를 이행하고 대통령령으로 정하는 시설 및 기술 기준을 충족하는 자

받을 권리(다운로드권)와 정보주체 이외의 자에 대한 전송을 요구할 권리(직접 전송요구권)은 그 법적 성질이 다르다는 점에서 앞서 살펴본 것처럼 한 조항에서 한꺼번에 규정하는 것은 입법적으로 재고(再考)가 필요해 보이며 가능하다면 구분하여 규정하고 해당 의무를 부담하는 자 내지 수범자의 범위를 달리 규정하는 것이 타당한 것으로 보인다.

　먼저 다운로드권은 개인정보 열람권의 성격을 가지므로(즉 개인정보 열람권의 디지털 버전이라고 볼 수 있다) 디지털 전환시대의 새로운 개인정보 자기결정권으로 보는 것이 타당하다. 즉 다운로드권은 개인정보 접근권 또는 열람권의 성격을 가진다고 볼 수 있으나 디지털화된 개인정보를 그 대상으로 하고 이를 정보주체가 단순 수령하는 권리가 아니라 이를 수령하여 제3자에게 전송할 권리를 포함한다는 점에서 개인정보 접근권 또는 열람권과는 내용상 차이가 있고 정책적으로도 디지털 전환을 촉진하는 차원에서 별도의 권리로 규정할 필요가 있다고 생각한다[124]. 따라서 정보주체가 컴퓨터 등 정보처리장치로 처리되는 개인정보의 다운로드를 요청하는 경우 원칙적으로 모든 개인정보처리자가 이를 이행하여야 할 것으로 보이며, 이를 위한 정

---

124) 4차산업혁명위원회는 2021. 1. 19.~20. 제9차 규제·제도혁신 해커톤을 개최하였다. 이때 개인정보 이동권제도 도입에 관하여 학계, 전문가 및 시민단체 그룹들간에 심도 있는 논의가 이루어졌는데 다음과 같이 합의문을 발표하였다(보다 자세한 사항은 4차산업혁명위원회 홈페이지/국민참여/해커톤/제9차규제·혁신 해커톤 참조, 2022. 4. 4. 12:03 방문).
　□ 쟁점
　① 개인정보 이동권의 본질과 목적, ② 개인정보 보호법에 정보전송 요구권을 포함한 개인정보 이동권 규정의 필요성, ③ 개인정보 이동권을 개인정보 보호법에 규정할 경우 구체적으로 고려되어야 할 사항, ④ 개인정보 이동권의 실질적 보장을 위한 정보의 역할
　□ 토론자 간 합의사항
　(1) 개인정보 이동권은 디지털 시대의 정보주체를 위한 새로운 권리이다.
　(2) 개인정보보호위원회는 개인정보 이동권 행사를 위한 합리적이고 구체적인 기준을 마련하여야 한다.
　(3) 개인정보보호위원회는 개인정보 이동권, 특히 정보전송 요구권의 행사와 관련하여 정보주체가 자신의 권리행사 내용을 명확히 이해하고, 정보주체의 자유로운 의사결정과 프라이버시를 실질적으로 보장하는 방안을 마련하여야 한다.
　(4) 정부는 개인정보 이동권이 실질적으로 보장되고 행사될 수 있도록 관련 법제도를 정비하고, 필요한 기술적 지원을 위해 노력하여야 한다.
　□ 후속조치 요구사항
　(1) 4차산업혁명위원회는 토론자간 합의사항을 반영하여 개인정보보호법 개정안에 대한 의견을 개인정보보호위원회에 제시하여야 한다.
　(2) 정부는 개인정보 이동권이 실질적으로 보장되고 행사될 수 있도록 관련된 법제도 정비 및 필요한 기술적 지원에 관한 구체적인 계획을 마련하여야 한다. 4차산업혁명위원회는 이에 대한 이행 상황을 지속적으로 점검하고 적극적인 이행을 촉구하여야 한다.

부 차원의 적극적인 지원 방안이 강구될 필요가 있다고 생각된다.

그러나 직접 전송요구권은 정보주체가 개인정보 처리자(금융회사 등)에게 자신의 개인(신용)정보를 제3자에게 제공(전송)할 것을 요구할 수 있는 권리를 그 내용으로 하기 때문에 필연적으로 해당 개인정보 처리자는 이러한 정보주체의 요구를 이행하기 위해 관련 시스템 설치 등 상당한 수준의 투자 비용이 발생하게 된다. 특히 신용정보법 제22조의9 제3항, 제4항은 본인확인수단으로 사용되는 전자금융거래법 제2조 제10호에 따른 접근매체, 신분을 나타내는 증표 제시, 또는 전화 기타 접근수단을 일정하게 사용·보관하여 신용정보를 수집하는 것, 즉 스크래핑 방식의 신용정보 수집을 금지하고, 정보주체가 개인신용정보전송요구권을 행사하는 경우 정보제공의 안전성과 신뢰성이 보장될 수 있는 방식, 즉 API 방식으로 직접 전송하여야 한다고 규정하고 있다.

현행 신용정보법이 개인신용정보 전송요구에 따라 개인신용정보를 제공 받는 자에 정보주체 본인과 대통령령으로 정한 신용정보제공·이용자 등을 함께 규정하는 한편 API를 통한 전송에 관한 규정을 둘 수 있었던 실무적인 이유는 금융 분야에 개인신용정보 전송요구권을 일괄적으로 도입하더라도 이미 금융분야에서 개인신용정보를 처리하는 금융기관, 전자금융업자 등이 이를 이행할 수 있는 전자금융시스템을 다른 산업에 비해 잘 갖추고 있으며, API 구축 의무를 규정하더라도 금융사 등이 이를 구축할 재정적인 여력이 있다는 점 등이 정책적으로 고려된 것으로 알려져 있다[125].

다만 직접 전송요구권은 앞서 살펴본 바와 같이 경쟁법적인 고려, 특히 데이터 독점을 통한 고착효과를 감소시키고 이용자 선택권을 확대하는 등의 정책적 고려가 가미된 권리라는 점에서 그 수범자의 범위를 다운로드권과는 달리 규정할 필요가 있는 것으로 보인다. 따라서 개인정보 이동권이 일반 규정으로 모든 산업분야에 적용되는 개정 개인정보보호법 제35조의2는 신용정보법 제33조의2와는 달리 다운로드권과 직접 전송요구권을 다른 항으로 규정하고, 구체적인 수범자의 범위를 위에서 언급한 정책적 고려 요소 등을 고려하여 다르게 규정할 필요가 있을 것으로 보인다.

참고로 민형배 의원이 2021. 5. 26.자 대표발의한 개인정보 보호법 일부개정법률안에서 제35조의2는 개인정보의 전송요구권을 정하면서, '개인정보를 자신에게로 전

---

[125] 다만 신용정보업감독규정 제23조의3 제3항 제4호는 마이데이터 사업자에게 일괄적으로 API 구축 의무를 부담하는 것으로 규정하고 있었으나, 소규모 마이데이터 사업자의 경우 직접 API를 구축하지 않고 신용정보원, 금융결제원, 코스콤 등과 같은 중계기관을 활용하는 것을 허용할 필요가 있다는 점을 고려하여 2021. 9. 30. 개정을 통해 해당 규정을 삭제하였다.

송할 것을 요구할 수 있는 권리'(다운로드권)와 '대통령령으로 정하는 다른 개인정보처리자 또는 제35조의3 제1항에 따른 개인정보관리 전문기관에게로의 전송할 것을 요구할 수 있는 권리'(직접 전송요구권)를 항을 나누어 달리 규정하고 있으므로, 정부가 발의한 개정 개인정보보호법과의 통합 심사 과정에서 대안을 마련하는 등의 고려가 필요할 것으로 보인다.

3. 개인정보보호법 개정 관련 주요 이슈 및 과제

(1) 개인정보 이동권은 전 산업분야로 확산·도입되는 마이데이터 사업을 위한 법제도적 기초로서 역할한다는 점에서 일반법인 개인정보보호법에 규정되는 것이 타당한 것으로 보인다. 다만 개인정보보호법은 정보주체의 개인정보보호에 관한 규율을 주된 목적으로 하는 일반법의 지위를 가진다. 이에 법체계적으로 각 산업분야에서 데이터 산업과 관련한 일정한 역할을 하게 될 마이데이터 사업자의 일반적이고 공통적인 규정 이외에 마이데이터 사업자로서 데이터를 활용하여 구체적으로 영위 가능한 허용 업무, API 구축 등 기술 관련 가이드라인, 마이데이터 사업자의 금지행위 등과 관련한 내용을 충분히 규정하기는 어려울 가능성이 있다. 따라서, 개인정보보호법에는 개인정보 이동권 이외에 마이데이터 사업과 관련한 최소한의 공통규정을 정하되, 개별 법률에서 위에서 언급한 특별 조항을 규정하는 등의 입법적 고려가 이루어질 필요가 있는 것으로 보인다.

(2) 현행 신용정보법은 민감정보(예컨대, 보험금 지급정보 중 피보험자의 병력 및 사고 이력 등), 개인정보를 기초로 금융기관 등이 추가적으로 생성·가공한 2차 정보(예컨대, CB사의 개인신용평점, 금융회사가 산정한 자체 개인신용평가(CSS) 결과 등)를 전송대상 정보에서 제외하고 있다. 그러나 금융분야 외 다른 분야에서도 민감정보 및 2차 정보를 일률적으로 전송요구 대상에서 제외할 것인지에 대해서는 신중한 검토가 필요해 보인다. 특히 의료분야는 전송 요구 대상이 될 것으로 예상되는 EMR(Electronic Medical Record) 정보가 질병정보로서 민감정보에 해당하므로 개인정보보호법 개정을 통해 이에 관한 예외를 명확히 인정할 필요가 있다. 특히 의료인 내지 의료기관이 생성한 처방전, 진료기록 역시 그 대상이 될 것으로 예상되는데, 이미 의료법 제21조 제1항은 환자의 열람 요청이 있는 경우 의료인 또는 의료기관은 정당한 사유가 없으면 이를 거부할 수 없는 것으로 규정하고 있으므로[126] 법적 명확성의 관점에서 개인

정보보호법 개정안 제35조의2 관련 조항에 예외를 규정하는 등의 입법적 고려를 하는 방안을 고려할 필요가 있을 것으로 보인다.

(3) 전송요구권 행사에 따른 정보전송 주기에 대해서도 각 산업별 마이데이터 도입과 관련하여 구체적인 논의가 필요해 보인다. 신용정보법은 신용정보주체가 개인신용정보 전송의 주기도 스스로 결정하여 요구할 수 있도록 규정하고 있다[127]. 그러나 금융분야 외 다른 분야에서도 정보주체가 전송주기를 스스로 결정할 수 있도록 규정할 것인지는 각 산업별 마이데이터 사업의 구체적인 내용에 따라 필연적으로 달리 정해질 수 밖에 없는 것으로 보인다. 특히 정기적인 정보 전송의 경우 정보제공자에게 많은 비용이 발생하게 되므로 비용 부담 주체를 명확히 정하거나 지원 방안에 대해서도 고려할 필요가 있다.

(4) 전송요구권 행사 상대방을 어떠한 기준으로 정할 것인지에 대해서도 충분한 검토가 이루어질 필요가 있다. 정부가 발의한 개인정보보호법 개정안은 전송요구 대상 정보를 규정하면서, "전송 요구를 받은 개인정보처리자가 매출액, 개인정보의 규모, 개인정보 처리능력, 산업별 특성 등을 고려하여 대통령령으로 정하는 기준에 해당할 것"을 하나의 요건으로 정하고 있다(법 제35조의2 제2항 제4호). 다만 앞서 살펴본 바와 같이, 다운로드권은 개인정보 자기결정권의 성격을 가지는 것이 분명하다고 볼 수 있으나, 직접 전송요구권은 데이터 독점, 이용자의 선택권 제고 등과 같은 경쟁법 및 소비자보호와 관련한 정책적 고려가 함께 이루어질 필요가 있는 권리라는 점을 고려하여 수범자의 범위와 기준을 달리 정할 필요가 있을 것으로 생각된다.

(5) 전송요구권 행사 대상 정보를 어떠한 방식을 정할지에 대해서도 충분한 검토가 필요하다. 신용정보법은 개인신용정보 전송요구권 대상 정보를 시행령에서 상세히 정하는 한편, '그 밖에 이와 유사한 정보'를 포함하여 시행령 별표를 통해 예시적으로 규정하고 있다. 그러나 이러한 규정형식을 개인정보보호법 개정안 제35조의2 개인정보 이동권 규정에 그대로 반영하기는 어려워 보인다. 특히 신용정보법에 따라 금융위원회와 신용정보원은 워킹 그룹을 운영하여 150여차례에 걸친 업권 협의

---

126) 제21조(기록 열람 등) ① 환자는 의료인, 의료기관의 장 및 의료기관 종사자에게 본인에 관한 기록(추가기재·수정된 경우 추가기재·수정된 기록 및 추가기재·수정 전의 원본을 모두 포함한다. 이하 같다)의 전부 또는 일부에 대하여 열람 또는 그 사본의 발급 등 내용의 확인을 요청할 수 있다. 이 경우 의료인, 의료기관의 장 및 의료기관 종사자는 정당한 사유가 없으면 이를 거부하여서는 아니 된다. <신설 2016. 12. 20., 2018. 3. 27.>

127) 정보주체가 정기전송을 요구하는 경우, 정기전송 주기에 따라 두 가지(기본정보/추가정보)로 분류됨. 기본정보는 주 1회 전송, 추가정보는 일 1회 전송.

를 통해 전송 요구 대상 범위를 협의하고 협의의 결과를 가이드라인 형태로 공개한 바 있다[128]. 과연 다른 산업 분야에서도 이러한 방식으로 대상 정보를 정하는 것이 현실적으로 가능한지, 실행 가능한 방안이 무엇인지 등에 대해 좀 더 구체적인 고민이 이루어질 필요가 있어 보인다[129].

(6) 마이데이터 진입규제의 수준에 대해서도 구체적인 검토가 필요해 보인다. 우선 개인정보보호법 일부개정법률안은 개인정보보호위원회 또는 관계 중앙행정기관의 장이 개인정보의 전송 요구권 행사 지원, 정보주체의 권리행사를 지원하기 위한 개인정보의 관리, 분석 업무 등을 수행하는 개인정보관리 전문기관을 '지정'할 수 있다고 규정하고 있다(동법 제35조의3 제1항). 그러나 마이데이터 사업자 지정 제도를 도입할 것인지에 대해서는 좀 더 신중한 검토가 필요해 보인다. 지정은 강학상 특허의 성격을 가지는데, 허가 보다 규제기관의 재량이 더 큰 것으로 알려져 있다[130]. 마이데이터 사업의 고유 업무는 정보주체의 전송요구권을 통해 취득한 본인의 개인정보를 통합하여 관리하는 한편, 정보주체가 원하는 경우 관리하고 있는 데이터를 활용하여 맞춤형 또는 생활밀착형 서비스를 제공하는 것, 즉 수집한 데이터의 창의적인 활용이 매우 중요하다는 점에서 진입과 관련한 규제정책을 합리적으로 조정하고 진입과 관련한 판단기준을 그러한 사정들을 고려하여 마련할 필요가 있기 때문이다.

4. 마치며

앞서 정리한 주요 이슈와 과제 이외에도 다루지 못한 다양한 이슈와 과제가 추가적으로 검토되어야 할 것이다. 특히 데이터 경제를 선두에서 견인할 산업으로 평가

---

128) 예컨대 신용정보법 시행령 「[별표1] 본인신용정보관리업에 관한신용정보의 범위」에서는 정보주체가 전송요구할 수 있는 계좌정보 중 고객정보를 "최초개설일, 인터넷뱅킹 가입 여부, 스마트뱅킹 가입 여부 및 그 밖에 이와 유사한 정보"라고 규정하고 있음에 반하여, 금융당국이 발간한 「마이데이터 서비스 가이드라인」은 전송요구 대상이 되는 계좌정보 중 고객정보를 '기관 (코드)', '고객정보 최초생성일시', '계좌번호', '최종회차번호', '상품명', '외화계좌여부', '계좌번호별 구분 코드', '계좌번호별 상태 코드'로 한정적 열거하고 있다.

129) 개인적인 의견으로는 데이터 표준협의체를 통해 마이데이터 사업에 필요한 대상 정보를 리스트업하는 한편, 정보주체가 마이데이터 서비스 이용을 위해 전송요구권을 행사할 것으로 예상되는 정보 위주로 대상 정보를 선별하고, 데이터 거래와 관련한 인센티브 제도 확충 등 실행 가능한 방안을 구체적으로 마련할 필요가 있는 것으로 보인다.

130) (정보통신망법상의) 본인확인기관을 지정하는 것은 자격요건을 갖추었다고 해서 무조건 지정해야 하는 것이 아닙니다. (…) 특허사업이기 때문에 재량적 판단이 폭넓게 허가된 사업입니다. 따라서 방통위의 재량적 권한이 상당히 폭넓게 허용되어 있다고 볼 수 있습니다(2021. 3. 9. 제8차 방송통신위원회 회의 속기록).

되는 마이데이터 사업이 전산업 분야에 성공적으로 확산되기 위해서는 합리적인 법제도 마련이 반드시 이루어져야 할 것이며, 계속적인 법제도 개선이 가능하도록 정부내의 가버넌스가 명확히 정리되는 한편 당장의 법제도개선이 어려운 사안에 대해서는 규제샌드박스 제도의 적극적 활용 필요성이 큰 것으로 보인다.

사 항 색 인

저 자 소 개

제1장. 마이데이터의 등장 배경과 주요국 정책을 통한 고찰

👤 조성은　정보통신정책연구원 연구위원

고려대 신문방송학과에서 학사 및 석사를 마쳤고, 미국 럿거스 대학에서 인터넷 커뮤니케이션 전공으로 박사 학위를 취득하였다. 현재 정보통신정책연구원에서 지능정보사회정책센터 소속의 연구책임자로 재직하고 있다. 주 연구분야는 디지털 사회정책 연구로서, 인공지능을 비롯한 ICT 혁신기술이 사회에 미치는 영향과 그에 대응하는 정책 개발 연구를 수행하고 있다. 주요 연구 프로젝트로 'ICT 기반 사회현안 해결방안 연구', '인공지능 윤리정책 개발' 등이 있으며, 안전한 디지털 데이터 활용을 위한 여러 사회정책 연구에 참여해왔다.

제2장. 데이터이동권의 법적 함의와 주요국 입법례 분석

👤 정원준　한국법제연구원 부연구위원

성균관대 법과대학 졸업 후 고려대에서 법학석사와 법학박사 학위를 취득하였다. 정보통신정책연구원에서의 연구 경력을 거쳐 현재는 한국법제연구원에서 연구책임자로 재직 중이다. 주요 연구 분야는 데이터, 인공지능, 메타버스 등 ICT법과 개인정보보호법 및 지식재산권법이며, 『데이터와 법』(공저), 『데이터법』(공저) 등을 포함한 다수의 저서와 논문을 집필하였다. 마이데이터 포럼위원, 메타버스 얼라이언스 TF 위원, 국가지식재산위원회 전문위원(5기·6기), 특허청 규제개혁 및 적극행정위원회 위원, 보건의료데이터 심의위원 등 정부위원회를 비롯하여 한국데이터법정책학회 기획이사, 개인정보보호법학회 국제이사, 한국경영법률학회 학술이사, 한국지적재산권경상학회 이사 등 다수의 학회에서 활동하고 있다.

제3장. 개인정보보호범위의 차등화와 개인정보이동권의 대상

👤 이성엽　고려대학교 기술경영전문대학원 교수

고려대 법학과 학사, 서울대 행정대학원 행정학 석사, 미국 미네소타대학교 로스쿨 법학석사, 서울대 법학박사를 졸업했으며 하버드 로스쿨 방문학자를 거쳤다. 1991년 제35회 행정고시에 합격 후 정보통신부, 국무조정실 서기관을 거쳐 2004년부터는 김·장 법률사무소에서 방송, 통신, 인터넷, 개인정보 분야 전문 변호사로 활동하다가 2017년부터는 고려대 교수로 재직 중이며, 고려대 기술법정책센터장, 데이터, AI법연구센터 공동대표로 재직하고 있다. 행정규제법 및 ICT법과 정책을 주된 연구 분야로 하고 있으며, 저서에 『글로벌경쟁시대 적극행정

실현을 위한 행정부 법해석권의 재조명』(2012), 『개인정보보호의 법과 정책』(공저, 2014) , 『사이버안보와 법』(공저, 2021), 『데이터와 법』(편저, 2021), 『디지털트랜스포메이션과 법』(2021), 『플랫폼의 법과 정책』(편저, 2022) 등이 있고, 「공유경제에 대한 정부규제의 필요성」(2016), 「한국의 데이터주도 혁신에 대한 법의 대응과 진화」(2018) 등 24편의 논문이 있다. 사) 한국데이터법정책학회 회장, 대통령 소속 4차산업혁명위 데이터특위 위원, 국무총리 소속 정보통신전략위원회 위원, 콘텐츠산업진흥위원회 위원, 규제자유특구위원회, 국가데이터정책위원회 위원으로 참여 중인 행정규제 및 ICT법정책 전문가이며, 2019년에는 정보통신 유공으로 대한민국 근정포장을 받은 바 있다.

제4장. 마이데이터 사업의 법적 성격과 진입규제-시장창설적 규제 정책의 적용가능성

👤 계인국 고려대학교 행정전문대학원 교수

고려대학교에서 법학석사를 취득하였고 독일 Regensburg 대학에서 법학박사 학위를 취득하였다. 대법원 사법정책연구원 연구위원으로 재직하였으며 현재 고려대학교 공공정책대학 및 행정전문대학원에서 공법과 규제법을 연구하고 있다. 국가와 사회가 협력적이고 분업적으로 공익을 형성해가는 보장국가 이론을 토대로 하여 공법이론의 발전을 추구하는 한편, 신산업 규제정책과 자율규제 전략 등 규제법 분야의 논제에 이를 접목시켜 논의의 지평을 확대해가고 있다. 한국공법학회, 한국행정법학회, 한국행정판례연구회 등 주요 학회에서 집행이사를 역임하고 있다.

제5장. 마이데이터와 데이터 가치평가

👤 정용찬 정보통신정책연구원 데이터분석예측센터장

고려대학교 통계학과에서 학사, 석사, 박사 학위를 취득했다. 한국국방연구원 선임연구원, DNI 컨설팅 이사로 일했으며, 방송위원회 연구센터에서 연구위원으로 근무했다. 현재 국가통계위원회 데이터분과위원, 방송통신위원회 미디어다양성위원회 위원, OECD 디지털경제정책위원회 디지털경제측정분석작업반 부의장이며, 한국데이터법정책학회 이사, 한국자료분석학회 이사, 한국언론학회 미디어데이터사이언스연구회 회장이다. 저서로 『데이터법 이해』, 『인공지능 알고리듬의 이해』, 『통계법의 이해』, 『생각이 크는 인문학, 빅데이터』, 『빅데이터』 등이 있으며 역서로 『인공지능 아는척 하기』가 있다. 연구보고서로 "데이터기반 미래예측 · 정책지원 모델 연구(공저)", "미 · 중 데이터 패권 경쟁과 대응전략(공저)", "포스트 코로나19 시대의 데이터 주권과 데이터 거버넌스", "4차 산업혁명 시대의 데이터 경제 활성화 전략" 등이 있다.

제6장. 산업별 마이데이터의 이론과 실무

👤 강현정 김·장 법률사무소 변호사

서울대학교 컴퓨터공학과를 졸업하고 한국과학기술원(KAIST) 경영대학원 금융전문대학원 석사를 취득하였다. 제45회 사법고시에 합격하고 법무법인 세종에서 근무하였으며 현재 김·장 법률사무소에 근무 중이다. 증권 및 금융 규제, 핀테크·전자금융, e-business, 디지털 자산, 개인정보 분야에서 법률 자문을 제공하고 있으며, 은행, 증권 등 금융 관련 자문 및 소송 분야에서도 풍부한 업무 경험을 가지고 있다. 현재 금융위원회 금융규제혁신회의 디지털, 자본시장 분과 위원, 금융위원회 혁신금융심사위원회 위원, 서울특별시 서울핀테크랩 운영위원회 위원, 부산 블록체인 규제자유특구 법률자문 위원 등으로 활동하고 있다.

👤 고환경 법무법인(유) 광장 변호사

고려대 법학과를 졸업하고, 미국조지타운대학교 LL.M.을 수료하였다. 1999년 사법시험 제41회(사법연수원 31기) 합격 후 법무법인(유) 광장에서 통신, 방송, IT, 개인정보 및 디지털금융 규제 전문 변호사로 활동하고 있다. 대통령 직속 4차산업혁명위원회 데이터특위 법제도 TF 위원, 보건복지부 마이헬스웨이추진단 위원, 금융보안원 ISMS 인증위원회 위원 등으로 활동하였으며, 최근에는 금융위원회 금융규제혁신회의 디지털혁신분과 위원, 과학기술정보통신부 플랫폼정책포럼 위원 등으로 활동하고 있다. 2019년 정보통신의 날에 데이터유공으로 대통령 표창을 수상하였고, 저서로는 마이데이터의 시대가 온다(공저, 2022), EU개인정보보호법(공저, 2017), 전기통신사업법(공저, 2016)등이 있다.

👤 윤주호 법무법인 태평양 변호사

서울대학교 정치학과를 졸업하고 같은 대학 대학원에서 법학석사를 수료하였고, 워싱턴주립대 로스쿨에서 LL.M 학위를 취득하였다. 2009년부터 법무법인(유한) 태평양에서 TMT(Technology, Media and Telecommunication) 그룹에서 개인정보, 신기술 관련 신산업, 핀테크 등에 관하여 자문 업무를 담당하고 있으며, 정보화진흥원, 금융보안원 등에서 주도하는 다양한 연구반에도 참여하고 있다.

마이데이터와 법

초판발행	2022년 10월 10일
지은이	이성엽 편
펴낸이	안종만 · 안상준
편 집	양수정
기획/마케팅	김한유
표지디자인	이수빈
제 작	고철민 · 조영환
펴낸곳	(주) **박영사**
	서울특별시 금천구 가산디지털2로 53, 210호(가산동, 한라시그마밸리)
	등록 1959. 3. 11. 제300-1959-1호(倫)
전 화	02)733-6771
f a x	02)736-4818
e-mail	pys@pybook.co.kr
homepage	www.pybook.co.kr
ISBN	979-11-303-4302-0 93360

copyright©이성엽 외 7인, 2022, Printed in Korea

정 가   19,000원